高等院校 电子商务
职业细分化创新型 规划教材

U0683856

市场调查
与分析

肖苏 张建芹◎主编　　孙利 高志坚◎副主编

人 民 邮 电 出 版 社
北　京

图书在版编目（CIP）数据

市场调查与分析 / 肖苏，张建芹主编. -- 北京：
人民邮电出版社，2017.12（2023.7重印）
高等院校电子商务职业细分化创新型规划教材
ISBN 978-7-115-47147-5

Ⅰ. ①市… Ⅱ. ①肖… ②张… Ⅲ. ①市场调查－高
等学校－教材②市场分析－高等学校－教材 Ⅳ.
①F713.52

中国版本图书馆CIP数据核字(2017)第262433号

内 容 提 要

本书以市场调查与分析的具体工作项目为载体，介绍了认知市场调查、设计市场调查方案、选择市场调查方法、设计抽样调查、设计市场调查问卷、组织实施市场调查、整理与分析市场调查资料、预测市场发展趋势、撰写市场调查报告、大数据与市场调查十个项目。本书以任务为中心，设计了任务要求、任务分解、案例导入、理论基石、课程实践等栏目，构建了相对完整的市场调查与分析课程内容及操作体系。通过学习和训练，学生可以最大限度地获取与工作过程有关的知识和技能。

本书可作为普通高等院校、职业院校的市场营销专业、电子商务专业及经济管理类相关专业的教学用书，也可供企业市场营销人员、市场研究人员、经营管理人员学习和参考。

◆ 主　编　肖　苏　张建芹
　　副主编　孙　利　高志坚
　　责任编辑　古显义
　　责任印制　焦志炜

◆ 人民邮电出版社出版发行　　北京市丰台区成寿寺路11号
　　邮编　100164　　电子邮件　315@ptpress.com.cn
　　网址　http://www.ptpress.com.cn
　　固安县铭成印刷有限公司印刷

◆ 开本：787×1092　1/16
　　印张：12.25　　　　　　　　　2017年12月第1版
　　字数：312千字　　　　　　　2023年7月河北第11次印刷

定价：36.00元

读者服务热线：(010)81055256　印装质量热线：(010)81055316
反盗版热线：(010)81055315
广告经营许可证：京东市监广登字20170147号

前言 —— FOREWORD

市场调查在国内已经受到众多企业尤其是大中型企业的重视。电子商务数据化应用促使国内市场调查行业凸显出卓越的价值，必将推进市场调查行业经历飞速的发展。

根据教育部关于全面提高高等职业教育教学质量的文件精神，高职高专院校教学要积极与生产劳动和社会实践相结合，把工学结合作为高等职业教育人才培养模式改革的重要切入点，带动专业建设与调整，引导教学内容和教学方法改革。

本书力求体现高等职业教育教学及人才培养模式改革的发展方向，通过对职业教育教学规律的深入研究，立足岗位，以职业能力培养为主线进行教材内容编排，在以下四个方面做了较大尝试。

（1）内容突出实用性。本书严格按照商务类专业人才岗位能力的需求编写，以市场调查具体工作项目为载体，设计、组织教材内容，形成以任务为中心、以技能培养为焦点、以理论知识为基石的课程内容结构。

（2）内容设计项目化。以市场调查的实际工作能力要求为导向，对本书内容进行项目化设计，使知识点与实际工作项目对接，实现了学科课程向任务体系课程的跨越。

（3）任务驱动"教、学、做"一体化。本书以任务驱动统领教学过程实施，以提高学生学习的自主性、积极性，使学生由被动听课变为主动探索，有效地融"教、学、做"为一体，从而进一步促使学生通过课程学习切实获取所需的职业能力。

（4）体例设计新颖、有趣味性。一方面遵循了教育部高等职业教育文件精神；另一方面充分考虑高职高专学生教育文化背景及吸纳知识的习惯，在心理结构构建、兴趣动机发展等方面进行挖掘，增强了可读性，形成了完整、新颖、趣味性的教材体系。

本书由苏州经贸职业技术学院肖苏、张建芹担任主编，孙利、高志坚担任副主编。天虹商场股份有限公司华东区行政总监顾建芳、苏州龙凤金店总经理唐梦潇提供实践指导并参编。

借本书出版机会，感谢多年来一直合作的各位企业代表，为本书提供了大量教学案例；感谢使用本书的广大师生、读者，为本书提出了很多宝贵建议。由于编者水平有限，书中如有不足和不成熟之处，恳求读者不吝批评指正。

本书由江苏高校品牌专业建设工程项目（TAPP）资助出版，是江苏省高等职业教育高水平骨干专业建设资助项目。

编　者
2017 年 6 月

目录 —— CONTENTS

CONTENTS

【任务1】 认识市场调查的重要性

任务要求

请阅读下列案例，进行课堂讨论，完成"从案例谈谈市场调查的重要作用"的写作。

吉利公司创建于 1901 年，其产品因使男士刮胡子变得方便、舒适、安全而大受欢迎。进入 20 世纪 70 年代，吉利公司的销售额已经达到 20 亿美元，成为世界著名的跨国公司。然而吉利公司的领导者并不满足，而是继续拓展市场，争取更多用户。按照常理，男人长胡子，因此要刮胡子，女人不长胡子，自然就不必刮胡子。但是，出乎意料的是，吉利公司却在 1974 年推出了面向妇女的专用刮毛刀。这一看似荒谬的决策，却使得吉利公司的销售量迅速提升，没有人能想到，妇女专用刮毛刀的年销售量竟然迅速超过男士刮胡刀的年销售量，同年增长率是男士刮毛刀的 10 倍！

这一不可思议的结果，并不是碰运气取得的。吉利公司在做出这个决策前，用了一年多的时间进行了周密的市场调查，发现美国 30 岁以上的妇女中，有 65%的人为了保持美好的形象，要定期刮除腿毛和腋毛。这些妇女中，除了使用脱毛剂以外，主要靠购买各种难用的刮胡刀来满足此项需要，一年在这方面的花费高达 7500 万美元，相比之下，美国妇女花费在眉笔和眼影的钱仅有 6300 万美元、染发剂仅有 5500 万美元。毫无疑问，这是个极有潜力的市场。

正是吉利公司的这项周密的市场调查，加上公司的精心设计，女士专用的雏菊刮毛刀迅速占领市场，第一年销售就供不应求。后来公司再次进行市场调查，接受了许多妇女的建议，选择"不伤玉腿"作为推销的重点，结果该产品迅速畅销全球！

任务分解

1. 市场调查的含义。
2. 市场调查的基本分类。
3. 市场调查的必要性。
4. 熟悉市场调查发展历史过程及在我国的现状和特点，以此来说明中国市场调查行业潜力巨大。

案例导入

市场调查助营销决策一臂之力

零点调查研究发现，93.5%的 18～35 岁的女性都有过各种各样的非理性消费行为，其中 79.0%的人事后持无所谓或不后悔的态度；61%的中年男性和64.3%的青年男性都偏爱在外事业有成、在家温柔贤惠、会角色转换的家庭事业都出众的女性；如果突然有了100万元，60.5%的城市人会拿来买房子，而大部分农村人会拿来投资建厂。

在这个竞争激烈的社会，几乎没有一件事不靠调查研究就能发现真相，因为社会的面貌正以想象不到的速度在改变。零点调查研究还发现下列值得注意的现象：88%的青年女性主要为孩子、丈夫/男友和父母亲等至爱亲人购物；超过50%的城市家庭视个人计算机为未来1~2年内最有可能购买的耐用品；有60%的家庭依然把储蓄作为主要的理财方式；住房的户型设计、房屋面积以及交通便利是大多数消费者购买房子时最为关注的三个因素；上海人（79.6%）和广州人（89.6%）比较相信中国航空公司，这个数字高出其他城市居民大约20个百分点；现在的农民有60.7%的人希望自己出生在城市而非农村；一个月收入不过1000元的年轻女孩可能用的是价值上百元的LANCOME化妆品；收入处于中间水平的中产阶级最爱购买奢侈品，如豪华汽车、流行服饰；未婚同居的现象增加；不要孩子的"丁克家庭"越来越多；女性心目中的理想男性与现实男性的差距甚大。

……

以上数据虽琐碎但是对于制定合理有效的营销策略却无比珍贵。调查研究的确非常重要，因为只有通过调查研究，才能掌握趋势，知道各收入阶层的消费习惯，了解一个市场的群体组合及其生活方式，掌握了这些，才能够进行正确决策。

调查还发现，39.4%的企业都经历过或有过因没有做市场调查而造成销售计划失败的经历，市场调查对销售的贡献率达到26%。

因此，要凭周详的计划获得成功，调查研究是明智的选择。

理论基石

一、市场调查的含义和特点

现代管理的重心在经营，经营的中心在决策，决策的前提是预测，预测的依据在信息，信息的来源在调查。市场调查是企业取得良好经济效益的重要保证，是营销决策的依据。

（一）市场调查的含义

市场调查就是运用科学的方法，客观的态度，明确研究市场营销有关问题所需的信息，系统地收集、整理和分析有关市场营销方面的信息，提出解决相关市场营销问题的建议，并将调查信息传递给相应的管理层，为市场预测和营销决策提供客观依据的一系列活动。

在理解市场调查含义时应注意三方面。

（1）市场调查并非对市场营销的所有问题盲目地进行调查，而是指为了某项市场营销决策所进行的调查。

（2）市场调查是服务于市场营销而又监控营销管理过程的主要手段。市场调查是制定具体的营销决策的前提和重要环节。

（3）市场调查是一个系统的过程，包括对有关资料进行系统的计划、收集、记录、整理、分析和报告的全过程。

（二）市场调查的特点

1. 市场调查具有普遍性和经常性

在市场经济条件下，任何经济活动都离不开调查。市场调查渗透于企业经营活动的各个环节和各个方面，是企业经营活动中不可缺少的一部分。企业要在市场竞争中获取和保持相对竞争优势，就必须全方位、全程性地进行调查，根据市场变化调整策略。经常性的市场调查有利于企业发现问题和抓住机会。

2. 市场调查具有针对性和不确定性

美国社会预测学家约翰·奈斯比特（John Naisbitt）说过："我们现在大量生产信息，正如过去我们大量生产汽车一样""在信息社会里人们的时间倾向性是未来""我们必须学习如何预测未来。如果能做到这一点，我们就会了解趋势并非命中注定的。我们能够向未来学习，就如同我们从前向过去学习一样。"市场调查是一种有目的、有计划、有时间要求和有费用限制的活动，不可以盲目进行。市场是由众多因素影响和控制的，调查虽然具有针对性，但市场是发展变化的，市场调查应当针对不同的调查者采用不同的调查方法，而被调查者反映的信息又不一定很全面，有可能是现实情况的一个侧面，市场调查的结果往往具有不确定性。在市场调查的实际工作中要根据调查内容选择恰当的调查方法，明确调查目的，以降低调查结果的不确定性。

案例 1-1

调查结论的不确定性

CPC 国际公司在将脱水蔬菜汤卖到美国时遇到了一些抵制。该公司对其产品曾进行过市场测试，方法是向过路人提供一小杯已经备好的热汤，在品尝之后，每个行人都要回答一些关于销售前景之类的问题。调研活动结果表明美国人有一定的兴趣，但是当包装好的产品摆到商场的货架上后，销售额却非常低。进一步的调查表明，市场调查忽略了大多数美国人排斥脱水汤包的倾向。在测试过程中，受访者们没有意识到他们品尝的是用脱水汤包调出来的汤。他们在品尝中发现味道很好，于是就说会买这种汤。如果他们事先知道这种汤是以脱水形式出售的，并且在准备过程中需要 15～20 分钟的时间来搅动，那么他们对这种产品可能就不会表现出太大的兴趣。在这个特别的案例中，预先准备是极其重要的，没有对存在的这种特殊差异进行测试就会导致市场调查结论的不确定性。

3. 市场调查具有科学性

市场调查采用科学的方法设计方案、定义问题、采集数据和分析数据，从中提取有效的、相关的、准确的、可靠的、有代表性的信息，而不是主观臆造。市场调查结果的分析，是在一定科学原理指导下，被实践证明是行之有效的分析。

4. 市场调查具有时效性

市场是开放的、动态的，随着时间的推移，市场环境会发生变化，新的问题、新的情况会不断出现。市场调查结果反映的是某特定时段的信息和情况，这就要求市场调查具有较高的时效性，无论是资料搜集，还是资料的整理分析，都要及时反映市场情况，及时了解市场变动，只有这样才能为决策提供有价值的依据。

二、市场调查基本类型

随着市场调查领域的拓展，市场调查的类型也出现了多样化的特点。根据不同的标准，市场调查可以有以下几种分类。

（一）按调查目的的不同划分

1．探测性市场调查

探测性市场调查指当市场情况不十分明了时，为了发现问题、找出问题的症结、明确进一步深入调查的具体内容和重点而进行的非正式的调查。例如，某个企业拟投资开设一家新的综合商店，首先可做探测性调查，从店址选择、需求大小、顾客流量、交通运输条件、投资额等方面初步论证其可行性。如果可行，则可做进一步深入细致的正式调查。

探测性调查一般不如正式调查严密、科学，一般不制定详细的调查方案，尽量节省时间以求迅速发现问题。它主要利用现成的历史资料、业务资料和核算资料，或政府公布的统计数据和长远规划、学术机构的研究报告等现有的第二手资料进行市场研究，或邀请熟悉业务活动的专家、学者、专业人员对市场有关问题做初步的研究。

2．描述性市场调查

描述性市场调查是指对需要调查的客观现象的有关方面进行的正式调查。它要解决"是什么"的问题，主要描述调查对象的各种数量表现和有关情况，为市场研究提供基本资料。例如，消费者需求描述调查，主要是搜集消费者收入、支出、商品需求量、需求倾向等方面的基本情况。

与探测性调查相比，描述性调查要求有详细的调查方案，要进行实地调查，掌握第一手原始资料，尽量将问题的来龙去脉、相关因素描述清楚，系统地搜集、记录、整理有关数据和有关情况，为进一步的市场研究提供市场信息。

3．因果性市场调查

因果性市场调查又称相关性调查，是指为了探索有关现象或市场变量之间的因果关系而进行的市场调查。它所回答的问题是"为什么"，其目的在于找出事物变化的原因和现象之间的相互关系，找出影响事物变化的关键因素。如价格与销售量、广告与销售量的关系中，哪个因素起主导作用，这个问题就需要采用因果性市场调查得出结论。

因果性市场调查可以从一定的因果式问题出发，探求其影响因素和原因，也可先摸清影响事物变化的各种原因，然后综合推断事物变化的结果。

因果性市场调查目的是找出市场变量之间的因果关系，既可运用描述性调查资料进行因果关系分析，也可搜集各种变量的具体资料，并运用一定的方法进行综合分析、推理判断，在诸多的联系中揭示市场现象之间的因果关系。

4．预测性市场调查

预测性市场调查是指为了预测市场供求变化趋势或企业生产经营前景而进行的具有推断性的调查。它所回答的问题是未来市场前景如何，其目的在于掌握未来市场的发展趋势，为市场管理决策和企业营销决策提供依据。如消费者购买意向调查等，就是带有预测性的市场调查。

预测性市场调查可以充分利用描述性市场调查和因果性市场调查的现成资料，但预测性市场调查要求搜集的信息要符合预测市场的发展趋势，既要有市场的现实信息，更要有市场未来发展变化的信息，如各种新情况、新问题、新动态等方面的信息。

（二）按调查组织的方式划分

1．全面调查

全面调查是对调查对象无一例外地加以调查，因此全面调查的优点是：搜集的资料全面、可靠，调查资料规范性强。缺点是：牵扯面广，工作量大，费时、费力、组织工作繁重。因此全面调查应用面较窄。

2．非全面市场调查

（1）典型调查

典型调查是一种非全面性调查，就是在调查对象（总体）中有意识地选择一些具有典型意义或有代表性的单位进行专门调查。

典型调查的调查单位较少，人力和费用开支比较节约，运用比较灵活，而且调查内容可以多一些，有利于深入实际，发现新事物，探索新问题，查明客观经济现象产生的原因。在我国，人们对这种调查比较熟悉，而且具有丰富的实践经验，所以它在市场调查中应用广泛。

搞好典型调查的关键在于选好典型。所谓典型，是指被调查单位具有代表性。典型单位是否具有代表性直接关系到调查结果的准确与否。典型单位的具体标准，应当根据每次市场调查的目的和调查对象的特点来确定，不可能规定统一的、固定不变的标准。

（2）重点调查

重点调查是一种非全面调查，它是在全部单位中选择一部分重点单位进行调查，以取得统计数据的一种非全面调查方法。其目的是为了了解总体的基本情况。

所谓的重点单位，是指在总体中具有举足轻重地位的单位，这些单位虽然数量不多，但就调查的标志值来说，它们在总体中却占了绝大部分比重。通过对这些单位的调查，能够了解整个研究对象的基本情况。因此，当调查任务只要求对总体的基本情况进行了解，而部分重点单位又能集中反映所研究问题时，便可采用重点调查的方式。

此种方法的优点是：所投入的人力、物力少，又能较快地搜集到统计信息资料。一般来讲，在调查任务只要求掌握基本情况，而部分单位又能比较集中地反映研究项目和指标时，就可以采用重点调查的方式。

由于重点单位在全体调查对象中只占小部分，调查的标志量在总体中却占较大的比重，因而对这部分重点单位进行调查所取得的统计数据能够反映总体社会经济现象发展变化的基本趋势。它和抽样调查不同的是：重点调查取得的数据只能反映总体的基本发展趋势，不能用以推断总体，因而也只是一种补充性的调查方法。

（3）抽样调查

抽样调查是一种非全面调查，它是从全部调查研究对象中，抽选一部分单位进行调查，并据以对全部调查研究对象做出估计和推断的一种调查方法。显然，抽样调查虽然是非全面调查，但它的目的却在于取得反映总体情况的信息资料，因而也可起到全面调查的作用。抽样调查也是一种重要的调查方法，我们将在以后的内容中介绍。

三、市场调查的内容

市场调查是企业营销活动的开始，又贯穿营销活动的全过程。市场调查的内容涵盖了市场营销活动的整个过程，从识别市场机会、选择目标市场、制定营销策略到评价营销效果，都可能成为市场调查对象。

知识图片 1（见图 1-1）

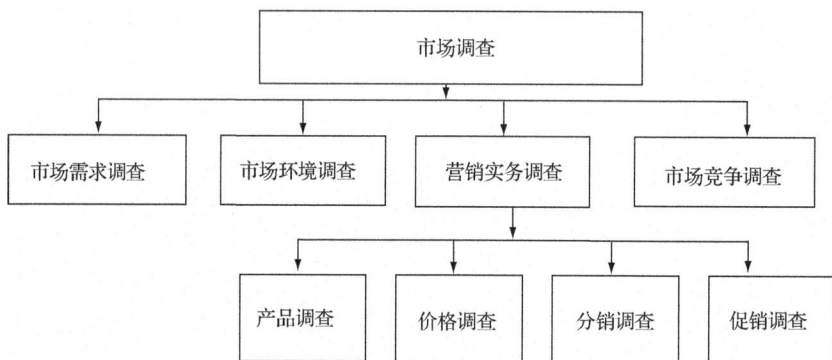

图 1-1 市场调查的内容

（一）市场需求调查

市场需求调查是企业营销调研中最重要的内容，主要包括消费者数量和结构、购买力、需求时间、支出结构、心理、行为、满意度等方面的内容。消费者是市场活动的主体，是企业产品的最终购买者和服务对象，企业要取得营销成功，就必须研究消费者，根据消费者的需要组织生产和销售，这是企业制订营销计划和营销策略的出发点。企业只有在充分了解消费者的基础上，发现和识别消费者真正需要的产品和服务，才有可能把握市场机会，不断改进产品及营销组合，满足消费者的需求。

案例 1-2

TIME 公司案例

美国 TIME 公司曾对钟表市场进行调查研究，发现手表购买者分为三类：①大约 23% 的人看重价格低廉；②46% 的人看重表的耐用性及一般质量；③31% 的人看重表的品牌声望。

当时美国著名钟表公司大多把注意力集中于第三类细分市场，制造豪华昂贵手表并通过珠宝店销售。豪华昂贵手表利润丰厚，但竞争激烈。TIME 公司独具慧眼，选定第一、第二细分市场作为目标市场，全力推出一种价廉物美的"天美时"牌手表，并通过一般钟表店和某些大型综合商店销售。此后，该公司发展成为一流的钟表公司。

（二）市场环境调查

企业经营活动是在复杂的社会环境中进行的，环境的变化既可以给企业带来市场机会，也可能给企业造成某种威胁，因此，对市场环境进行调查是企业开展经营活动的基本前提。具体来讲，它主要包括经济环境、人口环境、政治和法律环境、社会和文化环境、技术和自然资源环境等。这些环境从不同方面影响和制约着企业的营销活动。企业只有通过市场环境的调查，才可以分析环境对企业营销的影响，把握环境的变化趋势，提高企业对环境的适应性。

（三）营销实务调查

营销实务调查主要指企业在营销活动各个环节上所进行的调查活动，主要涉及产品调查、价格调查、分销渠道调查和促销调查等几个方面的内容。

产品调查的内容主要包括品牌忠诚度、品牌价值、包装、产品生命周期、新产品创意与构思、新产品市场前景、产品售后服务等，其主要目的是为企业制定产品决策提供依据。

价格调查的内容主要包括定价目标和定价方法、影响定价的因素、价格调整策略、顾客对价格变化的反映等。

分销渠道调查的内容主要包括分销渠道的结构和覆盖范围、渠道选择的效果、影响渠道设计的主要因素、经销商分布与关系处理、物流配送状况和模式等。

促销调查的内容主要包括广告、人员推销、销售促进和公共关系等调查，其中，每一方面又包含了许多具体的内容。广告调查是促销调查中最重要也是最常见的调查。它主要包括广告诉求调查、广告媒体调查和广告效果调查等。广告诉求调查就是调查广告面对对象的性别、年龄、收入状况、生活方式、购买习惯、文化程度、价值观念和审美意识等。广告媒体调查，即调查媒体的传播范围和对象、媒体被收听和收看的情况、媒体的费用和使用条件，以及媒体的适用性和效果等。广告效果调查即调查广告受众对象、产品知名度、消费者态度、品牌使用者习惯、购买欲望与行为等。

案例 1-3

手机满意度排行榜：苹果排名下滑

手机中国做了一项手机满意度调查，结果非常让人意外。在手机品牌满意度排行榜中，中国第一品牌华为竟然只排名第六，而去年排名第一的苹果今年下滑一位排名第二，至于备受争议的小米排名第三还算不错。最让人意外的是小众品牌一加，竟然超越苹果小米华为排名第一，成为最受中国用户满意的手机品牌。而全球销量第一的三星，在中国用户心目中已经名落孙山，如图 1-2 所示。

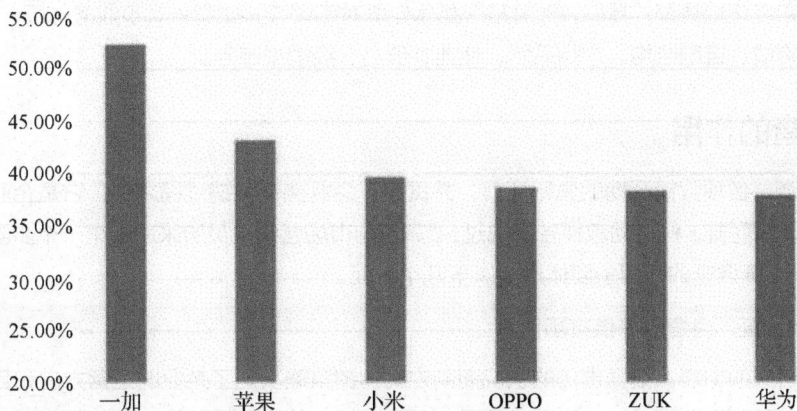

图 1-2　手机满意度排行榜

在排名前六的手机品牌中，除了排名第一的一加满意度超过 50% 以外，其余五个品牌满意度相差不大，基本都在 40% 左右。比如排名第二的苹果为 42%，排名第六的华为为 38%。而在热销手机型号满意度排行榜中，一加手机 3T 排名第一，排名 2～10 位的手机分别为华为 Mate 9、华为 Mate 8、OPPO R9s Plus、OPPO R9s、三星 Galaxy S7 edge、小米手机 5s、小米手机 5、vivo X9 以及苹果 iPhone 6s，如图 1-3 所示。

好评榜	产品名称	好评率	差评榜	产品名称	差评率
	2017手机中国调研——产品好评&差评排行 （投票样本大于>0.5%，Top10产品排行榜）				
1	一加手机3T	60.38%	1	vivo Y13	14.61%
2	华为Mate 9	58.72%	2	小米红米手机1S	14.23%
3	华为Mate 8	52.71%	3	vivo Y23L	12.76%
4	OPPO R9s Plus	50.00%	4	乐视超级手机1s	12.36%
5	OPPO R9s	49.19%	5	红米Note 2	11.74%
6	三星Galaxy S7 edge	48.72%	6	三星Galaxy S5	11.70%
7	小米手机5s	47.82%	7	红米手机2A	11.57%
8	小米手机5	47.50%	8	荣耀畅玩4C	11.55%
9	vivo X9	46.95%	9	vivo X5Pro	11.54%
10	苹果iPhone 6s	44.70%	10	魅蓝note2	11.15%

图 1-3　热销手机型号满意度排行榜

注：由于抽样用户有限，手机满意度排行榜排名只能作为参考，不代表真正的排名。

（资料来源：手机中国）

（四）市场竞争调查

市场竞争调查主要侧重于企业与竞争对手的比较研究。通过对成本和经营活动的比较，找出本企业的竞争优势，从而扬长避短、避实就虚地开展经营，提高企业的竞争能力。市场竞争对手调查的内容主要有两点：其一，对竞争形势的一般性调查，如不同企业的市场占有率、经营特征、竞争方式、同行业竞争结构和变化趋势等；其二，针对某一具体竞争对手调查，如竞争对手业务范围、资金状况、经营规模、人员构成、组织结构、产品品牌、性能、价格、经销渠道等。

四、市场调查的作用

通常市场调查是各项营销活动的先行环节，并贯穿于企业整个营销过程之中，它是企业市场营销管理的重要工具。菲利普·科特勒教授曾经说过："真正的市场营销人员所采取的第一个步骤，总是要进行市场调查。"市场调查的作用主要体现在以下几个方面。

1. 通过市场调查，为企业提供市场信息

市场是企业研究的中心，根据市场的状况而制定的营销策略决定了企业的经营方向和目标，它的正确与否，直接关系到企业的成功与失败。因此，研究市场，使企业营销的产品与服务适应且满足消费者的需要是营销策略中首先要解决的问题。

企业所面对的既定市场是由"购买者+购买力+购买欲望"三要素构成的。这三个要素既是相互统一的整体，也是企业研究的重要内容。为此，企业要了解市场中的购买者是谁，了解他们的购买能力和购买欲望，然后根据目标顾客的情况制定相应的产品策略、价格策略、销售渠道策略和促销策略，以满足顾客的现实需要和潜在需要。

案例1-4

日本资生堂公司的市场方略

日本资生堂公司为了在激烈的广告竞争中击败对手，就消费者对化妆品的需求心理和消费情况进行了调查。它们将日本女性消费者按照年龄分为四类：第一类为15～17岁的女性。她们正当花季，讲究打扮，追求时髦，对化妆品的需求意识较为强烈，但购买的往往是单一的化妆品。第二类为18～24岁的女性。她们对化妆品也非常关心，消费积极，而且只要看中合心意的产品，即使价格昂贵也在所不惜。第三类为25～34岁的女性。他们大多数已经结了婚，化妆品的使用已经成为一种日常习惯了。第四类为34岁以上的女性。她们对化妆品的需求比较朴素，而且比较单一。资生堂公司根据上述情况，制定了"年龄分类"的广告销售策略，在不同的媒体上，针对各类消费者进行广告宣传，并使化妆品的式样、包装适应各类消费者的特点和需要，因此使产品受到了消费者的普遍欢迎。

2. 通过市场调查，可以发现一些新的需求和市场机会，从而有利于企业新产品的开发

任何企业不会在现有的市场上永远保持销售旺势。要想扩大影响，继续盈利，就不能把希望只寄托在一个有限的产品上和特定的地区范围内。当一种产品在某个特定市场尚未达到饱和状态时，企业就应开始着眼于更远的、还没有被满足的市场。这就需要通过市场调查了解顾客当前的需要和满足程度，并了解顾客尚不能明确表达出来的潜在的市场需要，为企业制定行之有效的市场开发战略提供重要的依据。

现有的市场竞争较为激烈，企业发展的机会有限，而潜在的市场和未来的市场则存在着巨大的商机。无论一个公司对目前顾客明确表达的需求满足得有多好，如果它看不到顾客尚未能明确表达的需要，那也是很危险的。不管一个公司现有的顾客有多大程度满足，若是不努力去吸引全新的顾客群体，就有可能使自己的发展受阻，很快成为落伍者。因此，企业的永续发展就在于不断地创新，这种创新的重点主要体现于满足顾客需要之上的新产品创新。在激烈竞争的现代市场条件下，不开发新产品的企业会面临很大的风险。同时，新产品的开发也存在着很大的风险，其原因是由多种因素造成的，而避开新产品开发的风险要借助市场调查这一基本手段来实现。

3. 通过市场调查，可以使企业在竞争中占据有利地位

知知己彼是每一个企业应对市场竞争的有效方法，要达到在竞争中取胜的目的，就必须掌握竞争对手的经营策略、产品优势、经营力量、促销手段及未来的发展意图等。企业面对的可能是一个竞争对手，也可能是多个竞争对手，是采取以实力相拼的策略，还是采取避开竞争、另辟新径的策略，要根据调查结果并结合企业的实际做出决策。通过市场调查了解对手的情况，就可在竞争中绕开对手的优势，发挥自己的长处，或针对竞争者的弱点，突出自身的特色，以吸引消费者选择本企业的产品。否则，一旦竞争决策失误，经营的失败不仅表现为市场占有率的减少，也意味着竞争对手的进一步强大。显然，市场调查对竞争结果的意义十分重大。

4. 通过市场调查，可以为企业预测未来市场发展提供基础

每个企业在进行现有市场营销的同时，还要注重对未来市场的研究，即不断了解、分析市场未来的发展趋势，从而抓住新的发展契机。而对未来市场的了解就是在市场调查的基础上进行的市场预测，否则市场预测只能是空中楼阁，甚至造成预测失误。

进入 21 世纪后，由于经济全球化及知识经济的发展，企业营销的空间急剧扩大，顾客需求的变化加快，企业间的竞争也日益激烈，诸多原因必然使得市场调查在企业营销中的地位越来越高。

案例 1-5

找到自己最有价值的顾客

从 20 世纪 80 年代末期开始，代顿－哈德森公司受到了一些能够给购买者提供更多花样化的选择、以低价折扣闻名的零售店的威胁。该公司不得不开始采取措施应对挑战，以加强与顾客之间的联系，强化顾客忠诚度。

为此，该公司采取的第一步措施就是跟踪研究流动的顾客。通过投资建立一个消费者信息系统和专家顾问团，代顿－哈德森公司掌握了 400 万消费者的基本信息和他们的消费习惯，并通过某段时限内的消费额累计得出了一个令人惊奇的事实：有 2.5%的顾客消费额占到了公司总销售额的 33%。

在明确了最需要自己特别研究和关注的那 2.5%的顾客后，代顿－哈德森公司旨在强化重点顾客忠诚度的针对性计划也因此得以出笼和实施。

五、市场调查的发展历史

市场调查行业是新兴的行业，它是 20 世纪初才发展起来的，至今为止，经历了四个发展期。

（一）萌芽阶段（20 世纪前）

有记载的最早的市场调查是由美国 Harrisburg Pennsylvanian 报纸于 1824 年 7 月进行的。有正式记载的为制订营销决策而开展的第一次调查是 N.W.Ayer 广告公司在 1879 年进行的。

学术研究者大约在 1895 年进入市场调查领域。当时，明尼苏达大学的一名心理学教授使用邮寄问卷的调查方法研究广告。他邮寄了 200 份问卷，最后收到 20 份完成的问卷，回收率为 10%。之后不久，美国西北大学的斯克特也做了一些开创性的工作。

（二）成长初期（1900—1920 年）

第一家正式的调查机构在 1911 年由柯蒂斯出版公司建立。该机构的调查主要针对汽车业，因为制造商认定那些有钱并且愿意购买汽车的人已经都拥有汽车了。因此，制造商试图不断寻求新的消费者群以便对其进行促销。几年以后，斯塔奇创立了广告反应的认知测度，斯特朗提出了回忆测度和营销量表。

（三）成长期（1920—1950 年）

20 世纪 30 年代，问卷调查法得到广泛使用。尼尔森于 1922 年进入调研服务业，创造了"市场份额"的概念以及其他服务，从而为它后来成为美国最大的市场调研机构之一奠定了基础。直到 20 世纪末期，市场调查才作为正式课程在大学中得到普及。

到 20 世纪 30 年代末，人们已不再满足于对应答者回答的简单分析，于是开始根据收入、性别和家庭地位等方面的差异，对被调查者进行分类和比较。此时，简单相关分析开始得到应用，但应用并不广泛。

20 世纪 40 年代，小组访谈在默顿的领导下发展起来。到 40 年代末，随机抽样的重要性得到广泛的认识，在抽样方法和调查过程等方面取得了很大的进步。

（四）成熟期（1950—现在）

由卖方市场向买方市场的转变要求更好的市场情报。生产者不再能够轻易卖出他们生产的产品。生产设备、广告和存货成本的上涨以及其他一些因素使得价格战失败的可能性比以往大大增加。这时，重要的是通过市场调查发现需求，然后精心生产产品满足这些需求。

20 世纪 50 年代中期，相关学者主要依据容易区分的顾客人口统计特征提出了市场细分概念。同一时期，人们开始进行动机研究，重点分析消费者行为的原因。市场细分、动机分析与先进的调查技术的结合，出现了个人心理变化和利益细分等重要创新。20 世纪 60 年代，人们先后提出了许多描述性和预测性的数学模型，如随机模型、马尔科夫模型和线性学习模型。

六、我国市场调查的发展

我国市场调查的发展历史较短。我国的第一家专业市场调查公司——广州市场研究公司 1984 年在广州成立。20 世纪 90 年代中期开始，专业化市场调查公司相继成立，国外著名市场调查公司也纷纷以合资等形式在我国设立公司。到 1998 年，我国已有专业化市场调查公司 800 多家。1998 年 9 月，设立在中国信息协会之下的市场调查分会筹备委员会成立，标志着我国市场调查行业正式进入起步阶段。2001 年 4 月，全国市场研究行业协会在广州正式成立，此时业内公司已多达上千家。

我国市场调查行业虽然起步晚，但发展迅速，随着经济的发展，我国市场调查行业将会更有前景。

【任务 2】 认识市场调查的流程

任务要求

要求学生根据提供的案例资料（也可以上网收集相关资料），进行市场调查流程环节的分析，并根据调查资料任务需要，设计调查流程，提交报告。

任务分解

1. 市场调查一般流程的具体阶段。
2. 市场调查各阶段的具体内容。
3. 结合实例分析市场调查流程。

案例导入

市场调查流程实例

雀巢公司正研制开发一种新口味的咖啡，并计划尽快打开市场。为进一步了解消费者的实际需求，保证新产品产销对路，同时也为了推广企业和产品的形象，特组织本次的市场调查。

一、调查对象

（1）中、高收入阶层。该阶层收入水平较高，是产品定位的主要消费对象，也是本次调查的重点。

（2）工薪阶层。该阶层收入水平不高，目前尚不具有长期购买能力，但这一阶层人数众多，对生活方式改善意愿很强烈，是潜在的发展对象。

（3）大学生阶层。学生是社会最前沿、追求时尚的阶层，而且人数众多，加上对咖啡独特风味的喜爱，是一个非常大的消费群体。

二、调查内容

（1）被调查者的年龄、性别、职业、文化程度、月收入等。

（2）调查者是否有饮用咖啡的习惯，如果有，经常喝什么品牌的咖啡。

（3）被调查者是否有意愿购买咖啡，其动机和想法。

（4）被调查者注重咖啡的哪些功效。

（5）被调查者对本公司新研制的咖啡有什么要求。

（6）被调查者对公司推出的咖啡可以接受的价格是多少。

（7）被调查者是否经常饮用雀巢咖啡。

三、调查时间和地点

时间：上午 11:18—11:25。

地点：福州各大超市以及各大广场。

四、调查方法

拦截式访问、邮寄访问及问卷调查。其中拦截式访问 100 人，邮寄访问 400 人，问卷调查 2000 份。

五、经费预算

经费预算表如表 1-1 所示。

表 1-1 经费预算表

序号	项目	数量（份）	金额（元）
1	调查方案策划及设计费		1000
2	调查问卷设计及测试费		100
3	有关产品的说明书	50	10
4	邮寄访问的费用		100
5	问卷印刷费	200	150
6	调查随赠礼品	200	200
7	拦截式访问随赠礼品	10	20
8	问卷调查人员劳务费	20	1800
9	拦截式访问人员劳务费	10	300
10	调查数据录入及整理分析费		600
11	调查报告撰写及打印费		100
12	交通、住宿、餐饮和杂费		500
13	管理费及税金		150
合计			5030

六、调查问卷

雀巢咖啡市场问卷调查

亲爱的消费者：

您好！请您先仔细阅读题目及答案，再根据您对题目叙述的看法，逐题填写。本问卷的各项答案无所谓好坏对错，且问卷所得结果只做团体性分析，不做任何个别呈现。对外绝对保密，请您按照实际情况和真实想法填写问卷。

备注：请在相应的位置打钩。对您的合作与支持我们表示衷心的感谢！

1. 性别：
   A. 男　　　　B. 女

2. 年龄：
   A. 10 岁以下　　B. 10～18 岁　　C. 18～26 岁　　D. 26～34 岁　　E. 34 岁以上

3. 是否有喝咖啡的习惯？
   A. 是　　　　B. 否

4. 您最喜爱的咖啡品牌是：
   A. 斑德　　　　B. 雀巢　　　　C. 蓝山　　　　D. 力神炭烧
   E. 德维　　　　F. 其他

5. 购买咖啡时您会优先考虑：
   A. 国内品牌　　B. 国外品牌　　C. 无所谓，好喝就行

6. 您是否喝过雀巢咖啡：
   A. 有　　　　B. 没有　　　　C. 偶尔

7. 您觉得雀巢咖啡的包装怎么样？
   A. 很好　　　　B. 一般　　　　C. 不好看

8. 您觉得雀巢咖啡的口感怎么样？
   A. 很好　　　　B. 一般　　　　C. 不知道

9. 您觉得雀巢咖啡的哪种口味最好喝？
   A. 雀巢咖啡 1+2 原味　　　　B. 雀巢咖啡 1+2 特浓　　C. 雀巢 100% 纯咖啡
   D. 雀巢卡布奇诺咖啡　　　　E. 雀巢即饮咖啡

10. 在下列信息渠道中，您购买咖啡前最可能选择的是：
    A. 上咖啡厂商相关网站查询　　B. 电视广告　　　　C. 报纸广告
    D. 海报传单　　　　　　　　　E. 朋友介绍　　　　F. 营业员推销

11. 您觉得雀巢公司新研制的咖啡在福州有没有市场：
    A. 有　　　　B. 没有　　　　C. 不知道

非常感谢您！您的建议是我们公司巨大的财富，衷心祝福您和您的家人健康、快乐！

七、调查组织工作

本次调查由雀巢公司的市场调查部和福建省××职业技术学院的饶×、邓××、林××、许××同学具体实施，工作内容包括调查提纲和问卷调查的设计、问卷人员的安排、组织和培训、调查工作的实际开展、调查数据的统计、调查报告的撰写等。雀巢公司市场部对全过程实施有效的监控。

八、调查数据分析方法

按所调查的不同项目，并按实施调查的不同地点和被调查者的不同年龄、职业、收入等情况进行

分析，然后汇总整理并比较不同地点、消费群体对雀巢咖啡的期望、态度、要求的差异，分析确定即将推出的雀巢新口味咖啡的主要目标群体。

九、效果预期

福州市是福建省省会。其五区经济水平最高，人口分布集中，密度大。仓山区拥有 35 万人口，晋安区拥有 24 万人口，台江区拥有 30 万人口，鼓楼区拥有 44 万人口，马尾区拥有 15 万人口。这里汇集了大量的高等院校，据不完全统计，福州市现有在校大学生已超过 25 万，有人必然有需求。就学生群体市场来说，据调查，每位学生每月平均消费 750 元左右，且有 75%以上的同学拥有手机，40%以上的同学拥有 MP3，30%以上的学生拥有个人笔记本电脑，这充分反映了学生市场的广阔。

福州白领阶层也高达数万人，其消费能力更胜一筹。

福州市的繁华地段，如安泰、宝龙城市广场、中亭街、学生街等每天客流量高达几十万。这里汇集着各种时尚人士，信息资源丰富。咖啡是香醇与美味的结合，走的是一种休闲、典雅的品牌道路。正是符合当今消费者的生活风格。如今，咖啡已进入各家各户，但面对市场上琳琅满目的咖啡品牌消费者又该如何选择？他们需要的是什么？关注的是什么？这些信息对于一个生产咖啡的企业来说，是十分必要的。我们有理由相信这里会有广阔的消费市场和广阔的消费群体。

十、调查结果

（一）主流产品——速溶咖啡

数据：在受访者中，绝大多数的人喝过速溶咖啡，这个比例高达92.2%，过半数者（58.4%）喝过三合一袋装咖啡；16.8%的人喝过焙炒咖啡，29.4%的人喝过其他咖啡饮料；在被访者对于某一类咖啡的消费频率方面，每天喝速溶咖啡的为6.0%，经常喝的为38.4%，在"偶尔喝"的咖啡种类中，三合一袋装和速溶的消费频率已很接近；而表示经常喝三合一的则只占13.1%。

分析：喝过速溶咖啡和三合一袋装咖啡的百分比最高，在"偶尔喝"的调查里这两者的百分比也是最高的，这说明速溶三合一咖啡在初级消费者市场具有很大发展潜力。

目前市场上的咖啡饮料尽管具有口味纯正、饮用方便等优点，但由于其价格相对较高，饮用时亦缺乏咖啡文化所体现出的高雅、温馨的情调，因此，绝大部分消费者只是偶尔喝一喝。

（二）主要人群——中青年人

数据：各年龄段对咖啡的喜爱程度不同，其中表示非常喜欢咖啡的人群中40～50岁的占24.0%，20～30岁的占18.0%。

进一步调查表明，喝咖啡的男性比例要高于女性比例。在所有受访者中，喝咖啡的男性为55.1%，女性为44.9%。

分析：咖啡作为一种口味独特的饮品深受青年消费者的喜爱，中年人和青年人是咖啡产品的主要消费群体；同时男性消费者的人数远远超出女性消费者，购买者中也以男性居多；其原因在于咖啡属于烟糖类产品，更多为男性所关注。而且作为一种嗜好品，咖啡更易受到男性的青睐。

（三）主要因素——味道诱人

数据：消费者在选购咖啡时哪些因素是他们所要考虑的呢？本次调查采用10分制由消费者对各种购买考虑因素打分，分数最高的代表其重要性越高。调查结果显示，味道以 8.3 分位居第一，其次是饮用方便性，为 7.4 分；保存期、品牌知名度等各项分值也较高。

分析：消费者极为重视咖啡的味道，咖啡毕竟是一种饮品，好味道的咖啡才会广受欢迎。同时作为一种饮品，饮用的方便性与否对消费者来说也是购买时考虑的一大要素，咖啡的生产厂家在生产时可以不断改进其味道，同时使咖啡更便于携带冲泡，使消费者在饮用时更方便。

（四）主要信息——电视广告

数据：在众多获得咖啡信息的渠道中，电视广告以 86.4%的比例成为消费者获取咖啡信息的首要渠道。另外，通过促销活动、广播、杂志、报纸等一系列的传播渠道也是消费者获得信息的重要来源。

进一步调查消费者想通过哪些渠道获取咖啡的信息，发现有 37.3%的人想通过传媒报道获取信息，免费试用、传媒广告、朋友推荐等几项也占有较高的比例。

分析：电视是众多媒体中传播覆盖率最广的一种，电视广告属于立体广告，而广播、杂志、报纸等一些媒体则属于平面广告，两者相比较，后者不如前者生动、形象，不易给人留下深刻印象，这也是消费者普遍认为电视广告是获取咖啡信息的主要渠道的重要原因。

促销活动是许多商家都喜欢用的一种宣传方式，也成了消费者了解咖啡信息的一个渠道。从数据来看，免费品尝或者试用这一类的直接获取信息的方式还是很受咖啡消费者欢迎的。

十一、结论及建议

目前咖啡市场上的主流产品为速溶咖啡和三合一咖啡，它们以方便、经济等一系列的优点成为大众的主要选择。对绝大多数消费者而言，口味是选择咖啡的主要原因，在此方面速溶明显优于三合一。值得注意的是，三合一咖啡的主流消费者不是咖啡的稳定消费群体，他们的消费不确定性较大。因此，应该兼顾速溶咖啡和三合一咖啡的两大市场。

（1）广告起着影响消费的重要作用。广告对于消费者选择咖啡品牌有很大的影响力，而调查结果显示，咖啡的价格、原料产地、工艺技术并不为大多数消费者看重。消费者一方面认为咖啡的口味是极为重要的，另一方面却并不了解决定咖啡口味的因素有哪些。这种认识欠缺对于厂家而言是一种市场机会，在广告策略中既要有渲染情调的内容，也要有宣传产地、工艺等决定咖啡口味的内容。建议两种内容在不同主题的广告中予以体现，但共同点是强调品牌，以形成广告优势。

（2）瞄准都市上班族。中国咖啡市场的升温源于一定的需求空间。据调查，咖啡的主要消费群体为都市上班一族。这部分消费群体也是社会时尚的引领者，他们对外国的饮食文化感兴趣并易于接受。就经济实力而言，他们也能够承担这部分花销。伴随着咖啡消费，咖啡文化也应运而生，而咖啡馆则成了咖啡文化的孕育场所。在一定程度上，咖啡文化也促进了咖啡消费，吸引了越来越多的消费人群。因此，生产企业的营销应该瞄准这一主要市场。

（3）咖啡产品的推广应该富含"文化气息"。咖啡作为一种舶来饮品，对中国人来说，每天饮用的人毕竟还属于少数，对于绝大多数消费者来说并不是生活必需品。新兴消费阶层（如年轻白领、学生）对咖啡有很大的兴趣，但他们属于消费较不稳定人群，也就意味着难以构成持久的消费能力。咖啡的稳定消费者主要还是以中年男性知识阶层为主，但他们的品牌忠诚度较高，对新品牌的选择机会较小。事实上，对于国内大多数消费者来说，咖啡的饮用并不是作为一种饮料，更大程度上还是一种品位的象征。因此，针对国内咖啡市场的消费者更应该耐心进行咖啡文化的教育和传播，宣传咖啡的历史文化。

（4）提高产品的市场竞争力。咖啡市场表面上看似稳定，极少出现大的变动，而事实上，这一市场不仅存在行业内部各咖啡品牌的竞争，还面临着与碳酸饮料、茶饮料、果汁饮料等相关产品的竞争。一方面，在大型超市中，我们可以看到咖啡专柜上只有雀巢、麦氏、摩卡、哥伦比亚等几个国外品牌，相比碳酸饮料、果汁饮料专柜的庞大阵容显得略为单薄；另一方面，市场价格也在很大程度上影响了咖啡的销量。我国咖啡成品90%是从国外进口的，需缴纳进口关税，而剩下的10%的国内生产的咖啡由于种植面积小，总产量很低。这些因素无形中提高了咖啡成品的市场价格。据调查，三合一咖啡平均每消费一次最低需要1元，速溶咖啡最低需要2～3元，至于研磨咖啡，最低也要10元。在高档咖啡馆，一杯咖啡最少也得20元。而果汁和碳酸饮料价格相对于咖啡要便宜得多。所以，对于相当一部分消费人群来说，可乐、果汁和茶饮料就成了他们的首要之选。因此，要提高咖啡的市场竞争力，价格也是一个因素。

问题：结合上述案例谈谈市场调查的流程大体分为几个阶段？每个阶段的主要内容包括哪些？

理论基石

企业的营销活动是从市场调查开始的，通过市场调查识别和确定市场机会，制订营销计划，选择目标市场，设计营销组合，对营销计划的执行情况进行监控和信息反馈。需要强调的是，市场调查活动应该遵循一定的原则，按照一定的程序进行。

知识图片2（见图1-4）

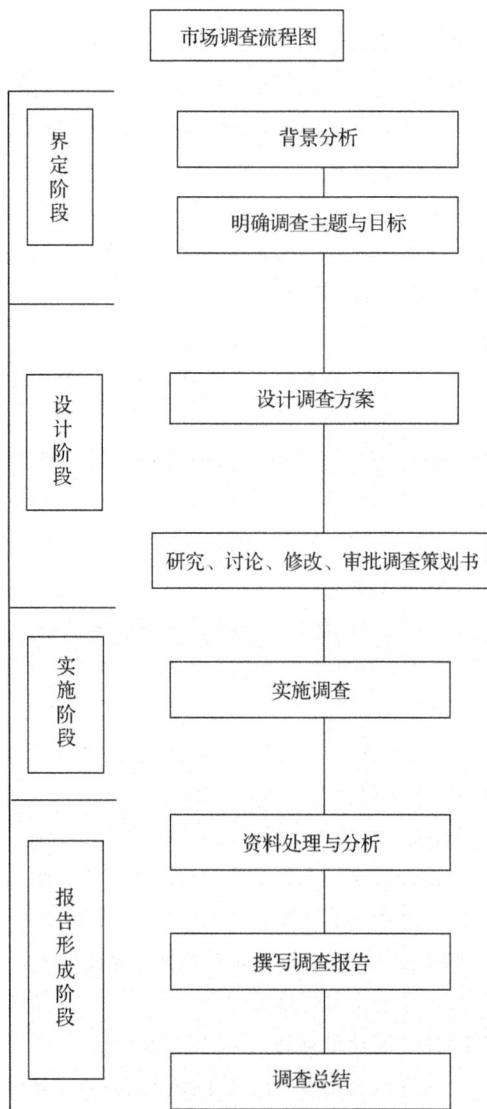

图1-4 市场调查流程图

一、界定阶段

界定阶段即明确市场调查主题和目标，并进行事先的分析研究。这一阶段的工作主要集中于项目的可行性研究与分析上。对市场调查机构来说，无论是外部委托的调查项目，还是内部组织的调查项目，事前都需要做严谨的可行性分析与研究。分析与研究的主要内容有以下四个方面。

（1）调查主题的性质，调查要了解什么，调查的意义和用途。

（2）调查活动从技术角度看是否具有可行性。

（3）市场调查机构从人力、物力、财力上是否具备承担活动的能力和条件。

（4）相关主题的调查活动是否有法律保障，是否有违社会道德准则。

二、设计阶段

在选定市场调查主题和目标后，市场调查就进入设计阶段。一般来说，市场调查机构会按项目管理方式组织落实调查活动，即每一项市场调查，机构会组成对应的项目工作小组，指定项目小组负责人和项目小组参与成员，由项目小组全权负责调查项目的活动。市场调查设计阶段就是由项目小组负责人协同有关人员完成项目的整套计划设计，为整个项目活动制订详细的、内容完整的策划书。

三、实施阶段

实施阶段的工作重点是资料收集，这是整个市场调查过程中最重要的环节，对调查项目的成败有决定性的影响。其具体工作主要有以下几个。

（1）人员选拔与培训。

（2）明确人员权力与责任。

（3）准备调查物资。

（4）实地调查。

（5）回收和复核资料。

四、报告形成阶段

这一阶段主要是做好资料的分类、整理、统计、分析等工作。当统计分析研究和现场直接调查完成后，市场调查人员拥有了大量的一手资料。对这些资料首先要编辑，选取一切有关的、重要的资料，剔除没有参考价值的资料；然后对这些资料进行编组或分类，使之备用；最后把有关资料用适当的表格形式展示出来，以便说明问题或从中发现某种规律性的现象。经过对调查材料的综合分析整理，便可根据调查目的写出一份调查报告，得出调查结论。

值得一提的是，调查人员不应当把调查报告看作市场调查的结束，而应继续注意市场情况变化，以检验调查结果的准确程度，并以此为基础，根据要求进行市场预测，发现市场发展的趋势。所以，人们通常在完成市场预测之后，将市场调查与市场预测两部分结合在一起，形成市场调查报告。

【思考与训练】

资料1：某公司的业务是提供各种各样的办公设备和用品。通过努力，该公司向众多机构出售产品。虽然过去两年整个行业销售额在增加，但该公司的销售额和利润却在下降，这是该公司高层担忧的事。

某地方银行在几年前创建后取得迅速的发展，主要是因为该银行提供的系列独特服务。虽然管理者对目前的业绩还满意，但却担心来自金融机构的升级竞争。为巩固自己的市场地位，该银行的高层希望调查消费者的人口统计数据以及他们如何看待本银行的优势和劣势。

某餐饮集团是在8个小区开设连锁餐厅的公司。该公司如今的形象是提供高价优质食品的高档餐厅。该餐厅的总裁想知道如果菜单品种价格调低15%，将会如何促进或损害餐厅的销售收入和利润？

根据上述三份资料回答下列几个问题。

（1）上述三个企业要解决营销问题各需要什么信息？

（2）谈谈应分别采用什么类型的调查来解决企业的营销问题？

资料2：

市场调查数据给企业带来的噩梦

上海某生产宠物食品公司的一位企业家出差来北京的时候，趁空闲时间，在西单图书大厦买了一本市场调查技术方面的书。3个月以后，他为这本书付出了三十几万元的代价。更可怕的是这种损失还在继续，除非这位先生的宠物食品公司关门，否则那本书会如同魔咒般伴随着他的商业生涯。

"最近两年，宠物食品市场空间增加了两三倍，竞争把很多国内企业逼到了死角。"一位记者在2005年北京民间统计调查论坛上见到这位企业家时，他对记者这样说，"销售渠道相近，谁开发出好的产品，谁就有前途。以前做生意靠经验，我觉得产品设计要建立在科学的调查基础上。去年年底，我决定为产品设计做消费调查。"

原来，回到上海后，为了能够了解更多的消费信息，这位企业家根据市场调查书中的技术介绍，亲自设计了精细的问卷，在上海选择了1000个样本，并且保证所有的抽样在超级市场的宠物店的购物人群中产生，内容涉及价格、包装、食量、周期、口味、配料六大方面，覆盖了所能想到的全部因素。沉甸甸的问卷让企业的高层着实振奋了一段时间，但谁也没有想到市场调查正把他们拖向溃败。

2005年年初，上海这家企业的新配方、新包装狗粮产品上市了，短暂的旺销持续了一星期，随后就是全面萧条，后来产品在一些渠道甚至遭到了抵制。过低的销量让企业高层不知所措，当时远在美国的这位企业家更是惊讶地感叹道："科学的调查为什么还不如以前我们凭感觉定位来得准确？"到2005年2月初，新产品被迫从终端撤回，产品革新宣布失败。

这位企业家告诉记者："我回国以后，请了十多个新产品的购买者回来座谈，他们表示拒绝再次购买的原因是宠物不喜欢吃。"产品的最终消费者并不是"人"，人只是一个购买者，错误的市场调查方向，决定了调查结论的局限，甚至荒谬。

经历了这次失败，这位企业家认识到了调查的两面性，调查可以增加商战的胜算，而失败的调研对企业来说就是一场噩梦。

阅读上述材料，回答问题。

1. 这位企业家以调查结果为依据做出的决策为什么会失败？

2. 这个案例给我们什么启示？

【课程实践】

一、成立模拟市场调查工作室

1. 成员：6 人。

2. 确定负责人、成员分工。

二、撰写市场调查工作室介绍

1. 工作室口号、标志。

2. 市场调查工作室的主要业务介绍。

三、作业要求

1. 制作团队介绍 PPT。

2. 内容：模拟市场调查工作室介绍，团队成员介绍（照片）。

3. 确定主讲人。

4. 作业命名：班级 团队名 组织建设。

【任务1】 调查问题和调查目标的确定

任务要求

要求学生以小组为单位，能够针对特定的调查课题（由学生自己确定），初步在分析调查问题的基础上，完成对调查目标准确的定义的报告。

任务分解

1. 明确企业市场调查的意图。
2. 明确企业营销问题的背景。
3. 正确分析调查问题，准确定义市场调查目标。

案例导入

大型购物中心之市场调查目标的确定

某家制造业公司多年来经营十分顺利，营业额节节上升，收益率尚佳。近年来，由于市场国际化、消费者消费习惯多元化，导致该公司既在产业市场竞争上节节败退，又在现存经营中包袱颇重，经营上的压力不断增大，所以该公司除积极地进行总体经营体制的改善工作以提高市场竞争之外，更积极寻求企业经营多元化，为企业寻找新契机。

在众多多元化计划中，几经筛选之后，将"土地有效开发利用"列为优先计划。可是土地有效开发的途径很多，诸如土地出售、兴建大楼出售、发展游乐产业、兴建大型购物中心等。

该公司在某大都会区附近拥有的大量土地已列入都市计划，现在公司最高决策层决定在该土地上打造"大型购物中心"：第一，配合未来消费者购买习惯的多元化；第二，营业行为可产生可观现金流量，增加该公司营运周转的能力；第三，可以继续保持土地所有权，以获得土地增值之利。在下最后决定之前，该公司决定进行一次"大型购物中心之市场调查"，以帮助最高决策层作最后决策。

因此，大型购物中心的市场调查目标重点在于。

（1）开展消费者调查，以便认识理解大型购物中心的业态。

（2）调查产品重点及服务重点，以便产生服务业经营差异化效果。

思考题：想一想调查目标是如何准确定义的。

准确定义调查问题或调查目标是决定是否开展调查活动及确定调查性质的关键。著名调研专家劳伦斯·D·吉布森（Lawrence D.Gibson）指出："正确定义调研问题将带来巨大收益——没有一项因素可以对利润产生如此的杠杆效应。在发现识别问题的过程中，我们为自己、部门和公司创造了额外价值。我们将能够实践自己的诺言和潜力……"总结起来就是：正确定义市场问题是市场调研成功的前提，也是解决营销问题的真正关键。

一、明确市场调查意图

一个企业需要进行市场调查，往往是因为感觉日常营销活动中出现了问题，或者是感觉已有的营销策略需要改进。

市场调查的主要目的是收集与分析市场资料，帮助企业更好地做出决策，以减少决策的失误，因此调查的第一步就是要求决策人员和调查人员认真地确定研究的目标。俗话说"良好的开端是成功的一半"，同样，对一个问题做出恰当定义等于已经解决了一半。任何一个市场问题都存在着许许多多可以调查的事情，如果对该问题不做出清晰的定义，那收集信息的成本可能会超过调查带来的结果价值。

（一）与企业决策者进行充分沟通交流

在接受企业委托进行市场调查时，首先需要让企业的决策者理解市场调查的重要作用，使他们能够坚定支持调查工作，同时，也要让他们了解市场调查的工作过程及结论的局限性。市场调查可以提供与管理决策相关的信息，但并不能提供解决问题的办法，这需要企业决策者结合实践加以判断。作为市场调查活动的操作者，需要了解企业究竟面临着什么样的问题，以便从中获得有利于正确定义调查目标的信息。

1. 选择恰当时机和方式，对企业决策者进行访问

为了发现管理问题，调查人员必须擅长与决策者接触。有许多因素使这种接触变得非常复杂。如和决策者接近比较困难。有些单位对接近最高领导规定了非常复杂的程序和礼节。在我国，由于市场调查的重要性还不是人所共知，因而一些企业内部的调研部门在本单位的地位较为低下，使其在调研的初期阶段接近关键的决策者非常困难。当然，如果调查人员是被聘请的专业调查公司，情况或许会好一些，但依然得讲究方式方法，尽快与企业决策者进行沟通。另外，一个企业可能不止一位关键决策者，无论是单独见面还是集体见面都可能有困难。调查人员应该根据企业面临的问题，有意识地首先选择与直接相关的决策者见面，进行访谈。

2. 对问题进行初步分析

问题分析是一种为了发现营销问题的实质和产生的原因而进行的全面综合检查。我们如果在与企业决策者沟通之前，就一些问题进行讨论与分析，将为和决策者顺利接触及发现问题的潜在原因做出非常有用的准备。在与企业决策者进行访问时，我们可以将准备好的问题提出来，与决策者进行讨论。

（1）导致企业必须采取行动、进行决策转变的事件或问题的演变过程，如企业某产品销售在短期内突然出现市场份额的急剧下降。

（2）针对以上问题，分析最可能的影响因素，以及提供决策者可以选择的不同措施。这些措施包括近期措施和长远措施，如产品市场份额短期大幅下降，其主要原因是"产品陈旧""价格过高""消费者偏好发生转移"，还是"广告不新颖"等。

（3）企业决策者希望的市场情况是什么。

（4）评价有关新措施的不同选择标准。

（5）与制定新措施有关的企业文化。了解企业文化有利于我们市场调查工作的组织与实施及调查结论的提交。

问题的初步分析可以发现潜在的问题，极大地促进对调查目标的确定。对于专业调查公司而言，由顾客单位（企业）中的一个或几个人充当联络员或与调查人员组成一个小组，将更有利于调查人员与决策者的接触。

3. 与决策者沟通交流的注意事项

（1）调查人员与决策者自由地交换意见在调查活动中是非常必要的。决策者应与调查人员相互合作、相互信任。

（2）营销调研是一项群体活动，在调研人员和决策者的接触中，双方必须坦诚，不应该有任何隐瞒，必须开诚布公。

（3）调研人员与决策者的关系必须友善、密切。决策者与调研人员应保持持续的而不只是偶尔的接触。

（4）作为专业调查人员，与决策者的接触应具有创新性，而不能模式化。

（二）与产业专家进行沟通交流

作为专业调查公司的一员，在确定调查目标时，与决策者访谈告一段落后，紧接着就应该与对公司和产品制造非常熟悉的产业（行业）专家进行沟通交流。

1. 进行专家访谈，先列出访谈提纲

在见面之前，调查人员应该事先将访谈内容列一个提纲，但是会见时无须严格按照提前准备的题目顺序和问题进行，可以灵活地对计划进行随机调整，只要达到获得专家知识、经验的目的即可。和专家会面，只是为了界定调查问题，不应该期待马上就找到解决问题的方法。

2. 要善于甄别专家，有选择地吸收其经验

在进行专家访谈时，应该事先对专家的行业背景进行调查，做到心中有数。此外，由于业务活动需要，可能还应该向委托单位以外的专家求助，这时，操作起来就比较困难，可能需要通过熟人介绍或其他一些公关活动，使其接受我们的访问。

与专家沟通交流的方法更多地适用于针对技术公司或产品技术特性而进行的营销调研中，这类专家相对比较容易发现和接近。这种方法也适用于没有其他信息来源的情况，如对一个全新的产品进行调研，专家可以对现有产品的改造和重新定位提供非常有价值的建议。

（三）分析二手资料

分析二手资料对于界定调查问题非常必要。通常情况下，收集二手资料是市场调查活动的开始，在此基础上才能进行原始资料的收集。尽管收集二手资料不可能得到特定调查问题的全部答案，但二手资料在很多方面都是有价值的。

1. 明确资料信息来源

调查人员应该首先围绕调查目的确定所需资料范围。所考虑的资料范围越广，越有可能覆盖所有的资料来源，资料主题的认定也就越准确。资料目标确定以后，调查人员就可以开始资料收集工作。一般情况下，首先会假设调查目标所需收集的资料都是存在的，尽管可能收集不到直接佐证调查目的的二手资料，但是通过有效的索引、目录或其他工具，就可以划定资料来源范围。这时，调查者就可以集中精力查找能够帮助自己取得所需资料的各种辅助工具，包括书籍、期刊、官方文献资料的目录和索引、新闻报道等。

2. 收集信息资料

信息资料的来源渠道逐渐清晰后，调查人员就可以着手信息资料的收集工作。在收集资料时，根据先易后难的原则，二手资料的收集可以按以下程序进行。

（1）查找内部资料。

（2）查找外部资料。

（3）实地访问查找。

（4）购买资料。

3. 整理信息资料

在实际调查中，二手资料种类繁多，对其整理、分析是事关二手资料能否充分利用的一项重要工作。这个环节的工作应有以下基本要求：围绕调查的目的和内容，根据资料来源，结合适当的收集方法做到去伪存真、去粗取精，从众多资料中把对调查目的有价值的资料选取出来，去除那些不确切、有限制的资料。具体可以这样做：在事先划定资料清单或分析计划的基础上，运用恰当的统计方法，也可以制成图表以利于对比分析。值得注意的是对于一些关键资料一定要多方考证，以证明其翔实无误。

（四）定性调查性质

在有些情况下，根据从决策者、产业专家处获得的信息及收集的第二手信息仍不足以清楚确定市场调查问题。这时，我们可以采取定性调查的方法来了解问题及相关的潜在因素。定性调查没有固定格式，具有一定探索性，主要用来发现问题，寻找机会，解决"可以做什么"的问题。这种调查方法以少量样本为基础，经常采用的调查手段包括：召集小型座谈会或专家座谈会，让大家畅所欲言；与被访问者语言沟通（询问被调查者对刺激性语言的第一反应）及深层次会见（面对面地会见以详细了解被调查者的想法）等。有时也采用其他的探索性调查手段，如对少量被调查者进行实验性调查，尽管在这个阶段进行的调查并不正式，但能获得很有价值的信息。

二、营销问题背景

为了了解营销调研问题的背景，调研人员必须首先了解客户的企业和产业，尤其应该分析对界定调查问题会产生影响的各种因素。

这些因素限定了调查问题的环境内容，主要包括：有关客户公司和产业的历史资料以及前景预测、企业的资源及各种限制、决策者的目标、购买者的行为、法律环境、经济环境，以及公司营销手段和生产技术等。

（一）企业本身条件

1. 企业历史资料和未来规划

了解与委托单位销售、市场份额、盈利情况、技术、人员情况、工作方式有关的历史资料及趋势预测，能够帮助调查人员把握潜在的营销调研问题。

2. 企业可利用资源和调查面临的制约条件

作为专业调查公司，如果要想正确地界定调查问题的范围，必须要考虑到企业可以利用的资源（如公司和调研技术），以及面临的限制条件（如成本预算和时间）。

如果一个大规模的调查项目需要花费 10 万元人民币，而企业的预算经费只有 4 万元，显然这个项目不会被企业管理者批准。在很多时候，市场调查问题的范围都不得不被压缩以适应预算限制。如调查方案计划是对企业的顾客进行调查时，就会将调查范围从全国压缩到几个主要的区域市场。

一般情况下，在市场调查计划中只增加少量预算，就会使调查问题的范围大幅度扩展，这会显著地增强调研项目的效果，也容易获得委托单位管理者的批准，特别是当决策者必须尽快做出的时候，因此对于调查公司来讲，时间的安排非常重要。例如，企业决策者通常要求在一定时间内完成某一调研项目，这个项目的结果可能要提交即将召开的董事会。

3. 企业目标

企业制定决策的目的就在于实现目标。管理决策是建立在清楚了解企业的目标的基础上的。因此市场调查项目要取得成功并提出切实可行的调查结论，也必须能够服务于这两种目标。

一般情况下，企业决策者往往很少能清楚地表述出企业的目标，相反，他们常常用缺乏可操作性的语言来描述这些目标，如"提高公司形象"等。因此，直接地向决策者提问并不能了解所有的相关目标，调查人员必须有能力找出这些目标。一个经常使用的方法，就是针对一个问题告诉决策者各种可行的思路，然后问决策者愿意采取何种解决思路。

（二）企业的环境条件

1. 消费者行为

消费者行为是市场调查的一个重要组成部分。在大多数的营销决策中，所有的问题都会回到预测消费者对于营销者具体行为的反映上来。理解潜在的消费者行为对于理解市场调查问题非常有用，预测消费者行为应考虑以下因素。

（1）消费者和非消费者的人数及地域分布。

（2）消费者人口统计和心理特征。

（3）产品消费习惯以及相关种类产品的消费。

（4）媒体对消费行为的报道及对产品改进的舆论反应。

（5）消费者对价格的敏感性。

（6）零售店主要光顾的人群。

（7）消费者的优先选择。

2. 企业所处的法制环境

法制环境包括公共政策、法律、政府代理机构。重要的法律领域包括专利、商标、特许使用权、交易合同、税收、关税等，法律对营销的每一个组成部分都有影响。另外，还有管理各个产业的相关法律。因此法制环境对于界定营销调研问题有重要影响。

3. 企业所处的经济环境

营销调研问题中环境内容的另一个重要组成部分是经济环境，包括消费者的购买力、收入总额、可支配收入，同类商品价格及总的经济形势。经济的总体状况（快速增长、慢速增长、衰退和滞胀）会对消费者和企业信用交易及购买昂贵产品的意愿产生影响，因此，经济环境对于市场营销问题的潜在影响也是巨大的。

4. 企业的营销及技术手段

企业营销方案每一组成部分的知识、营销的技术手段会对营销调研项目的性质和范围产生影响。如开发一项技术产品，如果没有相关的制造技术和推销手段，就根本无法做到。通过对企业原有营销知识及技术手段的了解，我们可以从中找到一部分确定市场调查问题的依据。

一个企业的营销及技术手段会影响它的营销活动和战略实施。在更大范围说，技术环境的其他组成部分也应被考虑在内。技术的进步，如计算机的持续发展，对营销调研产生了深刻的影响。例如，计算机的结账系统，使超级市场经营者能够掌握每天消费者对于产品的需求，并能向调研者随时提供相关的数据。这样，零售的信息就能随时获得，这不仅包括公司品牌的产品，也包括其他竞争性品牌的产品。数据收集的快速性和精确性使调研者能够对复杂的问题，如改进产品所带来的市场份额的每日变化进行研究调查。

在对营销调研问题的环境内容获得充分的了解之后，调查者就能够识别出管理决策问题和营销调研问题。

三、确定市场调查目标

经过前期的工作，在掌握相关资料，将市场问题界定清楚的基础上，了解企业进行市场调查的意义及决策层想获得什么样的信息，整理后需要回答以下三个问题。

第一，客户为什么要进行调查，即调查的意义。

第二，客户想通过调查获得什么信息，即调查的内容。

第三，客户利用已获得的信息做什么，即通过调查所获得的信息能否解决客户所面临的问题。

调查目标的确定是一个从抽象到具体、从一般到特殊的过程。调查者首先应限定调查的范围，找出企业最需要了解和解决的问题；然后分析现有的与调查问题有关的资料，如企业销售记录、市场价格变化等。在此基础上明确本次调查需要重点收集的资料，最后再写出调查目标和问题的说明。

（一）准确定义市场调查目标

1. 不要将调查目标定得太大

在业务实践中，确定调查目标时，有的调查研究人员生怕漏掉什么，常常将目标定义得太宽，太宽的定义无法为调查的后续工作提供明确的方向。

2. 不要将调查目标定得太窄

在业务实践中，确定调查目标时，有的调查研究人员将目标定义得太窄，这就会使得决策者根据调查结果做决策时缺乏对市场情况的全盘把握，甚至导致决策的失败。

3. 正确定义调查目标

为了减少定义目标时常犯的两类错误的发生，可以先将调研目标用比较宽泛的、一般性的术语来描述，然后确定具体的研究提纲。比较宽泛的描述可以为问题提供较开阔的视角以避免出现第二类错误，而具体的研究提纲则集中了问题的关键方面，从而可以为如何进一步操作提供清楚的指引路线。

（二）建立市场调查假设

为加强调查的目的性，调查者可事先提出假设，即先给出调查的观点，然后寻找材料加以说明。例如，上述零售商店根据现有的材料，可提出如下假设：一是商店销售额下降是因为竞争对手增加、顾客分流所致，企业的营销策略无问题；二是商店销售额下降是因为产品定价太高，周围顾客购买力水平低造成的，竞争对手不是主要因素。依据假设进行调查，是探索性调查经常采用的方法，它可以使调查者抓住重点，提高效率，并带着结论去调查。

为使调查的目标更加明确和集中，企业也可以事先组织一次试调查，即依据现有的资料和所作假设进行试验性的访问调查。做法是调查组织者与一些经验丰富的调查员一起，按判断抽样法选取部分调查对象，与他们进行面对面的交谈，然后参照面谈记录，对调查目标进行修正，并进一步明确调查问题的性质和特征。

【任务2】 设计市场调查方案

任务要求

在学生分组的基础上，要求每组学生根据各自确定的调查课题要求，按照市场调查方案的编写步骤，编制一份系统的、具体的、明确的、可操作性强的市场调查方案。

任务分解

1. 市场调查方案的含义和类型。
2. 市场调查方案的基本内容。
3. 市场调查方案设计的基本程序。
4. 市场调查方案的讨论和修改。

案例导入

我国门禁市场调查企划方案书

一、调查背景与目的

由于我国安防市场的快速发展，门禁产品在我国有极大的市场潜力。应某公司委托，北京慧聪国际资讯有限公司（以下简称慧聪）安防市场研究所拟对我国门禁市场状况进行调查。为便于委托与加强双方沟通，特拟订本企划方案书，希望通过本次调查达到以下目的。

（1）明确门禁产品整体市场及细分市场的历史规模、现状与未来的发展趋势。

（2）明确门禁产品市场主要竞争厂商的基本状况。

（3）明确门禁产品的用户分布状况。

二、调查对象和范围

调查对象：

（1）我国门禁产品主要厂商；

（2）我国门禁产品主要代理商和经销商；

（3）我国门禁产品主要工程商；

（4）安防行业专家。

调查范围：

全国各主要省会城市。

三、调查内容和具体项目

1. 主要营销（宏观、微观）环境分析

（1）我国门禁产品市场外部宏观环境分析（相关政策规定等）。

（2）我国门禁产品市场内部环境分析（技术发展趋势等）。

（3）我国门禁产品市场发展的影响因素分析。

2. 市场规模与未来潜力分析

（1）2001 年我国门禁产品市场的总体销售规模（以销售额计）。

（2）2001 年我国门禁产品市场的各种产品的销售规模（以销售额计）。

（3）2001 年我国门禁产品市场的区域市场销售规模（以销售额计）。

（4）2001 年我国门禁产品市场的应用行业分布及销售规模（以销售额计）。

（5）2002—2006 年我国门禁产品市场的总体市场销售规模（以销售额计）预测。

（6）2002—2006 年我国门禁产品市场的各种产品的销售规模（以销售额计）预测。

3. 竞争环境分析（竞争市场）

（1）我国门禁产品市场的主要竞争品牌。

（2）我国门禁产品市场的主要竞争品牌在 2001 年的销售额与市场占有率。

（3）我国门禁产品市场的主要竞争品牌的基本背景状况。

（4）我国门禁产品市场的主要竞争品牌的产品线分布。

（5）我国门禁产品市场的主要竞争品牌的产品价格状况。

（6）我国门禁产品市场的主要竞争品牌的销售渠道状况。

（7）我国门禁产品市场的主要竞争品牌的应用行业分布。

（8）我国门禁产品市场的主要竞争品牌的竞争力分析。

四、调查研究方法

1. 文案调查法

对慧聪已有资料及其他二手资料进行案头分析和研究，为大规模的调查提供指导。

通过文案研究预期将取得以下成果：通过对门禁产品厂商与代理商样本名单、各品牌的相关产品资料、门禁产品用户样本名单、门禁产品应用的基础资料的收集，对门禁产品市场及相关技术形成基本认识。

2. 深度访谈法

对门禁产品厂商渠道中的代理商、经销商、工程商和行业专家进行深度访谈，获取门禁产品的相关市场与用户方面的进一步信息。

深度访谈的执行：

厂商及渠道中的代理商、经销商和工程商中的采访对象为对于市场非常了解的市场负责人。

深度访谈主要以面访为主，在多对一的深访过程中，须保证采访内容的完整和采访过程中受访对象的配合，以保证采访结果真实有效。

对各种无法面访的厂商进行电话采访，采访过程完全按深度访谈的流程进行。

3. 对渠道代理商、经销商和工程商问卷调查法

对渠道代理商、经销商和工程商各品牌产品的销售程度及销售规模概况进行统计调查，了解门禁产品的品牌市场份额、整体市场规模等相关信息。

五、样本数量

1. 深度访谈法（85个）

（1）门禁产品重点厂商10家。

（2）门禁产品一级代理商、经销商20家。

（3）门禁产品代理商、经销商30家。

（4）门禁产品工程商20家。

（5）行业专家5人。

2. 代理商、经销商、工程商问卷调查法（150个）

各地区问卷发放数量表如表2-1所示。

表2-1　各地区问卷发放数量表

区域	数量
深圳	60
广州	20
上海	20
北京	30
其他地区（武汉、成都、沈阳、兰州）	20
合计	150

六、调查实施流程

1. 前期准备阶段

自协议书签署之日慧聪将开始并完成如下工作。

（1）成立项目小组，全面负责本项目的计划、组织、执行、监督工作。

（2）由项目负责人向小组成员说明本次调查的具体内容及要求，分配工作，并与调查中心协调。

（3）项目小组采访厂商与经销渠道对整体情况进行案头调查，为下阶段大规模调查采访及采访提纲撰写进行准备。

（4）撰写采访提纲、设计调查问卷。

（5）由调查人员与调查督导进行厂商与经销商试访。

（6）调查中心安排采访人员与调查人员的工作量。

（7）对调查人员进行本次调查的培训。

2. 访问阶段

本阶段的任务为具体调查，主要是预约、深度面访、电话采访、问卷调查等工作。

（1）向各位访问对象预约、确定访问时间。

（2）厂商访问。

（3）分销商、总代理访问。

（4）二级代理及下一级代理访问。

（5）工程商访问。

（6）行业专家访问。

（7）调查结果的交叉验证。

（8）在项目执行期间，项目负责人要对调查工作进行监督，并及时解决调查工作中出现的问题。与委托公司保持紧密联系，双方就项目中出现的问题随时协商解决。

3. 数据收集整理及汇总分析阶段

（1）对深度访谈的资料进行整理、分类、录入。

（2）对采访资料进行整理、分类、录入，并进行纵向比较。

（3）对调查问卷进行录入与统计。

（4）项目小组将数据整理后进行初步分析。

4. 报告撰写及提交阶段

（1）数据分析出来后进行报告撰写。

（2）报告撰写前的集中培训，以便统一思路，把握方向。

（3）报告各章节的分工合作安排。

（4）报告的撰写。

（5）报告的审定（由科研总监负责）。

（6）内部报告演示会。

（7）修改报告。

（8）提交报告。

（9）报告交流会。

七、调查时间安排

本次调查所需时间为 30 个工作日（每周工作日为 5 天）（详细时间表略）。

八、调查结果的表达形式

以 Word 形式提交分析报告，书面文本一式两份，电子文本一份。

九、调查预算及付款方式

人民币××元整，具体收费项目略。

按惯例，委托方在合同签订之日预付本调查费用的 60%作为调查启动资金；合同期满后的 10 日内，付清余款。

保密协议：（略）

阅读以上材料，回答问题。

（1）调查方案的基本内容有哪些？

（2）调查内容的设计和哪些方面有关？

🕊 理论基石

一、什么是市场调查方案设计

中国有句老话："凡事预则立，不预则废"。意思是说，做事之前有所预谋，有所准备，才有成功的可能，否则极有可能失败。调查方案设计就是根据调查研究的目标，恰当地确定调查对象、调查内容，选择合适的调查方式和方法，确定调查时间，进行经费预算，并制定具体的调查组织计划。换言之，就是在调查实施之前，调查机构及其工作人员依据调查研究的目的和调查对象的实际情况，对调查工作的各个方面和全部过程做出总体安排，以提出具体的调查步骤，制定合理的工作流程。

二、市场调查方案的类型

（一）探索性调查方案

探索性调查是为了使问题更加明确而进行的小规模调查活动。这种调查特别有助于把一个大而模糊的问题表达为小而准确的子问题，并识别出需要进一步调查的信息。

案例 2-1

探索性调查方案案例

某公司的市场份额去年下降了，公司无法一一查明原因，此时就可用探索性调查来发掘问题，即是经济衰退的影响，是广告支出的减少，是销售代理效率低，还是消费者的习惯改变了等。

通常，在调查者对进行的调查项目缺乏足够的了解，不能确定问题的性质时，宜选用探索性调查方案。由于探索性调查没有采用正式的调查计划和程序，因此其调查方法具有相当的灵活性和多样性。探索性调查很少采用设计调查问卷、大样本及样本调查计划等调查方法，调查人员在调查过程中对新的调查思路和新的发现极为敏感。一旦有了新的思路或新的发现，他们会立即对调查方向作相应的调整，除非发现了没有可能性或者确定了另一个调查方向，否则他们会始终坚持这个新的调查方向。由于这个原因，探索性调查的调查重点经常随着新的发现而发生变化。

（二）描述性调查方案

描述性调查是寻求对"谁""什么事情""什么时候""什么地点"这样一些问题的回答。它可以描述不同消费者群体在需要、态度、行为等方面的差异。描述的结果，尽管不能对"为什么"做出回答，但也可作为解决营销问题所需的全部信息。

案例 2-2

描述性调查方案案例

某商店了解到该店 67%的顾客主要是年龄在 18～44 岁的妇女，并经常带着家人、朋友一起来购物。这种描述性调查提供了重要的决策信息，使商店重视直接向妇女开展促销活动。

进行描述性调查的前提假设是调查人员对调查问题状况有非常多的了解。实际上，探索性调查和描述性调查的一个关键区别在于描述性调查形成了具体的假设。这样，就非常清楚需要哪些信息。因此，描述性调查通常都是提前设计和规划的，它通常建立在大量有代表性的样本的基础上。

（三）因果性调查方案

因果性调查是调查一个因素的改变是否引起另一个因素改变的研究活动，目的是识别变量之间的因果关系，如预期价格、包装及广告费用等对销售额的影响。这项工作要求调查人员对所研究的课题有一定的知识，能够判断一种情况出现了，另一种情况会接着发生，并能说明其原因所在。

因果关系调查的目的是找出关联现象或变量之间的因果关系。描述性调查可以说明某些现象或变量之间的相互关联，但要说明某个变量是否引起或决定着其他变量的变化，就要用到因果关系调查。因果关系调查的目的就是寻找足够的证据来验证这一假设。

在实际应用中，选择市场调查方案的指导原则有以下几个。

（1）如果对调查问题的情况了解甚少，理想的做法是从探索性调查开始。探索性调查在下面几种情况下是比较恰当的：①调查问题需要准确界定的时候；②替换的行动方案需要被寻找出来的时候；③需要设计调查疑问或假设的时候。

（2）探索性调查是整个调查设计框架的第一步，在大多数情况下，探索性调查之后会出现描述性调查或因果性调查。

（3）并不是所有的调查设计都有必要从探索性调查开始，这取决于调查问题被界定的确切程度以及调查人员对找到调查问题的确定程度。一项调查设计可以从描述性调查或因果性调查开始。

（4）尽管探索性调查在一般情况下都是调查的第一步，但这并不是必然的规律。有时，探索性调查也被排在描述性和因果性调查的后面。例如，当描述性调查和因果性调查的结果很难使管理人员理解的情况下，探索性调查就可以为理解这些调查结果提供更多的信息。

总之，探索性调查、描述性调查和因果性调查是相辅相成的，在设计调查方案的过程中应灵活选用。

三、市场调查方案的主要内容

（一）确定市场调查目标

确定市场调查目标是调查方案设计的首要问题，只有确定了调查目标，才能确定调查的范围、内容和方法，否则有可能列入一些无关紧要的调查项目，而漏掉一些重要的调查项目，以致达不到调查的目的。具体讲，确定调查目标，就是要明确客户为什么要进行调查，即调查的意义；客户想通过调查获得什么信息，即调查的内容；客户利用已获得的信息做什么，即通过调查所获得的信息能否解决客户所面临的问题。

衡量一个调查设计方案是否科学的标准，主要就是看方案的设计是否体现了调查目标的要求，是否符合客观实际。

（二）确定调查对象和调查单位

明确了调查目标之后，就要确定调查对象和调查单位，这主要是为了解决向谁调查和由谁来具体提供资料的问题。调查对象就是根据调查目的和任务确定调查的范围及所要调查的总体，它是由某些性质上相同的许多调查单位所组成的。调查单位就是所要调查的社会经济现象总体中的个体，即调查对象中的一个个具体单位，它是调查中要调查登记的各个调查项目的承担者。

（三）确定调查内容

调查内容是指对调查单位所要调查的主要内容，确定调查内容，就是要明确向被调查者了解些什么问题。它是调查课题的明确化和可操作化。然而，将调查课题转化为调查内容则是非常专业的问题。

案例 2-3

某商场为了了解消费者对该商场的看法和购买态度，准备进行市场调查，调查项目如表2-2所示。

表2-2　某商场的调查项目

类别	项目	选项
个人基本情况	1. 年龄	20 岁以下、20～30 岁、30～40 岁、40～50 岁、50～60 岁、60 岁以上
	2. 性别	男、女
	3. 文化程度	大专以下、大专以上
	4. 职业	事业单位、国有企业、三资企业、私营企业、其他
	5. 个人收入（元）	1000 以下、1000～2000、2000～3000、3000～4000、4000～5000、5000 以上
家庭情况	6. 家庭人口	1 人、2 人、3 人、3 人以上
	7. 住房面积（平方米）	30 以下、30～60、60～90、90 以上
	8. 家庭主要支出方向	生活用品、购房、储蓄、证券、其他
购物情况	9. 去商场购买	日用品、食品、耐用品、服装、其他
	10. 到 A 商场购物	经常去、偶尔去、不去
	11. 今后主要购物方式	自己选购、送货上门、其他
	12. 购物有奖活动	感兴趣、不感兴趣
	13. 去商场购物考虑的主要因素	价格、质量、品种、服务态度、地点、信誉、其他
其他情况	……	……

（四）确定调查方式和方法

在调查方案中还要规定采用什么方式和方法收集调查资料。收集资料的方式有普查、抽样调查等。具体调查方法有文案法、访问法、观察法和实验法等。在调查时候，采用何种方式方法不是固定、统一的，而是取决于调查对象、调查任务和调查资料的性质。

（五）确定调查时间和调查期限

调查时间是指调查资料所属的时间。如果所要调查的是时期现象，就要明确规定资料所反映的是调查对象从何时起到何时止的资料；如果所要调查的是时点现象，就要明确规定统一的标准调查时点。

调查期限是指规定调查工作的开始时间和结束时间。包括从调查方案设计到提交调查报告的整个工作时间，也包括各个阶段的起始时间，其目的是使调查工作能及时开展，按时完成。为了提高信息资料的时效性，在可能的情况下，调查期限应适当缩短。

通常，一个市场调查项目的进度安排大致如下。

（1）总体方案论证、设计。

（2）抽样方案设计。

（3）问卷设计、测试、修改和定稿。

（4）调查员的挑选与培训。

（5）调查实施。

（6）数据的计算机录入和统计分析。

（7）调查报告的撰写。

（8）有关鉴定、发布和出版。

（六）制定调查提纲和问卷

当调查项目确定后，可将调查项目科学地分类、排列，构成调查提纲或调查问卷，方便调查资料的登记录入和汇总。后面会对相关内容进行详细介绍。

（七）确定调查地点

在调查方案中，还要明确规定调查地点。调查地点与调查单位通常是一致的，但也有不一致的情况，当不一致时，有必要确定调查地点，以免调查资料出现遗漏和重复。

（八）确定调查资料整理和分析方法

采用实地调查方法搜集的原始资料大多是零散的、不系统的，只能反映事物的表象，无法深入研究事物本质和规律性，这就要求对大量原始资料进行加工汇总，使之系统化、条理化。目前这种资料处理工作一般已由计算机进行，这在设计中也应予以考虑，包括采用何种操作程序以保证必要的运算速度、计算精度及特殊目的。

随着社会的发展和计算机的运用，越来越多的现代统计分析手段可供我们在分析时选择，如回归分析、相关分析等。每种分析技术都有其自身的特点和适用性，因此，应根据调查的要求，选择最佳的分析方法并在方案中加以确定。

（九）确定调查经费预算

市场调查费用的多少通常视调查范围和难易程度而定。不管何种调查，费用问题总是十分重要和难以回避的，故对费用预算也是调查方案的内容之一。

在进行经费预算时，一般需要考虑以下几个方面：①调查方案策划费与设计费；②抽样设计费；③问卷设计费（包括测试费）；④问卷印刷、装订费用；⑤调查实施费（包括试调查费、培训费、交通费、调查员和督导员劳务费、礼品费和其他费用等）；⑥数据录入费；⑦数据统计分析费；⑧调查报告撰写费；⑨资料费、复印费等其他费用；⑩管理费、税金等。

（十）确定提交报告的方式

确定提交报告的方式主要包括报告书的形式和份数、报告书的基本内容、报告书中图表量的大小等。

（十一）确定调查的组织计划

调查的组织计划是指为确保调查顺利实施的具体组织工作计划，主要是指调查的组织领导、调查机构的设置、人员的选择和培训、调查的质量控制等。

四、市场调查方案的编写

不同目的的调查方案格式有所不同，但一般格式均包括以下几部分内容。

（一）说明前言部分（方案的开头部分）

方案的开头部分，应该简明扼要地介绍整个调查课题的背景。

案例 2-4

"关于××大学单放机市场调查计划书"的前言编写

单放机，又称随身听，是一种集娱乐性和学习性于一体的小型电器，因其方便实用而在大学校园内广为流行。目前各高校都大力强调学习英语的重要性，现在大学已经把学生英语能否考过四级和学位证挂钩，为了练好听力，大学学子几乎人人都需要单放机，因此市场容量巨大。

为配合××品牌单放机产品扩大在××大学的市场占有率，评估××大学市场单放机营销环境，制订相应的营销策略，进行××大学单放机市场调查大有必要。

本次市场调查将围绕市场环境、消费者、竞争者进行。

（二）说明调查课题的目的和意义

此部分比前言部分稍微详细点，应指出市场调查的背景，要研究的问题和可能的几种备用决策，指明该项调查结果能给企业带来的决策价值、经济效益、社会效益及在理论上的重大价值。

案例 2-5

"关于××大学单放机市场调查计划书"调查目的和意义编写

要求详细了解××大学单放机市场各方面情况，为该产品在××大学的扩展制定科学合理的营销方案提供依据，特撰写此市场调研计划书。

（1）了解本品牌在消费者中的知名度、渗透率、美誉度和忠诚度。

（2）了解本品牌及主要竞争品牌在××大学的销售现状。

（3）了解目前××大学主要竞争品牌的价格、广告、促销等营销策略。

（4）了解××大学消费者对单放机消费的观点、习惯。

（5）了解××大学在校学生的人口统计学资料，预测单放机市场容量及潜力。

编写市场调查方案首先要明确的就是调查目的。有的客户对市场调查业务比较熟悉，所提要求也十分明确；而有些对市场调查还不熟悉的客户，提出的问题未经考虑，范围广泛，这就需要研究人员针对企业本身和企业想要了解的问题进行调查、访问，熟悉企业背景，了解企业的生产、销售情况，明确企业调查的目的和内容。

（三）说明调查的内容和具体项目

调查的主要内容和具体项目是依据调查所要解决的问题及其所必需的信息资料来确定的。

案例 2-6

"关于××大学单放机市场调查计划书"调查的内容和具体项目编写

市场调研的内容要根据市场调查的目的来确定。市场调研分为内、外调研两个部分，此次单放机市场调研主要进行外部调研，其主要内容如下。

（一）行业市场环境调查

（1）××大学单放机市场的容量及发展潜力。

（2）××大学市场单放机的营销特点及产品竞争状况。

（3）学校教学、生活环境对单放机需求的影响。

（4）当前××大学单放机种类、品牌及销售状况。

（5）××大学该行业各产品的经销网络状况。

（二）消费者调查

（1）消费者对单放机的购买形态（购买过什么品牌、购买地点、选购标准等）与消费心理（是否必需品、偏好、经济、便利、时尚等）。

（2）消费者对单放机各品牌的了解程度（包括功能、特点、价格、包装等）。

（3）消费者对品牌的意识、对本品牌及竞争品牌的观念及品牌忠诚度。

（4）消费者平均月开支及消费比例的统计。

（5）消费者理想的单放机描述。

（三）竞争者调查

（1）主要竞争者的产品与品牌优、劣势。

（2）主要竞争者的营销方式与营销策略。

（3）主要竞争者的市场概况。

（4）本产品主要竞争者的经销网络状况。

调查项目的选择要尽量做到"准"而"精"。具体而言，"准"就是要求调查项目反映的内容要与调查主题有密切的相关性，能反映调查要了解问题的信息；"精"就是调查项目所涉及的资料能满足调查分析的需要，不存在对调查主题没有意义的多余项目。盲目增加调查项目，会使资料统计和处理的工作量增加，既浪费资源，也影响调查的效果。

（四）说明市场调查对象和调查范围

确定调查对象和调查范围，主要是为了解决向谁调查和由谁来具体提供资料的问题。调查对象就是根据调查目的、任务确定调查的范围及所要调查的总体，它是由某些性质上相同的许多调查单位组成的。

案例 2-7

"关于××大学单放机市场调查计划书"市场调查对象和调查范围编写

因为单放机在高校的普遍性，全体在校学生都是调查对象，但因为家庭经济背景的差异，全校学生每月生活支出存在较大的差距，导致消费购习惯的差异性，因此他（她）们在选择单放机的品牌、档次、价格上都会有所不同。为了全面、准确、快速地得出调查结果，此次调查决定采用分层随机抽样法，即先按其住宿条件的不同分为两层（住宿条件基本上能反映各学生的家庭经济条件）——公寓学生与普通宿舍学生，然后再进行随机抽样。此外，分布在××大学校内外的各经销商、专卖店也是本次调查的对象，根据其规模、档次的差异性，决定采用判断抽样法。

具体情况如下。

消费者（学生）　　　　　300 名　　其中住公寓的学生占 50%。

经销商	10 家	
其中校外	5 家	
大型综合商场	1 家	
中型综合商场	2 家	
专卖店	2 家	
其中校内	5 家	
综合商场	3 家	
专卖店	2 家	

消费者样本要求如下。

（1）家庭成员中没有人在单放机生产单位或经销单位工作。

（2）家庭成员中没有人在市场调查公司或广告公司工作。

（3）消费者没有在最近半年内接受过类似产品的市场调查测试。

（4）消费者所学专业不能为市场营销、调查或广告类。

在一般情况下，调查对象的选择是根据消费品的种类及其分销渠道来确定的。也就是说，产品由生产者到消费者手中都经过了哪些环节，那么消费品的调查对象也就是哪几种人。

耐用消费品如彩电、冰箱、空调，由于其价格昂贵，体积、重量较大，技术复杂等原因，一般分销渠道短。常采取"生产者—消费者"或"生产者—经销商—用户"渠道。

一般消费品，如自行车，价格一般在几百元，它的分销渠道要长些，一般采用"生产者—经销商—用户"或"生产者—代理商—经销商—用户"渠道。因此，调查对象的选择主要为消费者、经销商。而有些价格低廉、体积较小的日用消费品，由于消费者一般是用时买，以方便为宜，故它的零售商较多，分销渠道长，调查对象也就增加了零售商这个环节，如大大泡泡糖。

需要注意的是，必须严格规定调查对象的含义和范围，以免造成调查登记时由于含义和范围不清而发生错误。例如，城市个体经营户的经营情况调查，必须明确规定个体经营户的性质、行业范围和空间范围。

（五）说明调查所采用的方法

方法的说明主要是详细说明选择什么方法收集资料，具体的操作步骤是什么。如果采取抽样调查方式，就必须说明抽样方案的步骤，所取样本的大小和要求达到的精度指标。

案例 2-8

"关于××大学单放机市场调查计划书"市场调查方法的编写

（1）对消费者以调查问卷访问调查为主。

（2）对经销商以深度访谈为主。

（3）通过文案调查方法收集××大学人口统计资料。

在市场调查中如果要采用实验法、观察法或问卷访问式调查时，为使数据、情报在收集、分类、统计、储存时更有效率，调查前要求设计、制定一些格式化的调查表格，如观察表、实验表或调查问卷表等。这些表格应在调查方法说明时加以体现，也可以出现在附录中。

（六）资料整理和分析的方法

明确资料分析的方法和分析结果表达的形式等。

（七）说明调查时间进度安排

在实际调查活动中，根据调查范围的大小不同，所用时间不等，但一般为一个月左右。基本原则如下。

（1）保证调查的准确性、真实性，不走马观花。

（2）尽早完成调查活动，保证时效性，同时也节省费用。

一般情况，调查过程安排如下。

第一周准备（与客户商讨、确认计划建议书，进行二手资料的收集，了解行情，设计问卷）。

第二周试调查（修改、确定问卷）。

第三周具体实施调查。

第四周进行数据处理。

第五周编写报告，结束调查。

通常，在安排各个阶段工作时，还应具体详细地安排需做哪些事务，由何人负责，并提出注意事项，所以需制作时间进度表。

切记：计划应该设计得有一定的弹性和余地，以应付可能出现的意外事件。

（八）说明经费预算开支情况

调查费用根据调查工作的种类、范围不同而不同，当然，即使同一种类，也会因质量要求差异而不同，不能一概而论。

一般市场调查时间大都紧张，如果提前完成调查结果，则费用可能会减少；另一方面，企业也应给予充分的经费，以保障调查的成功。

根据若干市场调查案例可以总结一般的经费预算比例，即策划费20%、访问费40%、统计费30%、报告费10%。若受托代理的市场调查，则需加上全部经费的20%～30%的服务费，作为税款、营业开支及代理公司应得的利润。

案例 2-9

"关于××大学单放机市场调查计划书"调查费用预算

"关于××大学单放机市场调查计划书"调查费用预算，如表2-3所示。

表 2-3　市场调查估价单

费用支出项目	数量	单价（元）	金额（元）	备注
方案设计策划费	1 份	1500	1500	
问卷处理费			1000	
问卷设计费	1 份	1000	1000	
问卷印刷装订费	300 份	1	300	
公关费			1000	
……			……	
总计			7000	

调查费用的估算对市场调查效果的影响很大，对市场调查部门或单独的市场调查机构而言，费用开支数目要实事求是。合理的支出是保证调查顺利进行的重要条件，在这个问题上应避免两种情况：一是调查时间的拖延，这样必然造成费用开支的加大；二是缩减必要的调查费用，调查活动必须有一定的费用开支来维持，减少必要的开支只会导致调查的不彻底或无法进行下去。

（九）说明市场调查结果的表达形式

确定市场调查结果的表达形式。如最终报告是书面报告还是口头报告，是否有阶段性报告等。

案例 2-10

"关于××大学单放机市场调查计划书"调查结果和形式

本次调查的成果形式为调查书面报告。具体内容包括：前言、摘要、调查目的、调查方法、调查结果、结论和建议以及附录七个部分。交给客户两份书面材料。

（十）附录部分

附录部分指明抽样方案的技术说明和细节说明，包括调查问卷设计中有关的技术参数，数据处理方法，所采用的软件等。

五、市场调查方案的讨论与修改

调查方案编写好以后，项目小组要对方案进一步讨论和修改，方能指导实际调查工作。具体操作如下。

（一）调查方案的评价标准

（1）方案设计是否基本上体现了调查目标和要求。

（2）方案设计是否科学、完整和适用。

（3）方案设计是否操作性强。

（二）调查方案的讨论和修改

1. 采用项目小组座谈会的方法

可由项目调查小组的组长主持会议，项目小组人员参加会议，同时可邀请委托方代表参加。座谈会围绕调查目的、调查内容、调查对象及其范围、调查方法、调查工具、调查时间进度安排、调查经费预算等展开讨论。从是否体现目的，是否科学、完整和适用，是否操作性强三个角度考察方案。参加座谈会的人员可以公开发表各自的意见或想法，踊跃发表看法，集思广益，相互启迪，相互交流，相互补充，针对某一个问题最好能达成一致的修改意见。

2. 经验判断法

经验判断法是指通过组织一些市场调查经验丰富的人士，对设计出来的市场调查方案进行初步研究和判断，以说明调查方案的合理性和可行性。

该方法的优点是可以节约人力物力资源，并可在较短的时间内做出快速的判断；缺点是因为人的认识是很有限，并且事物的发展变化常常有例外，各种主要客观因素都会对人判断的准确性产生影响。

3．试点调查法

试点调查即在小范围内选择部分单位进行试点调查，对调查方案进行实地检验，及时总结并且做出修改。具体操作时应注意以下几个问题。

（1）应选择适当的调查对象。应尽量选择规模小、具有代表性的试点单位。必要时还可以采用少数单位先行试点的方法，然后再扩大试点的范围和区域，最后全面铺开。

（2）建立一支精干的调查队伍，这是做好调查工作的先决条件。团队成员包括有关调查的负责人，调查方案设计者和调查骨干，这将为搞好试点调查工作提供组织保证。

（3）调查方法和调查方式应保持适当的灵活性，不应太死板。事先确定的调查方式可以多准备几种，以便经过对比后，从中选择合适的方式。

（4）试点调查工作结束后，应及时做好总结工作，认真分析试点调查的结果，找出影响调查的各种主客观因素并进行分析。检查调查目标的制定是否恰当，调查指标的设置是否正确，有哪些项目应该增加，哪些项目应该减少，哪些地方应该修改和补充，及时提出具体意见，对原方案进行修改和补充，以便制定的调查方案科学合理，能切合实际情况。

【思考与训练】

案例：大学生服装市场调查方案

一、调查背景

随着经济社会的纵深发展，大学生作为社会特殊的消费群体正受到越来越多的关注，由于大学生年龄较轻，群体较特别，他们有着不同于社会其他消费群体的消费心理和行为。一方面，他们有着旺盛的消费需求，另一方面，他们尚未获得经济上的独立，消费受到很大的制约。他们的消费观念更为突出而直接地反映着他们世界观的形成与发展，大学生消费具有多样化、复杂性等特点。作为大学生消费的重要组成部分的服装消费，几乎是大学生日常消费中的除食品消费外最重要的消费开支。因此基于以上目的，我们进行了针对大学生服装消费的调查和研究。

二、调查目的和意义

1．目的

（1）及时把握大学生消费的最新动向，了解当代大学生对品牌服装的消费习惯。

（2）引导大学生树立正确的消费观念。

（3）为整个学生服装生产销售产业提供参考。

2．意义

通过这次服装调查活动使我们深刻地认识到市场调查的重要性，能够把理论与实践结合起来，让自己真正地掌握了知识。

三、调查内容与调查范围的确定

（一）调查范围的确定

调查××职业技术学院在校大学生对服装品牌的消费习惯。

（二）调查内容

1. 消费者

（1）大学生的统计资料（年龄、性别、家庭情况）。

（2）大学生对服装的态度（款式、价格、质量）。

（3）大学生对服装类产品广告、促销的反映。

2. 市场

（1）大学生对服装的需求及购买状况。

（2）市场品牌的类型、定位及档次。

（三）样本选取

（1）大一：调查问卷男女共 50 份。

（2）大二：调查问卷男女共 50 份。

（3）大三：调查问卷男女共 50 份。

四、调查方法

本次调查采取的是问卷调查方法，通过向调查成员发放问卷，对我校三个不同年级 150 位同学进行了调查。

五、市场调查程序及安排

（1）第一阶段：初步市场调查，初步了解市场服装品牌消费情况。

（2）第二阶段：计划阶段，制定服装市场调查策划书，并审定、修正与确认方案。

（3）第三阶段：问卷阶段，设计调查问卷，初步测试，然后整理确认，并印制 150 份。

（4）第四阶段：实施阶段，向调查对象发放调查问卷并及时收回，确保问卷的回收率。

（5）第五阶段：研究分析，通过数据输入处理，研究、分析数据。

（6）第六阶段：报告阶段，撰写市场调查报告书，并印制成文。

六、经费预算

（1）打印调查问卷 150 份共需 150 元。

（2）打印策划书、调查报告共需 10 元。

阅读上述材料，问答问题。

（1）大学生服装市场调查方案符合市场调查方案的格式和要求吗？如果有不符合或不完善的地方，请指出并改正。

（2）大学生服装市场调查方案的调查对象和调查内容符合调查目的的要求吗？请说明理由。

【课程实践】

一、项目申报

（一）初步调查（课外）

1. 备选课题：小组研讨初选 2～3 个选题作为小组调查备选课题。

2. 项目筛选：通过图书资料查阅、网络调查、实地调查等方式进行知识准备与项目筛选。

（二）项目申报

1. 项目确定：小组研讨最终确定调查项目，报老师审核通过。

2. 项目申报：填写并上交调查项目申报表。

3. 项目推介：团队介绍及调查项目说明，开展课堂交流。

二、撰写市场调查方案

根据所确定的项目，按课堂上所学知识内容，进行市场调查方案的撰写。

（一）方案设计要求

1. 明确调查目的与任务。

2. 确定调查对象与调查单位。

3. 确定调查内容与主要调查项目。

4. 明确调查方式、方法。

5. 明确调查人员的组织与安排。

6. 给出调查费用预算。

（二）作业要求

1. 制作市场调查方案设计介绍 PPT。

2. 确定主讲人。

3. 作业提交课程网站。

4. 填写《市场调查方案》。

【学生分析报告范例】

关于经贸学院大学生兼职情况调查策划书

一、调查背景

（1）现在大学生课余时间较多。

（2）社会竞争日益激烈。

（3）企业希望录用有经验的大学生。

（4）部分大学生家庭经济负担重。

二、调查目的

（1）有利于学校对学生进行管理。

（2）有利于对学生兼职进行指导。

（3）有利于探究兼职存在的安全问题。

三、调查对象和区域

（1）调查对象：经贸学院学生。

（2）调查样本：寻找有兼职经历的学生 50 名。

（3）调查区域：经贸学院。

四、调查内容和具体项目

（1）了解大学生兼职原因。

（2）了解大学生兼职种类。

（3）了解大学生对兼职的看法。

（4）了解大学生兼职的时间安排。

（5）了解大学生对兼职收入的看法。

五、调查方法

寻找有兼职经历的学生 50 名进行问卷访谈调查。

六、调查时间和调查实施流程安排

（1）前期准备阶段：9 月中旬，确定调查主题和调查对象，通过图书馆、网络等，阅读调查相关报告，从而设计出调查方案。

（2）设计阶段：9 月下旬，提出相关假设、构思，设计调查问卷和访谈问题。

（3）调查阶段：10 月上旬，在经贸学院中寻找符合调查条件的学生进行问卷访谈，并回收问卷。

（4）总结阶段：10 月中旬至 11 月上旬，整理信息、问卷，分析调查结果，提交调查报告。

七、调查结果的表达形式

Word 文档和 PPT。

八、调查预算

50 元（略）。

【任务1】 文案调查法的运用

任务要求

要求学生学习使用互联网展开文案调查，了解我国饮料市场现状。

调查目标如下。

（1）了解我国饮料市场的总规模。

（2）了解我国市场上现有饮料产品的类别和功能。

（3）我国主要饮料生产企业的规模、产销量、市场份额和分布情况。

（4）了解我国饮料消费者的消费特点。

每组同学讨论，合作完成文案调查，各小组选派同学报告调查结果。

任务分解

1. 文案调查的含义。
2. 文案调查的特点。
3. 文案调查的工作程序。

案例导入

日本某公司的信息来源

日本某公司进入美国市场前，通过查阅美国有关法律和规定得知，美国为了保护本国工业，规定美国政府收到外国公司商品单，一律无条件将价格提高50%。而美国法律规定，本国商品的定义是"一件商品，美国制造的零件所含价值必须达到这件商品价值的50%以上"。这家日本公司根据这款规定，制定出一条对策：进入美国公司的产品共有20种零件，在日本生产19种零件，从美国进口1种零件，这1种零件价值最高，其价值超过50%以上，在日本组装后再送到美国销售，就成了美国商品，可直接与美国厂商竞争。

🕊️ 理论基石

一、文案调查法的含义

市场调查方法主要有间接资料调查法和直接资料调查法。间接资料是指从各种文献中搜集的资料，也称二手资料。因此，收集二手资料的方法就是间接调查法，又称文案调查法，是指围绕调查任务和调查目标，通过查找、阅读、收集历史和现实的各种统计资料，并经过甄别、统计、分析得到与调查课题有关资料的一种调查方法。

二、文案调查法的特点

（一）文案调查法的优点

（1）收集容易，成本低。文案调查可以为企业的产品销售活动提供部分必要的信息，同时也能为实地调查打下基础，节约大量实地调查费用开支，节约调查时间，并为实地调查提出所需调查的问题，鉴别资料来源。

（2）不受时空条件的限制。从时间上看，文献调查法既可以获得现实资料，还可以获得实地调查所无法取得的历史资料；既能获得本地范围内的资料，还可以借助于报纸、杂志及互联网等，收集其他地区的资料。尤其是在做国际市场调查时，由于地域遥远、市场条件各异，采用实地调查需要更多的时间和经费，加上语言障碍等原因，实地调查会有许多困难，相比之下，文案调查显得方便很多。

（3）受各种因素影响小。文案调查法既不会受调查者的主观情感判断的影响，也不会得出因被调查者的阅历参差不齐、情绪不佳等导致的错误结果。

（二）文案调查法的缺点

（1）加工、审核工作较难。文案调查方法依据的主要是历史资料，过时资料比较多，需要一定的加工过程。需要调查者对其历史背景进行分析，并依据当前的情况进行调整，但许多资料经人多次传抄引证，已经成为第三手、第四手资料，使用时难以考察其时代背景；有的被人故意扭曲事实，其真实性、可靠性则令人怀疑。

（2）滞后性和残缺性。文案调查所获得的资料总会或多或少地落后于现实，特别是印刷文献资料；而且进行文案调查往往很难把所需的文献资料找齐全。

（3）对调查者的专业知识、实践经验和技巧要求较高。文案调查要求调查人员有较广的理论知识、较深的专业知识及技能，否则难以加工出令人满意的资料。

三、文案调查法的工作程序

（一）确定调查主题，明确市场调查目标

进行文案资料收集首先要确定调查目标，明确调查主题，根据调查主题来确定所需要的信息资料和资料来源，再安排适合的人选有针对性地进行资料查询。

（二）确定资料来源途径，收集资料

调查人员要根据调查主题，设计调查方案，确定从哪里获得文案资料，收集所需文案资料的基本顺序和方法，收集这些文案资料所需的时间、精力、费用、人员安排等。

文案资料有以下两个重要的来源。

（1）企业内部资料的收集。主要是收集企业经济活动的各种记录，主要包括以下四种：①业务资料；②统计资料；③财务资料；④企业积累的其他资料。

（2）企业外部资料的收集。主要包括以下几种：①统计部门与各级各类政府主管部门公布的有关资料；②各种经济信息中心、专业信息咨询机构、各行业协会和联合会提供的市场信息和有关行业情报；③通过网络获取二手资料；④国内外有关的书籍、报纸、杂志所提供的文献资料，包括各种统计资料、广告资料、市场行情和各种预测资料等；⑤有关生产和经营机构提供的商品目录、广告说明书、专利资料及商品价目表等；⑥各地电台、电视台提供的有关市场信息；⑦各种国际组织、外国使馆、商会所提供的国际市场信息；⑧国内外各种博览会、展销会、交易会、订货会等促销会议以及专业性、学术性经验交流会议上所发放的文件和材料。

（三）评估和筛选文案资料

对收集到的文案资料要进行必要的评估和筛选。评估和筛选的标准如下。

（1）文案资料内容是否与调查目标吻合，是否满足调查主题的基本要求。

（2）文案资料的发布者及文案资料收集方法的可信度与可靠性。

（3）文案资料的时效性和有效性。

（4）文案资料获取的时间、精力、费用，人员安排的可行性。

（四）提交文案资料分析报告

根据查找、筛选、评估、检查资料的适用性、可靠性、准确性，结合调查主题，提交文案资料分析报告。

【任务2】 访问调查法的运用

任务要求

学生分组讨论，每组分别完成对在前面任务中已经编制的调查方法的修改任务，各小组选派同学报告修改结果。

任务分解

1. 访问调查的含义。
2. 访问调查的分类。
3. 各种形式访问调查方法的优缺点和适用范围。

📚 **案例导入**

电话访问在健康教育快速评估项目中的应用特点

方法：在京、津、沪、渝、辽、冀、皖、浙、闽、粤、陕11个省（直辖市）的省会城市内各随机抽取1个城区中的8～12个社区卫生服务机构，采用电话访谈的方式，并结合实地拍摄数码相片的补充资料，验证其与电话访问结果的一致性。

结果共对115家社区卫生服务机构成功地进行了电话访问。其中入户走访比率为82.61%，健康教育讲座比率为80.87%，张贴宣传画比率为53.9%。结论调查显示的11个省（直辖市）卫生行政部门在春节期间组织实施的全国城市居民健康社区强化干预的工作情况与调查结果基本一致，活动内容可信，说明此次应用电话访问实施全国城市居民健康社区强化干预快速评估项目的设计方案可行，调查数据可信，具有可操作性，结合评估项目的内容和目的，电话访问是一种具有潜力、可充分利用的快速评估方法。

🕊 **理论基石**

一、访问调查法的含义

访问调查法是调查人员将所要调查的事项采用访问的方式，向被调查者提出问题以获得所需要资料的一种方法，它是市场调查中最常见的、最基本的调查法。

二、访问调查法的类型

访问调查法常用的类型主要有入户访问法、街头拦截访问法、电话访问法、邮寄访问法、网上调查访问法等几种类型。在西方国家，大约有55%的调查访问是通过电话完成的，入户调查大约占10%，邮寄调查相对较少，约占5%。

（一）入户访问

入户访问是由访问员到被访问者的家中，与受访者面谈、收集有关资料的一种访问方法。入户访问在访问时间上较宽松，还可以同时出示样品、图片、卡片、包装等，因此适合调查那些内容较复杂、细目较多的项目。但要注意问题不宜过多、过杂或超出受访者的理解范围，否则会引起受访者的厌倦心理而敷衍了事，致使调查结果有误差。入户访问一般给受访者赠送小礼品以表示感谢，同时在时间上一般要控制在半小时之内。

1. 入户访问的优点

（1）问卷的回答率较高。入户访问因在被访者家中进行，被访者在心理上会有充分的思想准备，大多会配合访问。

（2）访问的形式较灵活。可以根据受访者的性格、心态及所处的环境状况来调整问题的顺序、问题的深浅，也可以借助于解释、启发和激励的方式来访问。

（3）可获得额外信息。在入户访问时，访问者还可以通过观察被访问者表现、动作及环境等，来了解受访者不愿回答或回答不正确的问题，如家庭收入、年龄等情况。

2. 入户访问的缺点

（1）拒访率较高。由于被访者有顾虑，如人身、财产的安全问题，入户访问的人员被拒绝的概率高，在城市家庭入户访问中尤为常见。

（2）调查成本较高。入户访问的人力、经费成本较大，尤其对于大规模、复杂的市场调查支出更大。

（3）对访问人员的素质要求较高。访问员的性别、年龄、服饰、气质、表达能力等都会对受访者产生影响，调查结果访问员的工作态度、提问技巧和情绪等因素影响较大。

（二）街头拦截式访问

拦截式访问（接头访问、定点访问）由访问员在某个事先选好的地点（如街头、公园、商场、医院等）拦住受访者进行调查。这种调查大多采用问卷作为主要工具，在产品实体测试，品牌包装、价格等测试中则需要增加一些辅助工具和设施，当场询问，当场记录。根据拦截的地点不同，可分为街头拦截、街区定点访问。

1. 街头拦截式访问的优点

（1）访问的进程快。拦截访问不同于入户访问，不需要访问员进入被访者家庭；同时也可以通过访问员的侧面观察来了解某些问题，这样节省了大量的时间。

（2）成功率高。同入户访问相比，访问员与受访者之间消除了很多的顾虑（如入户访问的安全问题），加之在访问之后多有礼品赠送，受访者多能积极配合。

（3）成本较低廉。拦截访问节省了一部分入户访问时所需的人力、财力成本，获得资料的时间也相应缩短，实效性增强，可以快速指导企业的实体经营。

2. 街头拦截式访问的缺点

（1）现场访问效果可能不理想。拦截访问中的环境有可能较嘈杂，尤其是商业繁华的地点，会影响到受访者的情绪，使受访者因烦躁而突然中断访问，或者心不在焉。

（2）受访者的选取受访问员的影响较大。访问员在拦截访问时经常会加入个人的主观判断，如同样是符合条件的受访者，某些访问员可能更愿意选择表情温和、易于接近的人；而那些表情冷淡的人往往会被访问员放弃，这样必然影响资料的代表性。

（3）回访难。受访者因与访问员之间没有更多的交流时间，陌生感较明显，不愿将真实的个人信息（如个人家庭地址、电话及其他联系方式）留给访问员，难以回访复核。

3. 街头拦截式访问应用中应注意问题

（1）访问的时间安排要考虑到受访者的方便，一般不要在上下班的时间实施调查；访问时间不宜过长，一般控制在 15 分钟左右，以降低拒答率和无效回答率。

（2）调查地点的选择十分重要。邀请受访者走到调查地点会有一些难度，因此访问地点应根据调查样本的特点和行为习惯来决定，既不能凭主观想象决定，也不能"一刀切"，以方便将受访者带入调查地点为前提；并且事先适当地布置，烘托气氛、助力调查。

（3）受访者的选择很重要。拦截时进行受访者的甄别是必需的，先进行初步筛选，符合样本要求的，再进行正式访问。甄别时要进行样本配额的控制，因此要控制不同性别、不同年龄段和不同收入的受访者的比例。这样可以大大降低访问的难度，节省费用。

（三）电话访问法

电话访问法是指调查者通过电话进行语言交流从受访者那里获取信息的一种调查方法。这种方法在西方发达国家应用较为普遍，也最受欢迎，在我国还处于起步阶段。

1. 电话访问法的优缺点

优点：电话访问法的突出优点是信息反馈快、费用低、覆盖范围广。

其缺点主要表现在以下几个方面。

（1）由于电话访问法调查的项目过于简单明确，而且受通话时间的限制，因此调查内容的深度远不及其他调查方法。

（2）不能利用视觉的帮助。有一些调查项目需要得到被调查者对一些图片、广告或设计等的反应，电话访问无法达到这些效果。当然可以提前把类似的资料寄给被调查者。

（3）由于电话访问是通过电话进行的，访问员不在现场，因而很难判断所获信息的准确性和有效性。

2. CATI 技术

CATI 技术是 computer aided telephone interview 的缩写形式，即计算机辅助电话调查，它是由电话、计算机、访问员三种资源组成一体的访问系统，使用一份按计算机设计方法设计的问卷，用电话向受访者进行访问。计算机问卷可以利用大型机、微型机或个人计算机来设计生成，访问员坐在 CRT 终端（与总控计算机相连的带屏幕和键盘的终端设备）对面，头戴小型耳机式电话。CRT 代替了问卷、答案纸和铅笔，通过计算机拨打所要联系的号码，电话接通之后，访问员读出 CRT 屏幕上显示出的问答题并直接将受访者的回答（用号码表示）用键盘记入计算机的记忆库之中。

在发达国家，计算机辅助电话调查相当普遍，相信这样的调查技术很快也会在我国得到广泛应用。

3. 电话访问法应注意的问题

电话访问法自身的特点决定了要成功地进行访问，必须首先解决好以下几个方面的问题。

（1）设计好问卷调查表。这种问卷调查表不同于普通问卷调查表，由于受通话时间和记忆规律的约束，大多采用两项选择法向受访者进行访问。

（2）挑选和培训访问员。电话访问对访问员的要求主要是口齿清楚、语气亲切、语调平和。

（3）调查样本的抽取及访问时间的选择问题。电话访问很容易无反馈，如白天上班不在家、周末团聚等原因造成拒答率高。

所以电话访问法对于调查样本的抽取及访问时间的选择问题就显得尤为重要了。通常的做法是随机抽取几本电话号码簿，再从每个电话号码簿中随机抽取一组电话号码，作为正式抽中的受访者。至于访问时间的选择，一要根据调查内容而定，比如访问年轻人消费偏好问题，最好选择在工作日的晚上，而对老年人购买习惯的访问，则可以选择白天；二要考虑受访者的生活习惯等问题。

（四）网络调查法

网络调查法是利用互联网将问卷在网上发布，征询被调查者，并将各种反馈资料运用预先设定的程序进行数据处理的一种调查方法。网络调查的应用范围非常广泛。

1. 网络调查法的优点

（1）网络调查信息收集具有广泛性。

（2）网络调查信息具有及时性和共享性。

（3）网络调查具有便捷性和经济性。

2. 网络调查法的缺点

（1）样本代表性差。

（2）网络的安全性有待提高。

（3）网络调查无样本限制。

3. 任务具体工作程序

（1）确定网上直接调查目标。网络调查的对象主要是网民，所以，确定调查目标时，要考虑被调查对象是否能上网，这些网民的总体规模有多大。只有网民中的有效调查对象足够多时，网络调查才能够得出有效结论。我国的网民以年轻人、城镇人口为主，因此，网上调查方法适用于对以城镇年轻群体为主要消费对象的产品的调查。

（2）确定调查方法和设计问卷。网络调查主要采用问卷调查法，因此，设计一份好的问卷是取得成功的关键，网络问卷设计要使用适宜的电子邮件开头（开头包含调查者及调查目的、奖励及调查指导），这部分文字表述要能够引起被调查者的兴趣和重视，获得他们的支持和合作；问卷不宜过长，尽量使用封闭型问题；问句简洁易懂，定义明了，不易产生歧义；敏感问题语句表述不应让被调查者产生反感。网上调查问卷可以进行分层设计，通过这种方式寻找适合的被调查者是传统调查无法实现的。

（3）选择调查方式。一般网络调查方式有：①E-mail 问卷调研法；②网上焦点座谈法；③使用 BBS 电子公告板进行网络市场调研。

（4）数据处理和分析。调查者在网上获取大量信息后，必须对这些信息进行整理和分析，这是网上调查信息能否发挥作用的关键，具体分析方法与传统数据处理类似：先排除不合格问卷，然后核对回收问卷进行综合分析和论证，用相关分析软件进行分类统计，对有必要回访的电子邮件进行回访，以提高问卷的可靠性。

（5）撰写调查报告。在对收集到的数据进行分析处理后，调查者要撰写调查分析报告。报告力求用准确精练的文字、图表直观地反映出市场的动态信息，以便让企业的决策者针对市场动态和企业的实际情况及时制订和调整营销策略。

【任务3】 观察调查法的运用

任务要求

学生自己当一回"用心的顾客"，观察一些小的零售商店、超市，看看能发现什么问题，针对问题提出改进建议，并在一定时间后总结观察的效果，并分组讨论。

任务分解

1. 观察调查法的含义。
2. 观察调查法的特点。

3. 观察调查法的工作程序。

案例导入

购买行为观察的意义

购买行为观察包括对消费者在各种不同场景中的行为进行现场观察或是先拍摄再观察。Starbucks、博世、麦当劳和宝洁等公司曾选择一家调研企业 Envirosell 来观察消费者行为。这家公司每年录制大约 15000 小时的有关消费者的录像带。这些录像带可以作为研究购买行为趋势的资料而加以分析。Envirosell 的一些研究发现包括：设立刊物和书籍等读物架子，可以将消费者结账等候时间缩短 15%；人行横道可以使人们在 25 米内减速，所以没有明显视觉吸引力的商店可能会被错过；店内的特别展品如果移到后面靠近后部"解压区"的地方，可以让更多的消费者看到老年人趋向于三三两两或是许多人一起购物，所以商店在通道的边上应设有椅子，当他们那些更有活力的朋友浏览其他商品时，可供他们休息；大型玩具商店忽略了那些在祖父母身上大有生意可做的现象。他们由于得不到对于不同年龄段的儿童什么玩具适合和流行的建议，因此不去购买；消费者在购买一种产品之前的平均接触次数：口红为 6 次、毛巾为 6.6 次、唱片和玩具为 11 次。

理论基石

一、观察调查法的含义

观察调查法是根据一定的调查目标和调查提纲或观察表，调查者凭借自己的感官和各种记录工具，深入调查现场，在被调查者未察觉的情况下，直接观察和记录被调查者，从而获取资料的一种方法。

二、观察调查法的优缺点

观察调查法的优点是：①可以实际记录市场现象的发生，能够获得直接具体的生动材料，对市场现象的实际过程和当时的环境气氛都可以了解，这是其他方法不能比拟的；②观察调查法不要求被调查者具有配合调查的语言表达能力或文字表达能力，因此适用性也比较强；③观察调查法还有资料可靠性高、简便易行、灵活性强等优点。

观察调查法的缺点是：①只能观察到人的外部行为，不能说明其内在动机；②观察活动受时间和空间的限制，被观察者有时难免受到一定程度的干扰而不能完全处于自然状态等。

三、观察调查法的工作程序

1. 明确观察调查目标

观察调查的目标，即我们通过观察调查能获得的进行某种决策的依据。明确观察调查的目标，也就是明确观察调查需要获得哪些信息。

2. 确定观察方法

调查者有很多观察方法可供选择，观察方法各有优缺点，对于某一特定的调查问题，需要从成本、进度、数据质量等方面综合考虑，选择一种最有效的方法。

观察调查法的基本类型有以下几种。

（1）直接观察和间接观察。直接观察就是调查者直接到商店、街道等处进行实地观察。一般是只看不问，不使被调查者感觉到在接受调查。这样的调查比较自然，容易得到真实情况。这种方法可观察顾客选购商品时的表现，有助于研究购买者行为。

案例 3-1

在 20 世纪 90 年代的时候，一位彬彬有礼的日本人没有选择在旅馆居住，却以学习英语为名，跑到一个美国家庭里居住。奇怪的是，这位日本人除了学习以外，每天都在做笔记，美国人居家生活的各种细节，包括吃什么食物、看什么电视节目等，全在记录之列。三个月后，日本人离开了美国。此后不久，丰田公司就推出了针对当今美国家庭需求而设计的价廉物美的旅行车，而且大受欢迎。该车的设计在每一个细节上都考虑了美国人的需要，例如，美国男士（特别是年轻人）喜爱喝玻璃瓶装饮料而非纸盒装的饮料，日本设计师就专门在车内设计了能冷藏并能安全放置玻璃瓶的柜子。直到该车在美国市场推出时，丰田公司才在报上刊登了他们对美国家庭的研究报告，并向那户人家致歉，同时表示感谢。

间接观察又称实际痕迹测量法，调查者不直接介入所调查的情况，而是通过观察被调查者的某种痕迹和行为，来推断被调查者的情况。例如，垃圾研究者通过对家庭丢掉的生活垃圾的调查来研究他们的日常消费模式。

（2）人员观察和仪器观察。人员观察是调查者直接在观察现场记录有关内容，由调查者根据实际情况对观察到的现象做出合理的推断。但是，人员观察容易受调查者自身因素的影响，如主观偏差、情绪反应等都会影响到调查的结果。

仪器观察就是运用电子仪器或机械工具进行记录和测量，如某广告公司想了解电视广告的效果，选择了一些家庭作调查样本，把一种特殊设计的"测录器"装在这些家庭的电视机上，自动记录所收看的节目。经过一定时间，就了解到哪些节目收看的人最多，在以后的工作中根据调查结果合理安排电视广告的播出时间，收到很好的效果。

案例 3-2

美国尼尔逊广告公司通过计算机系统在美国各地 12500 个家庭中的电视机上装上电子监听器，每90 秒扫描一次。每一个家庭只要收看 3 秒的电视节目就会被记录下来，据此选择广告的最佳时间。在我国，有的商家用录像机录下消费者的购买行为，以分析消费者的购买动机和购买意向。

3．选定调查对象

确定调查对象是根据调查目标和主题来选择符合条件的市场调查活动的参与者。一般情况下，从研究的问题中就可以基本确定要调查的对象，只是对于调查对象的选择，会采用随机抽样的方法。

4．选用观察技术

当调查者对调查结果的准确性要求较高时，可以使用观察法。市场调查中观察并不仅限于通过人的视觉，而是通过人的五种感觉器官的所有感觉，可以说，"观察"包括了人对外界的所有感觉能力。在实际的观察调查中，无论采用何种观察法，一般都需要选用合适的观察技术来辅助调查。比如，对人流量的统计、对收视率的统计等用摄像机和视听设备记录人们的行为比人员观察更客观、更精确；又如，通过电子扫描仪记录产品的销售量情况比人员观察更及时、更准确。

案例 3-3

Pretesting 公司的阅读器

Pretesting 公司发明了一种叫阅读器的仪器，这种仪器看起来像一盏台灯，之所以这样设计是为了让被测者坐在它面前时不会意识到这一机器正在记录阅读者眼睛的反应。通过阅读器和特别设计的隐藏式相机的应用，Pretesting 公司能记录许多有关阅读习惯和不同广告产品的使用情况以及品牌名称回忆等方面的信息。

5. 确定观察时间

观察时间的确定是建立在对观察目标的深刻理解基础上，选择了合适的观察方法之后，观察事件的确定便直接决定了观察的结果。

6. 确定观察地点

观察地点的选择主要是以更便利于观察和保证观察的准确性为标准。在观察调查中，观察地点可能会变化。有的时候，为了达到观察效果会不断变换地点，经过比较最终确定观察地点。

7. 记录观察结果

在使用观察法进行调查时，借助良好的记录技术，可以及时记下转瞬即逝的宝贵信息，加快调查工作的进程，便于资料的整理及分析。记录的技术方法有：①观察表；②符号和速记；③记忆；④机械记录。

8. 观察结束后的工作

整个观察过程结束并不意味着观察调查的终止。观察结束后，需要对记录下来的观察结果进行处理。对于观察到的现象，需经专业人士进行分析判断，才能成为有用信息。保存好观察调查的所有资料，以便查找，对有用的信息进行分析得出结论，并向信息使用者提供决策的依据。

52

【任务4】 实验调查法的运用

任务要求

阅读下文，思考：高露洁公司收集资料采取了什么方法及该种方法有什么特点？

高露洁公司的新产品试销

高露洁公司在四个城市市场中试销新的肥皂产品，分别采用以下四种组合方式。
（1）平均量的广告结合免费样品挨家挨户的赠送。
（2）大量的广告加样品赠送。
（3）平均量的广告结合邮寄赠送。
（4）平均量的广告和不提供任何其他的宣传。
结果表明，第三种方法获得了最好的利润水平。

🔲 任务分解

1. 实验调查方法的含义。
2. 实验调查方法的优缺点。
3. 实验调查方法工作程序。

📖 案例导入

咖啡杯的市场调查

美国某公司准备改进咖啡杯的设计，为此进行了市场实验。首先，他们进行咖啡杯选型调查，他们设计了多种咖啡杯子，让 500 个家庭主妇进行观摩评选，研究主妇们用干手拿杯子时，哪种形状好；用湿手拿杯子时，哪一种不易滑落。根据调查研究结果，选用四方长腰果型杯子。然后对产品名称、图案等也同样进行造型调查。接着他们利用各种颜色会使人产生不同感觉的特点，通过调查实验，选择了颜色最合适的咖啡杯子。他们的方法是，首先请了 30 多人，让他们每人各喝 4 杯相同浓度的咖啡，但是咖啡杯的颜色不同，分别为咖啡色、青色、黄色和红色。试饮的结果，使用咖啡色杯子的人认为"太浓了"的占 2 / 3，使用青色杯子的人都异口同声地说"太淡了"，使用黄色杯子的人都说"不浓，正好"。而使用红色杯子的 10 人中，竟有 9 个说"太浓了"。根据这一调查，公司咖啡店里的杯子以后一律改用红色杯子。该店借助于颜色，既可以节约咖啡原料，又能使绝大多数顾客感到满意。结果这种咖啡杯投入市场后，与市场上的通用公司的产品开展激烈竞争，以销售量比对方多两倍的优势取得了胜利。

🕊 理论基石

53

一、实验调查法的含义

实验调查法是指市场调查人员有目的、有意识地改变一个或几个影响因素，来观察市场现象在这些因素影响下的变动情况，由此认识市场现象的本质特征和发展规律。实验调查既是一种实践过程，又是一种认识过程，并将实践与认识统一为调查研究过程。

二、实验调查法的优点

（1）实验调查法具有实践性。
（2）实验调查有利于揭示实验因素与实验对象变化之间的因果联系。
（3）实验调查是可重复的调查。

三、实验调查法的缺点

（1）实验对象和实验环境的选择难以具有充分的代表性。
（2）实验人员很难对实验过程进行充分有效的控制。
（3）对实验人员的要求较高，花费的时间较长，实验对象不能过多。

四、实验调查法的工作程序

1. 根据市场调查课题，提出研究假设确定实验自变量

进行实验调查首先要确定调查课题，根据调查课题确定研究变量和实验单元，即分析哪些变量与研究的问题有关，明确实验中的自变量、因变量、外来变量，以及在实验中对其中的哪些变量进行观察和测量。实验单元就是实验对象的基本单位（如消费者、分销商、销售区域等），实验单元应该对被研究的事物有较强的代表性。

2. 进行实验设计，确定实验方法

实验设计是实验人员进行实验活动、控制实验环境和实验对象的规划方案。它是实验调查的中心环节，决定着研究假设能否被确认，也决定实验对象的选择和实验活动的开展，最终还会影响实验结论。实验设计的分类如下。

（1）单一实验组前后对比实验。该实验选择若干实验对象作为实验组，将实验对象在实验活动前后的情况进行对比，得出实验结论。

其公式为：

$$实验效果=后检测结果-前检测结果$$

在市场调查中，经常采用这种简便的试验调查。

单一实验组前后对比实验，只有在实验人员能有效排除非实验变量的影响，或者是非实验变量的影响可忽略不计的情况下，实验结果才能有效成立。

案例 3-4

某微波炉厂为了扩大销售，准备改进微波炉的外形设计，但对新设计的外形把握不大，决定采用事前事后设计进行实验调查，步骤如下。

（1）选择准备改变外形设计的微波炉为实验对象。

（2）确定改变外形设计前微波炉的月销售量为事前检测，假定为 2000 台。

（3）确定改变微波炉外形设计为激发实验。

（4）确定改变微波炉外形设计后微波炉的月销售量为事后检测，假定为 3000 台。

（5）实验效果为：3000-2000=1000（台），这说明该厂在改变微波炉外形尺寸后，销售增加 1000 台。如果经分析无其他因素影响，决策层可以决定采用新的外观设计。

（2）实验组与对照组对比实验。实验组与对照组对比实验是指选择一个实验组作为实验对象，选择另一个与实验组的实验对象相同或相似的小组作为对照组，作为实验组的对比基础，使实验组与对照组处在相同或相似的实验环境中，然后用实验激发实验组，但不激发对照组；最后，根据实验组后检测与对照组后检测之间的对比，得出实验结论。

其公式为：

$$实验效果=实验组实验后检测结果-对照组后检测结果$$

在市场调查中，也常常采用这种简便的试验调查。

案例 3-5

接前例说明实验组与对照组对比实验步骤：选择若干市场条件相同或相似的商场，分成两组，一组为实验组，另一组为对照组，实验组的商场销售改变外形的微波路，对照组销售原外形的微波炉，

对实验组的商场进行激发，撤掉原外形的微波炉，全部销售新外形设计的微波炉，两个月后分别对两组进行后检测，检测结果为几个实验商场的微波炉月平均销售量为 4000 台，对照组的几个商场的月平均销售量为 2400 台，则其实验效果为：

$$4000-2400=1600（台）$$

经营者可以认为：改变微波炉外形设计后带来了销售量的上升，即使有其他因素影响销售量的增长，原外形在前几个月的销售量为 2000 台，现为 2400 台，新外形原销售量为 3000 台，现为 4000 台，原外形月销售量增加 2400-2000=400（台），新外形增加 4000-3000=1000（台），1000-400=600（台），排除其他因素影响，实际有 600 台的销售量是源于新的外形设计。

实验组与对照组对比实验的优点是采用对照组数据作为比较基础，可以控制其他因素对实验过程的影响，缺点是不能反映实验前后的变化程度。实验组与对照组对比实验由于没有事前测量，无法了解实验处理前后的差别，因此仅凭实验组和对照组的事后测量的比较来做判断，难以排除两组实验处理前差异造成的影响。为弥补这一点，可将上述两种实验进行综合设计。

（3）实验组与对照组前后对比实验。这是对实验组和对照组都进行实验前后对比，再将实验组与对照组进行对比的一种双重对比的实验法。它吸收了前两种方法的优点，也弥补了前两种方法的不足。

其公式为：

$$实验效果=实验组结果（后检测-前检测）-对照组结果（后检测-前检测）$$

案例 3-6

某公司在调整商品配方前进行实验调查，分别选择了 3 个企业组成实验组和对照组，对其月销售额进行实验前后对比，并综合检测出了实际效果（见表 3-1）。

表 3-1 某公司调整商品配方实验

单位：万元

实验单位	前检测	后检测	前后对比	实验效果
实验组	$Y_0=20$	$Y_1=30$	$Y_1-Y_0=10$	$（Y_1-Y_0）-（X_1-X_0）$ $=10-4=6$
对照组	$X_0=20$	$X_1=24$	$X_1-X_0=4$	

表中的检测结果，实验组的变动量 10 万元，包含实验变量即调整配方的影响，也包含其他非实验变量的影响；对照组的变动量 4 万元，不包含实验变量的影响，只有非实验变量的影响，因为对照组的商品配方未改变。实验效果是从实验变量和非实验变量共同影响的销售额变动量中，减去由非实验变量影响的销售额变动量，反映调整配方这种实验变量对销售额的影响作用。由此可见，实验组与对照组前后对比实验，是一种更为先进的实验调查方法。

3. 选择实验对象，进行实验

这一步是根据实验设计，抽取实验对象、实施实验、观察实验记录。在一个市场实验中，通常要选择若干个实验对象，选择实验对象的方法有两种：主观挑选和随机抽取。主观挑选是主观上有意识地挑选具有代表性的实验单元进行实验，这种方法适用于调查单位中总体对象较少、个体差异较大、调查人员了解调查对象总体的情况。随机抽取是从调查单位总体中随机抽取实验对象，这种方法适用于调查单位总体对象较多、个体差异较小、调查人员对调查总体了解较少的情况。在整个实验过程中，要根据设计好的实验步骤进行实验,选择一般性的实验环境,并注意对实验环境的控制,对实验过程中的干扰进行有效控制,要严格按实验设计方案进行,努力排除或减少非实验因素对实验活动的干扰,使实验结果能够比较准确地反映自变量和因变量之间的相互关系。否则,如果受其他因素影响,会降低实验结果的价值。

4. 分析整理实验资料并做实验检测,得出实验结论

根据实验中获取的数据资料,进行对比分析,并调整变量,控制和排除非实验因素影响,对实验中的基本数据进行最后评估,得出实验结论。在这一步要注意对实验效果进行必要的检测。实验效果的检测是评价的前提,评价是对检测的分析和解释。实验效果的检测必须具有科学性、统一性和可重复性。对实验结果的评价一般包括对实验结果内在效应和外在效应两个方面的评价。

【思考与训练】

案例:大学生出国留学意向调查

中国学生出国留学的历史可以追溯到清朝末年,至今共经历了三个阶段。清政府维新变法时,派遣了一批青年志士去西方学习工业技术,以此达到"师夷长技以制夷"的目的。20 世纪 30 年代至中华人民共和国成立前,一批青年远渡重洋,求知域外。这里面也包括一些共产党的早期革命家。1978 年以后,出国留学进入了一个新的高潮期。据统计,1978—1996 年期间,我国前往世界各地的留学人员累计达 27 万人,这其中国家公派的人数为 4.4 万人,单位公派 8.6 万人,剩下的 14 万人是自费出国。自 20 世纪 90 年代起历年在美国取得理工科专业博士学位的中国学者人数已经超过中国自己授予的博士。仅 1995 年一年,就有 2751 名中国学生在美国取得博士学位,占当年所有留美学生所获博士学位总数的 10%,高居各国留美学生之首。

北京世纪蓝图市场调查有限公司于 1998 年在北京大学、清华大学、北京师范大学、北方交通大学(现更名为北京交通大学)、北京航空航天大学五所高校的随机抽取了 301 名大学生进行面访调查,了解他们对于出国留学的意向及看法。

一、你问我要去何方,我指着大海的方向

在对五所大学 301 名大学生的面访调查中,有 211 名有意向出国,比例超过了 70%,表明出国留学已经成为大学生的一种主流选择。相关分析显示,理工科学生有出国意向的明显多于文科学生。

据调查,在北大物理系,近年来该系排名前三分之一的学生都已出国,目前该系有 500 多人在美国。根据清华的水木清华 BBS 上 1998 年夏天发布的一条消息,清华计算机系某班 35 人今年共拿到了 89 个国外大学的奖学金(大部分是美国高校,而且大多都是名校),这意味着,如果他们都想走的话,几乎都可以走。我们注意到,清华、北大、中科大等名校的一些系,出国已经成为本科生毕业后的常规选择,就像到北京来读书就要争取留京一样。

二、首选之地——美国

这次调查中,有意向出国的 211 名大学生中,最想去美国者达 166 人,占 3/4 以上。除美国独占鳌头外,居二、三、四位的分别为日本、加拿大和英国,不过它们都不足总数的 1/10。

历史资料显示,从 1978—1996 年的 18 年间,中国共有 13.5 万留学生去往美国,占此期间中国出国留学生总数的 50%。美国历史虽短，但学府林立，其大学教育以高度开放的姿态，得天下英才而育之。而且美国是一个移民国家，所以在完成学业后就业相对容易，因此，美国理所当然地成为中国留学生的首选。每年的七八月份，到美国大使馆门口站一会，就能体会到这种和夏天一样的热浪。

开阔视野和国外较好的学习条件成为大学生选择出国的主要原因。国外大学先进的教育设备，良好的教学氛围，深深地吸引着大学生们，特别是理工科的学生。国外发达的经济条件和对自身专业前途的选择，也是部分大学生出国的理由。值得一提的是，认为国内就业环境较差的只占 1.9%。可以看出，现在的大学生出国是一种往更高处走的主动寻求发展的选择。

四、归去来兮

调查结果显示，明确表示如果出国了，毕业后肯定会回国工作的占 44.1%。据统计，1978—1996年期间自费出国留学的 14 万留学人员中回国者仅有 3000 人，比例仅为 2%，希望调查对象在国外留学毕业的那一天依然做出这样的决定。

五、利弊之辩

这次调查中，所有被调查对象都对出国对于国家的利弊发表了自己的看法，认为很有利或有利的总共占 61.1%，认为很不利或不太有利的总共占 16%。

在这次调查中，设置了一道开放题，让受访者谈一谈对出国留学的看法，结果统计发现大学生们倾向于从个人和国家两个方面探讨出国的价值和意义，这大概和我们的教育方向有关。很多学生强调出国是件好事，学成后应回国为祖国做贡献，正如北大的周同学所说，"良禽择木而栖，但不应忘本"；有的同学认为国家也应创造良好的条件，吸引海外学子学成回国；也有认为人各有志，不可强求。

思考题：运用所学知识，结合上述案例，学生分组讨论采用了哪些调查方法？并说明理由。

【课程实践】

结合身边实际，选择某一著名厂家、某一品牌的产品，可以是家电或自己和同学们消费比较多的手机、耳机等熟知的产品，收集这些产品或厂家的广告语，设计出影射法问题，在同学之间进行模拟调查，然后进行相互评价，揭示不同回答背后隐含的意思。

小组交流不同调查结果，根据调查问题的设计、回答的情况、对回答问题的分析、PPT 演示、讨论分享中的表现互相评价打分。

57

【任务1】 抽样的准备

任务要求

要求每组学生针对本组特定的调查主题，能够在明确调查目标、调查内容和调查方法等问题的基础上用抽样调查的方式收集相关资料，并写出抽样调查的相关术语。

任务分解

1. 抽样调查的含义和有关基本概念。
2. 抽样调查的相关术语。
3. 抽样调查误差的认知。

案例导入

20世纪30年代早期，美国有位学者名叫盖洛普，他制定了一套抽样方案。他举例说，有7000粒白豆子和3000粒黑豆子十分均匀地混在一起，装在一只桶里。当你舀出100粒豆子时，你大约可以拿到70粒白的和30粒黑的，而且你失误的概率可以用数学方法计算出来。他将这套方法运用于民意测验。1932年，一家广告代理商邀请他去纽约创立一个评估广告效果的调查部门。同年，他利用他的民意测验法帮助他的岳母竞选艾奥瓦州议员。

思考题：一个袋中有一些绿豆和黄豆，如果想知道绿豆的粒数在这袋豆子总数中所占的比例，我们应该怎么做？能找出既省时、省力又能解决问题的办法吗？

理论基石

一、抽样调查的含义

抽样调查是指从所要调查的总体中选出一部分个体作为样本，对样本进行调查，并根据抽样所得的结果推断总体的一种专门性的调查活动。抽样调查是一种被广泛使用的调查方法。抽样调查的理论基础是概率论，它在充分满足客户所需数据质量要求的前提下，提供了一种更快、更节省的方法。

二、抽样调查的特点

（1）抽样调查费用省，易被广泛使用。

（2）抽样调查省时，收效快。由于抽样调查仅对总体中的少量单位进行调查，故能十分迅速地得出调查结论。例如，美国每次进行全国民意测验都会抽取 1200 名受访者，因而很快便可得出各项民意调查结果。

（3）抽样调查质量高。抽样调查是建立在统计基础上的科学方法，并由专门人员调查，可确保获取的信息资料具有可靠性和准确性。

（4）抽样调查能大大提高资料收集的广度和深度。由于普查涉及面广，因而对其中某些项目的深度调查则有一定难度。而抽样调查则恰恰解决了这个问题。

尽管抽样调查具有上述优点，但也有不足之处。由于抽样调查结果是从抽取的样本中获取的信息资料推断而来的，因此不可避免地会存在抽样误差。另外，如果抽取的样本数目不足，会影响调查结果的准确性。此外，如果抽取的样本与总体存在着较大差距，也会影响到抽样结果的准确性。

三、抽样调查中的基本术语

1. 总体

总体是指根据调查计划的目的所规定的调查整体。调查者应在明确调查整体后，再实施相应的市场调查活动。定义总体是要解决总体范围、性质和构成的问题。例如，一家生产空调的企业希望了解未来消费者对某种新产品的接受程度，其经营者将总体定义为"可能使用新产品的一切用户"。由于企业拥有较完整的客户资料，因而负责样本设计的调查者将总体定义为"现有客户"。

2. 样本和样本单位

样本是由一定数量的样本单位组成，能代表总体的子集。例如，某市某行业有 30 万名职工，从中抽取 1000 名进行生活状况的调查。这 30 万名职工就是总体，1000 名职工就构成样本。

样本单位是按一定的抽样方法从总体中抽取出来的，是调查中最基本的被调查对象。例如，在对减肥人群的调查中，样本单位是人；在调查钢铁企业对进入 WTO 后经营环境变动趋势的看法时，样本单位是钢铁企业。

3. 抽样框

抽样框是指用以代表总体，并从中抽选样本的一个框架，其具体表现形式主要有包括总体全部单位的名册、地图等。

抽样框在抽样调查中处于基础地位，是抽样调查必不可少的部分，其对于推断总体具有相当大的影响。

4. 重复抽样和不重复抽样

重复抽样也称有放回抽样，即抽样时把每次所抽中的单位，重新放回原来的总体中，参加下一次的抽选。所以，在重复抽样的过程中，总体的单位数在抽取每一个单位时都是一样的，每个单位被抽中的机会在每次抽取中也都完全一样。可能会出现一个单位被重复抽中的现象。

不重复抽样也称无放回抽样，即把每次被抽中的单位不再放回到总体中去参加下一次的抽选。在不重复抽样中，同一个单位仅可能被抽中一次，但前一次抽取将会影响到下一次抽取，每抽一次，总体的单位就减少一个。因此，每个单位被抽中的机会在各次抽取中是不同的。当总体单位数量非常大时，两者的区别不大。抽样调查一般都是采用不重复抽样。

5. 抽样技术

抽样技术是指在抽样调查时采用一定的方法，是抽选具有代表性的样本及各种抽样操作技巧和工作程序的总称。抽样技术的采用可以使抽取的样本具有代表性。

四、抽样误差

调查结果的准确性无疑是调查组织者十分重视的问题。其准确性通常用抽样误差的高低来反映，在抽样方式和总体既定的前提下，抽样误差的大小主要取决于抽样数目的多少。对抽样误差的控制主要是通过控制抽样数目来实现的。因此，抽样误差与抽样数目的确定，是随机抽样市场调查中两个重要的问题。

1．抽样误差

知识图片 1（见图 4-1）

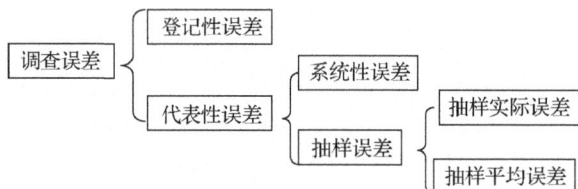

图 4-1　抽样误差的分类

在市场调查中，无论是普查，还是抽样调查，都有可能发生误差。调查误差是指调查的结果与客观实际情况的出入和差数，一般有两种误差存在，即登记误差和代表性误差。

（1）登记性误差又称工作性误差，是指市场调查人员在工作过程中，由于抄写、登记、计算等工作上的过失而引起的误差。

（2）代表性误差是指在抽样调查中，由于选取的部分调查个体对总体的代表性不强而产生的调查误差。它只在抽样调查中存在，普查不存在这种误差。在抽样调查中，这种代表性误差又分为两种：一种是由于调查者违背抽样的随机原则，人为地选择偏高或偏低个体进行调查而产生的误差，称为系统性误差，这种误差应尽量避免；另一种则是在不违背随机原则的情况下必然出现的误差，它是抽样调查固有的代表性误差，这种误差称作抽样误差。

抽样误差的大小与样本的代表性成反比，即抽样误差越大，表示所抽取样本的代表性越低；反之，样本的代表性越高。

2．影响抽样误差大小的因素

（1）总体单位之间的标志变异程度。总体单位之间标志变异程度大，抽样误差则大；反之则小。所以，抽样误差大小与总体标准差大小是成正比例关系。

（2）样本单位的数目多少与抽样误差大小有关。样本单位数目越多，抽样误差越小；反之，则越大。所以，抽样误差的大小与样本单位数成反比例关系。

（3）抽样方法的不同，抽样误差大小也不同。一般来说，简单随机抽样比分层、分群抽样误差大，重复抽样比不重复抽样误差大。

案例 4-1

在美国总统选举中，《文学文摘》公布的民意调查结果显示，兰登将以 370∶161 的优势，即以 57%∶43%，领先 14 个百分点击败罗斯福；然而，一个名叫乔治·盖洛普的人，对《文学文摘》调查结果的可信度提出质疑。他也组织了抽样调查，进行民意测验，他的预测与《文学文摘》截然相反，认为罗斯福必胜无疑。结果，罗斯福赢得了 2770 万张民众选票，兰登得到 1600 万张选票；罗斯福赢得了除缅因州、佛蒙特州以外 48 个州的民众选票，获得选举团 523 张选票的 98% 强，而兰登的选票低于 2%（8 张）。最终，罗斯福以 62%：38% 压倒性地大胜兰登。这一结果使《文学文摘》销声匿迹，而盖洛普则名声大噪。

这就是样本设计带来的误差。

【任务 2】 抽样的组织与实施

🛸 任务要求

要求每组学生针对本组特定的调查主题，能够在明确调查目标、调查内容和调查方法等问题的基础上进行抽样调查方案设计，运用正确的抽样原理。

📋 任务分解

1. 认识抽样调查程序。
2. 掌握抽样调查技术。

📚 案例导入

AB 调研公司通过竞标击败了其他调研公司，分析原因发现，AB 公司所出的标价大约只有竞标最低标价的 50% 左右。AB 公司之所以敢这样做的主要原因在于其所采取的抽样方法。在调查项目建议书中，该公司说明他们可以雇用大学生来收集调研数据，并称它将在全英国范围内随机地选择 20 所大学，然后与每一个学校的商业或管理系的系主任进行联系，并要求每个系主任提供有兴趣做调研同时还愿意打工赚钱的 10 个学生的名单，然后该公司的高级顾问再与每一个学生进行接触，确定调查事宜。很显然，这家调研公司的报价和做法赢得了企业的信任。

🕊 理论基石

一、抽样调查程序

抽样调查只有按一定程序进行调查，才能保证调查顺利完成，并取得应有的效果。抽样调查一般可以分为以下几个步骤，如图 4-2 所示。

知识图片 2（见图 4-2）

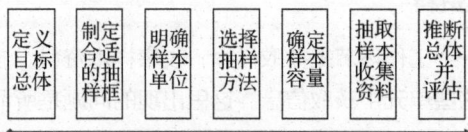

图 4-2 抽样调查的程序

（一）定义目标总体

定义目标总体是根据抽样调查的目标要求，明确调查对象的内涵、外延及具体的总体数量，并对总体进行必要的分析。

定义目标总体的四个因素如下。

（1）总体中个体的类型，是个人、家庭还是企业单位或其他什么类型。

（2）个体的特征，包括人口统计特征、行为甚至心理特征等。

（3）个体的地理位置，即区域范围。

（4）调查的标准时点和时期。

（二）制定合适的抽样框

明确定义了目标总体，就要着手进行抽样框的建构。市场调查中，有些调查的抽样框资料是现成的。如企业调查中，以企业作为抽样单位，可以以工商局的企业注册档案作为抽样框；电话调查中，以电话号码作为抽样单位，电话号码簿就是现成的抽样框。

（三）明确样本单位

出于方便抽样的考虑，将总体划分为若干个互不重叠的部分，每个这样的部分就是抽样单位。这种划分完全是人为的。例如，在牙膏的产品质量抽查中，调查对象是牙膏，而牙膏一般是以支为单位计量的。但如果以支为单位进行抽样，则显然不现实。因为若干支牙膏会装成一箱，以支为单位进行调查，可能会导致大量的包装破坏，而实际上又没有对打开的每一箱的所有产品进行检查，造成无谓的浪费。实际中，更多地是以牙膏的包装单位——箱为单位进行抽样，对打开的每一箱的每一支牙膏进行检查。在这里，抽样单位就是以箱为单位的。

这表明，根据抽样方法的不同，抽样单位也是不同的，可以以一个分析单位为抽样单位，也可以一个群体为抽样单位。例如，30万名职工中抽1000名，有不同的抽样方法。若从30万名中直接抽取1000名，就是以分析单位——个人作为抽样单位。但如果30万名职工分布在3000家企业中，平均每个企业大约有100名职工，我们就可以从3000家企业中抽取10家企业，以10家企业中的1000名职工作为样本，这种抽样方法的抽样单位就是企业，而不是个人了。

（四）选择抽样方法

在选择抽样方法时，需要决定用重复抽样还是不重复抽样；是用概率抽样还是非概率抽样。具体选择哪种抽样方法取决于调查目标、经费、时间限制、调查问题的性质等具体因素。

（五）确定样本容量

样本容量是指包含在样本中的个体数目。确定样本容量需要考虑一系列的定性和定量因素，这个问题将在后面具体介绍。

（六）抽取样本、收集资料

在样本容量确定后，下一个工作环节是抽取样本，收集样本资料。这里有两个工作要做：一是选择组成样本的单元，二是从这些单元中获取信息。这里出现的问题是所谓的受访者替代问题。受访者替代问题是入选样本单元不愿或不易寻到时如何来确定受访替代者的问题。在实际的调查中，一般可以通过舍弃（确定样本容量时应充分考虑这个因素）或再抽样的方式处理。

（七）推断总体并评估

推断总体是指用样本指标推断总体指标，这是抽样调查的目的之所在。评估就是要对样本的有效性进行检验。

二、抽样调查的实施

抽样调查的实施可以分为随机抽样技术和非随机抽样技术两大方式，如图4-3所示。

知识图片3（见图4-3）

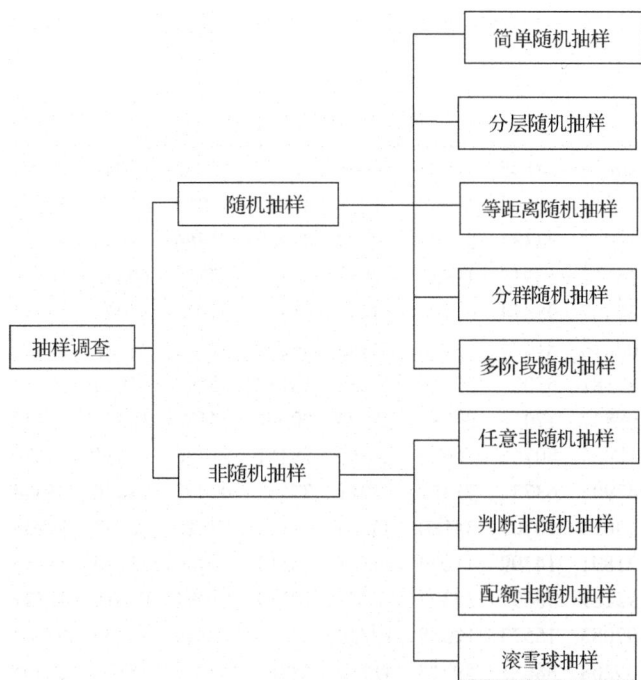

图 4-3 抽样调查的实施方式

63

（一）随机抽样技术

随机抽样技术是对总体中每一个体都给予平等的抽取机会的一种抽样技术。在随机抽样的条件下，每个个体抽中或抽不中完全凭机遇，排除了人的主观因素的影响。

随机抽样有简单随机抽样、分层随机抽样、分群随机抽样、等距随机抽样、多阶段随机抽样五种，具体操作如下。

1. 简单随机抽样

如果调查总体中各个体之间差异较小，或者调查对象不明，难以分组、分类时，可使用此法。它是对调查总体不进行任何分组、排队，完全凭着偶然的机会从中抽取个体加以调查的方法。常用的方法有抽签法和随机数码表法。

（1）调查总体中个体数目较少的情况下，选用抽签法

具体做法是：把抽样框中的每一个抽样单位都编上号码，充分混合后从中随机抽取部分，这部分号码所对应的个体就组成样本。

例如，需要测定市场营销专业的同学对营销调查职业的态度。假定班上有40名学生，调查人员先在卡片上写上每个学生的学号，并把所有卡片放在某个容器里。接着，摇动容器，保证所有

卡片充分混合。然后，从中随机抽取 10 个卡片作为样本。在本例中，班上的每位同学都有相等的被选中的概率。

$$抽样概率=样本单位数（n）/总体单位数（N）$$

（2）使用随机数表法

随机数表是一种按双位或多位编排的大小数互相间杂的数表。

随机数表是这样形成的：对 0～9 这 10 个数字进行重复抽样，记录每一次的结果，进行成千上万次后，就形成了一个庞大的数表，数表中数字的排列是随机的，毫无规律可言，因而也成为乱数表，如表 4-1 所示。

39657	64545	19906	96461	20263	63162	58249	71493
73712	37090	65967	01211	31563	41919	47837	55133
72204	73384	51674	79719	98400	71766	23050	95180
75172	56917	17952	17858	24334	57748	69818	40929
37487	98874	63520	63430	01316	01027	35077	97153
02890	81694	85538	32995	56270	92443	21785	50982
87181	57007	37794	91238	48139	35596	41924	57151
98837	17015	89093	95924	00064	14120	14365	92547
10085	80704	76621	64868	58761	71486	59531	15221
47905	63731	71821	35041	27551	02492	28046	75344
93053	10307	34180	45235	74133	93522	68952	39235
21891	14799	11209	94518	76519	48486	13799	33755
95189	40697	27378	32871	79579	51391	09618	72521
97083	15573	10658	19259	77316	19546	20449	03264
69268	88613	59717	41732	48387	59329	73373	20405
41471	02503	87639	39517	81838	30449	77458	55051
91941	46362	08617	45169	92794	38979	29189	45123
80065	41847	08528	50840	48403	59422	72657	10886
67727	76399	89858	44606	64710	62166	89372	07001
59402	41375	42297	22319	06947	61008	81301	53914

随机数表法的抽样过程如下。

① 假设总体单位数目为 N，样本单位数目为 n。

② 给总体各单位编号，号码的位数要一致，每个号码的位数要与总体单位最大编号的位数相同，少于最大编号位数的号码要在前面加 "0"。

③ 以随机数字表中任意一行、任意一列的数字作为起点，取其后的数字构成一个与总体各单位编号具有相同位数的号码，该号码即是抽样的起始号码。

④ 从起始号码开始，按事先确定的方向（从上到下，从左到右……），取 n 个不重复的号码，号码的范围在总体单位编号范围之内。

案例 4-2

从 300 人中抽取 10 人。用随机数表法，如何抽取？

总体单位数目为 300，样本单位数目为 10。利用随机数表进行抽样，其程序如下。

第一步：给总体各单位编号，号码的位数要一致，都是 3 位，不够位的在前加 "0"，总体各单位编号是从 001～300。

第二步：以随机数表中第 8 行、第 13 列的数字 "0" 作为起点，往后取两位数字，构成一个与总体所有单位具有相同位数的号码 "093" 作为起始号码。

第三步：从起始号码开始，从左到右依次抽取 10 个不重复的位于 001～300 之间的号码，分别是：093，240，006，120，143，254，008，216，115，221。这 10 个号码对应的 10 个人就是抽取的样本。

2. 分层随机抽样

为了使总体各类单位在样本中都有均衡的分布，使样本结构更接近总体，样本对总体的代表性较高，我们可以使用分层随机抽样的方法。

分层随机抽样是先将总体中的所有单位按其一定的属性或特征分成不相重叠的若干层，然后在每一层中分别抽取样本，最后把各层中抽出的样本合在一起构成总体的样本的方法。

（1）分层随机抽样操作过程

① 把总体各单位分为两个或两个以上的相互独立的完全的组。如按性别分为男性、女性两组；按收入分位高收入、中收入、低收入三组。

② 从两个或两个以上的组中简单随机抽样，样本相互独立。

（2）分层随机抽样两种操作方法

① 等比例分层抽样指按各个层的单位数量占调查总体单位数量的比例分配各层的样本数量。

步骤如下。

第一，将调查总体按一定的标志分层。

第二，计算各层的样本数目。

公式： $n_i = n \times \dfrac{N_i}{N}$

式中：N——总体单位数目；

N_i——第 i 层单位数目；

n——样本总数；

n_i——第 i 层样本数目。

第三，按各层样本数目从各层中随机抽选样本单位调查。

案例 4-3

某地共有居民 20000 户，按经济收入高低进行分类，其中高收入居民为 4000 户，中等收入居民为 12000 户，低收入居民有 4000 户。要从中抽取 400 户进行购买力调查，采用等比例分层抽样，如何抽取？

分析：因为购买力是与家庭的收入水平密切相关的，所以以收入水平作为分层变量是合适的。按此变量将总体分为高收入户、中等收入户和低收入户三层。具体的抽样程序如下。

第一步，计算各层在总体中的比例。

高收入户：4 000÷20 000=20%

中等收入户：12 000÷20 000=60%

低收入户：4 000÷20 000=20%

第二步，由于各层在总体中所占的比例与各层在样本中所占的比例是一样的。因此计算样本在各层中的具体分布数目如下。

高收入户：400×20%=80（户）

中等收入户：400×60%=240（户）

低收入户：400×20%=80（户）

第三步，在各层中采取简单随机抽样或等距抽样方法抽取样本单位。

等比例分层随机抽样技术在市场调查中采用较多。这种方法的优点是：简便易行，分配合理，方便计算，误差较小。适合于各类型之间差异不大的分类抽样调查，如果各类之间差异过大，则不宜采用，而应采用分层最佳抽样法。

② 分层最佳抽样法又称不等比例分层抽样，它不是按各层中单位数占总体的比例分配样本单位，而是根据各层的变异数大小、抽取样本的工作量和费用大小等因素决定各层的样本抽取数。即有的层可多抽些样本个体，有的层可少抽些样本个体。因为在调查个体相差悬殊的情况下，如果按等比例抽样，可能在总体个数少的类型中抽取的样本个数过少，代表性不足，此时按不等比例分层方法可适当放宽多抽取一些样本；同样，均方差较大的，也可多抽些样本个体，这样可起到平衡均方差的作用。但是，在调查前准确了解各组标志变异程度的大小是比较困难的。

采用分层最佳抽样法，确定各样本数目的计算公式如下：

$$n_i = n\frac{N_i S_i}{\sum N_i S_i}$$

式中：n_i——第 i 层应抽出的样本数目；

n——样本总数目；

N_i——第 i 层的调查单位数；

S_i——第 i 层调查单位的样本标准差。

案例 4-4

某地共有居民 20000 户，按经济收入高低进行分类，其中高收入的居民为 4000 户，中收入为 12000 户，低收入为 4000 户。要从中抽选 200 户进行新产品调查，如各层样本标准差高收入为 300 元，中收入为 200 元，低收入为 100 元。应如何进行抽样？

根据样本标准差计算公式计算，结果如表 4-2 所示。

表 4-2　调查单位数量与样本标准差乘积计算表

经济收入层次	各层的调查单位数（户）	各层的样本标准差（元）	乘积
高	4000	300	1200000
中	12000	200	2400000
低	4000	100	400000
Σ	20000	600	4000000

按照公式计算，得出各类型应抽选的样本单位数。

高收入样本单位数目：200×1200000÷4000000=60（户）

中收入样本单位数目：200×2400000÷4000000=120（户）

低收入样本单位数目：200×400000÷4000000=20（户）

3．等距离随机抽样

等距离随机抽样也是一种常见的抽样方法，又称系统随机抽样方法，是先按某一标志对总体各单位进行排队，然后依一定的顺序和间隔来抽取样本单位的一种抽样技术形式。

排队所依的标志有两种：一种是按与调查项目有关的标志排队，如在购买力调查中，按收入多少由低到高排列；也可用与调查项目无关的标志为依据，如按户口册、姓名笔画的排列。

等距离随机抽样的应用程序如下。

先将总体从 $1 \sim N$ 相继编号，并计算抽样距离 $K=N/n$。式中 N 为总体单位总数，n 为样本容量。然后在 $1 \sim K$ 中抽取随机数 $k1$，作为样本的第一个单位，接着取 $k1+K$，$k1+2K$，…，直至抽够 n 单位为止。

案例 4-5

某地区有零售店 110 户，采用等距离抽样方法抽选 11 户进行调查。如何设计？

第一步，将总体调查对象进行编号，即从 1 号至 110 号。

第二步，确定抽样间隔，110÷11=10，抽样间隔为 10。

第三步，确定起始抽号数，用 10 张卡片从 1 号至 10 号编号，然后从中随机抽取 1 张作为起始抽号数。如果抽出的是 8 号，即为起始抽号数。

第四步：确定被抽取单位，从起始抽号数开始，按照抽样间隔选择样本。

8

8+10 = 18

8+10×2=28

……

8+10×10=108

即所抽的单位是编号为 8，18，28，38，48，58，68，78，98，108 的 11 个零售店。

等距离随机抽样法方便简单，省去了一个个抽样的麻烦，适用于大规模调查，还能使样本均匀地分散在调查的总体中，不会集中于某些层次，增加了样本的代表性。

西方国家对每人每户都有详细资料储存在计算机中，调查采用此等距离随机抽样法时，可以根据要求从计算机中等距抽取符合条件的样本，简单易行。

而在我国，只有一些成立时间较长，有一定规模的机构才使用这种方法。

4．分群随机抽样

分群随机抽样即将总体分成若干群体，再从这些群体中随机地抽取某一群体作为进行调查的抽样样本。

（1）分群随机抽样法常用于两种情况

① 调查人员对总体的组成很不了解。

② 调查人员为省时省钱而把调查局限于某一地理区域内，例如，对苏州市区的家庭进行调查，可把苏州市按行政区域分为几个群体，沧浪区、金阊区、平江区、相城区、吴中区、新区、园区等，或将各个区进一步按居委会分群，抽取所需样本数进行调查。

（2）分群随机抽样的应用程序

① 将同质总体分为多个相互独立的完整的较小子集，每个子集的规模可不同。

② 随机抽取子集以构成样本。

③ 以全部群体的个数为单位进行随机抽取，一旦抽取后，被抽中的群体中的全部个体都成为样本。

案例 4-6

××职业技术学院有学生 12000 名，计划从中抽 160 名进行调查。可将学生宿舍作为抽样单位。假设该校共有学生宿舍 3000 个，每个宿舍住 4 个学生。我们可以从 3000 个宿舍中随机抽取 40 个，其中男生宿舍 20 个，女生宿舍 20 个，对抽中的每个宿舍的所有学生进行调查，这 40 个宿舍共 160 名学生就是此次抽样的样本。

分群抽样抽选工作比较简易方便，抽中的单位比较集中。但是，由于样本单位集中在某些群体，而不能均匀地分布在总体中，如果群与群之间差异较大，则抽样误差就会增大。

5．多阶段随机抽样

在复杂的、大规模的市场调查中，样本单位一般不是一次性地直接从总体中抽取得到的，而是采用了多阶段的抽取方法。即先将总体分成几个大的抽样单位，先在大单位这一级中抽取几个样本单位，然后在大单位中抽取小单位，再在小单位中抽更小的单位，直到个体这一级。

我国的城市住户调查采用的就是多阶段随机抽样。先在全国各城市中抽取若干城市，再在城市中抽取城区，从城区中抽取街道，最后，在街道中抽取家庭。多阶段随机抽样在抽取样本及组织调查时很方便，但在设计调查方案、计算抽样误差和推断总体上比较复杂。

（二）非随机抽样技术

在实际市场调查中，出于某种原因，如受客观条件的限制，无法进行严格的随机抽样；或为了快速得到调查的结果；或调查对象不确定；或其总体规模无法确定；或调查人员比较熟悉调查对象，且有较丰富的经验，据此快速推断，做到快、准、省，常常要用到非随机抽样技术。

非随机抽样技术总体中每一个体不具有被平等抽取的机会，而是根据一定的主观标准来抽选样本。这样可以利用已知资料，选择较为典型的样本，使样本能更好地代表总体；同时可以缩小抽样范围，节约调查时间、调查人员和费用。但是，非随机抽样技术无法判断其误差，无法检查调查结果的准确性。

非随机抽样技术也可划分为任意非随机抽样、判断非随机抽样、配额非随机抽样、滚雪球抽样四种。

1．任意非随机抽样

任意非随机抽样又称方便抽样或偶遇抽样，调查人员从工作方便出发，在调查对象范围内随意抽选一定数量的样本进行调查。如调查人员对年轻的北京市民的消费倾向作调查，就可以直接选择同学或朋友作为访问对象，立即开展调查，迅速获得调查分析所要的资料。这种方法简便易行，可及时获得所需资料，节约时间和费用。但抽样偏差很大，其结果不能用来推论总体的情况，一般适用于非正式的探测性调查，或调查前的准备工作。

任意抽样有两种常用方法——"街头拦人法"和"空间抽样法"。"街头拦人法"是在街头或路口任意拦截某个行人，将他（她）作为被调查者，进行调查。例如，在街头向行人询问对市场物价的看法，或请行人填写某种问卷等。"空间抽样法"是对某一聚集的人群，从空间的不同方向和方位对他们进行抽样调查。例如，在医院内向患者询问对医院服务质量的意见，在劳务市场调查外来人员工作情况等。

2. 判断非随机抽样

判断非随机抽样是根据熟悉有关特征的某个调查人员的判断来抽取样本，即由熟知总体特征的人来判断选择他认为最适合作为某项调查的样本成员。

案例 4-7

调查××技术学院大学生的消费时，规定必须有 50%的女性，已知该校有 20%的大三学生，60%的文科学生。因此，在调查中，首先要根据这一规定来确定样本结构，即样本 100 名学生中有 50 名女生、20 名大三学生、60 名文科学生，然后再对符合上述相应特征的人进行调查。

判断抽样有两种具体做法。一是由专家判断选择抽样。一般采用平均型或多数型的样本为调查单位，通过对典型样本的研究由专家来判断总体的状态。所谓"平均型"，是把在调查总体中代表平均水平的单位作为样本，以此作为典型样本，再推断总体；所谓"多数型"，是在调查总体中挑选在总体中占大多数的单位作为样本来推断总体。二是利用统计判断选择样本，即利用调查总体的全面统计资料，按照一定标准选择样本。

判断抽样法具有简单、易行、及时，符合调查目的和特殊需要，可以充分利用调查样本的已知资料、被调查者配合较好、资料回收率高等优点。此法适合在调查总体中各调查单位差异较小，调查单位比较少，选取的样本有较大的代表性时采用。

3. 配额非随机抽样

配额非随机抽样是指对总体依据一定的标准或某种特性划分不同的组并事先分配各组的样本数量，然后再由调查者按每组分配的样本数量在各组内主观地抽取样本，从而组成调查样本。

根据配额的要求不同，配额抽样可分为独立控制配额抽样和非独立控制配额抽样两种。

（1）独立控制配额抽样即根据调查总体的特性不同，对具有某种特性的调查样本分别规定单独分配额，因此，调查员有较大的自由去选择总体中的样本。

案例 4-8

在某项调查中，确定样本总数为 180 个，可单独选择消费者收入、年龄、性别三个标准中的一个进行抽样。按独立控制配额抽样，其各个标准样本配额比例及配额数如表 4-3 所示。

表 4-3 独立控制配额抽样分配表

按性别分		按收入分		按年龄分	
性别	数量	收入	数量	年龄	数量
男	90	高	36	18～30 岁	30
女	90	中	90	31～40 岁	50
		低	54	41～45 岁	60
				46 岁以上	40
合计	180	合计	180	合计	180

（2）非独立控制配额抽样也称为相互控制的配额抽样或交叉控制配额抽样。它同时对具有两种或两种以上控制特征的每一个样本数目都做出具体的规定。

案例4-9

上例中如果采用相互控制配额抽样，就必须对收入、年龄、性别这三项特性同时规定样本分配数，如表4-4所示。

表4-4 相互控制的配额抽样表

收入 性别 年龄	高		中		低		合计
	男	女	男	女	男	女	
30岁以下	3	3	4	4	8	8	30
30～40岁	5	5	7	7	13	13	50
40～45岁	7	7	9	9	14	14	60
45岁以上	3	3	7	7	10	10	40
合计	36		54		90		180

控制配额的目的是以相对较低的成本来获取有代表性的样本，而且调查者可根据每一配额方便地选择个体。其缺点是选择偏见问题严重，也不能对抽样误差进行估计。

4. 滚雪球抽样

滚雪球抽样是以"滚雪球"的方式抽取样本，即通过少量样本单位以获取更多样本单位的信息。

在我们对调查总体中的部分调查对象有所把握，而对总体不甚了解的情况下可采用滚雪球抽样方法。

案例4-10

要对劳务市场中的保姆进行调查，因为保姆总体总处于不断流动之中，难以建立抽样框，研究者因一开始缺乏总体信息而无法抽样，这时可先通过各种方法，如街坊邻居或熟人介绍、家政服务公司、街道居委会等，找到几个保姆进行调查，并让他们提供所认识的其他保姆的情况，然后再去调查这些保姆，并请后者也这样引荐自己所认识的保姆。依此类推，可供调查的对象越来越多，直到完成所需样本的调查，如图4-4所示。

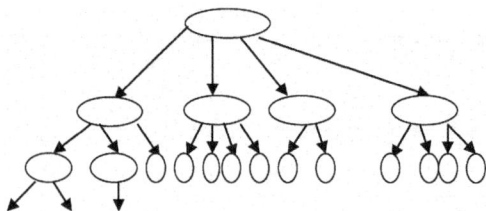

图4-4 滚雪球抽样

这种方法的优点是便于有针对性地找到调查对象，而不致于"大海捞针"。其局限性是要求样本单位之间必须有一定的联系，并且愿意保持和提供这种关系，否则，将会影响这种调查方法的进行和效果。

知识图片 4（见表 4-5）

表 4-5 基本抽样方法比较

抽样方法		优点	局限性
随机抽样	简单随机抽样	方便、易理解，结果可推广到总体	抽样框不易建立，费用高，精度低，样本不一定保证代表性
	等距随机抽样	比简单随机抽样易操作、代表性高，不需要抽样框	样本的代表性不一定能保证
	分层随机抽样	可包括所有重要的子总体，精度高	对许多变量来说，不易分层，费用高
	整群随机抽样	易操作，样本集中，成本低	样本分布不均匀，代表性差，误差较大
	多级随机抽样	精度较高，成本较低，抽样操作容易开展	计算较复杂，误差机会多
非随机抽样	方便非随机抽样	方便经济、节省时间	样本无代表性
	配额非随机抽样	在某种程度上可对样本进行控制	有选择偏差，不能保证代表性
	滚雪球抽样	样本有针对性	样本的代表性不能保证，耗费时间长

【思考与训练】

资料 1：假设某高校有 50000 名学生，其中男生占 40%，女生占 60%；文科学生和理科学生各占 50%；一年级学生占 40%，二年级、三年级分别占 30%。现要采用配额抽样方法依据上述 3 个变量抽取一个规模 100 人的样本，试问如何操作？

资料 2：银行有 1000 个客户，管理者想从中抽取 100 个进行抽样调查。如果用等距离抽样该怎样去做？如果名单是按平均存款额有顺序排列的，这会对这种抽样技术有影响吗？如果有，有什么影响？

【课程实践】

学生针对本团队确定的调查主题，尝试运用随机抽样、非随机抽样方式设计抽样方案。讨论分析两种抽样方式的不同结果。

【学生分析报告范例】

关于××职业技术学院食堂就餐调查之调查样本选择

从××职业技术学院学生食堂的营业额来看，学生食堂的就餐率并不理想。按照一般人的想法，学生是食堂的稳定客源，那么食堂的就餐率应该很高的，怎么反而低呢？从我们的粗略观察中大致地了解到，有很多学生只有中午才会选择在食堂就餐，而早饭和晚饭却另寻其他地方。就目前来看，学生食堂的经营现状不容乐观，其中出现的一些问题需要我们尽快解决，提高食堂的服务水平，从而增加营业额。

受××职业技术学院食堂部的委托，我们将在全校范围内对学生的一些情况进行调查。以下为此次调查的具体步骤及实施方案。

一、调查目的

（1）了解学生的消费水平和消费习惯。

（2）了解学生对学生食堂的看法。

（3）通过调查发现学生食堂存在的问题。

（4）通过以上三项的结果提出针对这些问题应采取的营销策略和手段。

为了达到以上目的，我们认为有必要从消费者行为学的角度和企业的营销角度获得学生对吃饭方面的需求，从中找出存在问题的环节和原因。

经过分析，我们发现学生对食堂的饭菜系列不是十分满意。例如，东北人习惯吃辣，徐州人习惯吃面食，苏锡常一带吃菜略偏甜。总之，学生的口味不一，而我们的大多数食堂饭菜的种类千篇一律，长年以来食堂都是那些菜，这样就失去了新鲜感，满足不了现代年轻人寻求刺激和新鲜的需求。因此，我们认为应该把学生的口味、消费水平及消费习惯作为此次调查的主要方向。同时把各地菜系的特点作为辅助调查方向，最终分析得出结果。

二、样本选择

因为在食堂就餐的都是学生，所以此次调查的主体就是××职业技术学院的在校大学生。

样本选择为100人，其中男、女学生各50人；大一、大二学生各20人，因为他们还要在学校生活较长时间；由于大三、大四的学生已经准备出去工作了，所以大三、大四学生各选择5人。

【任务1】 市场调查问卷认知

任务要求

要求每组学生针对各组已经确定的调查主题，围绕调查目标，尝试规划一份调查问卷框架。

任务分解

1. 调查问卷含义。
2. 调查问卷的作用。
3. 调查问卷的类型。
4. 调查问卷的设计程序。
5. 调查问卷的基本格式。

案例导入

《××市总体城市设计》民意调查问卷

各位市民：

您好！我市将于2011年3月至2011年12月进行××市总体城市设计工作。为了使未来的××市真正成为市民感到自豪和喜爱的家园，为市民创造舒适优美的生活和工作环境，特发此调查问卷，征求广大市民的意见。希望广大市民积极协助配合，为建设自己美好的家乡献计献策，共创具有美好城市环境的新城市！

多谢您的支持和配合！

××市规划局

中国城市规划设计研究院

二零零一年三月

基本信息

家庭地址：＿＿＿＿＿＿＿＿＿＿＿＿

居委会：＿＿＿＿＿＿＿＿＿＿＿＿

身份证号码 ＿＿＿＿＿＿＿＿＿＿＿＿

（　　）您的性别是：A．男　　　B．女

（　　）您所属的年龄段是：

A．20 岁以下　　　　　B．20～30 岁　　　　C．30～40 岁

D．40～50 岁　　　　　E．50～60 岁　　　　F．60 岁及以上

（　　）您的文化程度是：

A．大专及以上　　　　B．中专　　　　　　C．高中

D．初中　　　　　　　E．小学及以下

（　　）您家庭的年收入情况：

A．3 万元以下　　　B．3 万～8 万元　　　C．8 万～16 万元　　　D．16 万元以上

问卷调查

★除特别注明外均为单项选择

1．（　　）您已经在××市生活了多长时间：

A．1～3 年　　　　　B．3～6 年　　　　　C．6～10 年

D．10～20 年　　　　E．20 年以上

2．（　　）您喜欢××市吗？

A．很喜欢　　　　　B．较喜欢　　　　　C．一般

D．较不喜欢　　　　E．很不喜欢　　　　F．不好说

3．（　　）您最为××市感到自豪的是什么：

A．悠久的历史文化　　B．优美的自然环境　　C．日新月异的城市建设

D．高速增长的经济　　E．和谐的社会氛围

4．（　　）您认为××市最需要改善的是：

A．住房　　　　　　　B．环境　　　　　　C．商业娱乐等服务设施

D．经济发展　　　　　E．交通　　　　　　F．形象

G．文化氛围　　　　　H．其他（请注明）_____

5．（　　）您认为××市农村地区应该如何发展：

A．保持和恢复原有的江南水乡风貌　　　B．通过城市建设逐渐向现代城区转变

C．今后农民都进城，不再保留农村　　　D．成为城市居民休闲度假的场所

6．（　　）您周末最喜欢做以下哪些活动：

A．外地旅游　　　　　　　　　　　　　B．去周边风景区或郊野公园

C．去市内公园　　　　　　　　　　　　D．逛街

E．体育锻炼　　　　　　　　　　　　　F．文化休闲活动

G．在家　　　　　　　　　　　　　　　H．其他（请注明）_____

7．（　　）您认为××市最缺乏哪种类型的绿地，应该进行重点建设：

A．郊野公园　　　　　　　　　　　　　B．集中的大型城市公园

C．中型公园　　　　　　　　　　　　　D．社区和街头开敞绿地

E．沿河绿地　　　　　　　　　　　　　F．沿道路绿化带

8．（　　）您认为为了提高××市绿地的作用，应该从以下哪些方面入手：

A．多种树，提高绿化量　　　　　　　　B．加强景观设计

C. 改善公厕、照明等基本设施　　　　　　D. 多提供休闲和体育活动设施

E. 多提供停车设施　　　　　　　　　　　F. 完善步行系统，方便市民到达绿地

9. （　　）城区中您最喜欢的公共活动场所（多项选择）：

A. 护城河绿地　　　B. 金鸡湖公园　　　C. 狮山、何山公园　D. 古典园林

E. 虎丘公园　　　　F. 山塘街　　　　　G. 观前街、石路等商业街

H. 图书馆、博物馆等文化设施　　　　　I. 其他（请注明）＿＿＿＿＿＿

10. （　　）您认为××市的水系最需要改善的是：

A. 增加滨水绿化　　　　　　　　　　　　B. 提供吸引人的公共服务设施和游憩场所

C. 提供方便到达水边的步行道　　　　　　D. 改善水质

E. 提供水上旅游项目　　　　　　　　　　F. 其他（请注明）＿＿＿＿＿＿

11. （　　）如果有河道在您的生活区附近，您最希望结合它建设：

A. 城市公共滨水绿地　B. 文化娱乐设施　　C. 商业步行街　　　D. 小区内部景观绿地

12. （　　）您最喜欢在哪种场所购物：

A. 大型百货商场　　　B. 沿街特色商铺　　C. 超市　　　　　　D. 批发市场

13. （　　）您认为××市消费场所最需要改善的是：

A. 注重设计，改善购物环境　　　　　　　B. 提供丰富的餐饮娱乐设施

C. 提供更多停车位　　　　　　　　　　　D. 改善步行系统

E. 其他（请注明）＿＿＿＿＿＿

14. （　　）您认为××市城市街道最需要改善的因素是：

A. 通行交通　　　　　　　　　　　　　　B. 街道两侧的商业和生活氛围

C. 绿化景观　　　　　　　　　　　　　　D. 道路设施

E. 其他（请注明）＿＿＿＿＿＿

15. （　　）您最常用的出行方式是：

A. 步行　　　　　　　B. 骑自行车、电动车　C. 坐公交车

D. 坐出租车　　　　　E. 自驾车　　　　　F. 其他（请注明）＿＿＿＿＿＿

16. （　　）您上下班需要多长时间？

A. 15分钟左右　　　　B. 30分钟左右　　　C. 45分钟左右　　　D. 1小时左右

17. （　　）您走到最近的公交车站大概需要多少时间：

A. 5分钟左右　　　　 B. 10分钟左右　　　C. 15分钟左右　　　D. 20分钟左右

18. （　　）您目前最主要的生活区位于：

A. 古城区　　　　　　B. 古城外的老城区　C. 园区

D. 新区　　　　　　　E. 相城区　　　　　F. 吴中区

19. （　　）您认为您最主要的生活区亟须改善的是：

A. 公共服务设施　　　B. 市政设施　　　　C. 广场绿化

D. 街道景观　　　　　E. 交通条件　　　　F. 其他（请注明）＿＿＿＿＿＿

20. （　　）您认为您最主要的生活区最需要加强哪方面文化设施建设：

A. 文化艺术中心　　　　　　　　　　　　B. 儿童、青少年活动中心

C. 图书馆　　　　　　　　　　　　　　　D. 博物馆、展览馆

E. 影剧院　　　　　　　　　　　　　　　F. 体育设施

G. 其他（请注明）＿＿＿＿＿＿

21.（　　）您认为您最主要的生活区在交通方面最需要改善的是：

  A. 扩宽道路   B. 增加支路   C. 加强管理   D. 改善公共交通

  E. 改善步行及非机动车环境   F. 增加停车泊位

22. 您心目中最能代表了您生活所在区形象的是_____。（建筑/景观/道路等）

23.（　　）你希望该地区体现什么样的城市面貌：

  A. 完全传统   B. 以传统为主   C. 以现代为主   D. 完全现代

24.（　　）您认为您所在生活区建筑的主色调应采用：

  A. 白色或灰色   B. 浅暖色   C. 浅冷色

  D. 深色   E. 无所谓

25.（　　）您认为综合比较，在以下哪个片区生活最有吸引力：

  A. 古城区   B. 古城外的老城区 C. 园区   D. 新区

  E. 相城区   F. 吴中区

26.（　　）您的居住方式是：

  A. 一个人住   B. 夫妻同住   C. 夫妻带小孩同住 D. 与父母合住

  E. 三代同堂   F. 与朋友合住   G. 其他（请注明）_____

27.（　　）选择居住地点时，您优先考虑的因素是：

  A. 临近主要道路或车站，出行方便   B. 离工作地点近，上下班花时间短

  C. 临近公园绿地，有较好的景观环境   D. 临近中小学，便于子女上下学

  E. 临近城市公共服务中心，生活方便

28.（　　）在生活区周边，您认为哪项最重要：

  A. 商业/邻里中心/市场   B. 休闲场所/绿地

  C. 居委会或街道办事处   D. 幼儿园或小学

  E. 好的医院   F. 体育健身设施

  G. 其他或无（请注明）_____

29.（　　）您所在的小区规模：

  A. 只有很少的一两栋楼   B. 较小的小区

  C. 中等规模的小区   D. 大型社区

30.（　　）您对所居住小区最满意的是哪方面？

  A. 居住档次/环境品质 B. 配套设施   C. 物业管理

  D. 交通出行   E. 其他（请注明）_____

31.（　　）如果可以在以下方面进行改善，您认为您所居住小区最需要的是：

  A. 建筑维护   B. 加强绿化，改善环境

  C. 增加小型商店   D. 交通出行

  E. 提供户外活动场所   F. 提供会所等室内配套设施

  G. 其他（请注明）_____

32.（　　）您和住在同一个小区的邻居们熟悉吗：

  A. 认识很多人   B. 认识几个人   C. 基本都不认识

33.（　　）您在小区里最喜欢进行的户外活动是：

  A. 棋牌   B. 健身   C. 休息

D. 阅读　　　　　　E. 聊天　　　　　　F. 其他（请注明）＿＿＿＿＿＿＿

34.（　　）您走到最近的菜市场大概需要多少时间：

A. 5分钟左右　　　B. 10分钟左右　　　C. 15分钟左右　　　D. 20分钟以上

35.（　　）以下居住方式，您倾向于选择那种：

A. 多层　　　　　　B. 小高层　　　　　C. 高层

36.（　　）如果东西向住宅有良好景观、户型合理，您在购房时会选择吗？

A. 会选择　　　　　B. 不会选择

★友情提醒

1. 本问卷填好后请邮寄至十全街747号××市规划局城市规划编制中心，邮编为215×××，信封上请注明"问卷调查"字样，邮寄截止时间为4月15日。本报还将在××晚报设置一个问卷直接回收点，3月28日至4月15日间，市民也可以直接将填好的问卷送至十梓街458号××市日报社总服务台。

2. 市民也可以从今天起在××市规划局网站上下载问卷，填写后发送至××@126.com，截止时间为4月15日。

3. 本周末也就是3月29日至3月30日，我们将组织志愿者在市区各人口密集区域发送调查问卷，感谢××市科技学院团委所派出的大学生青年志愿者为此次大型问卷调查所做出的贡献。

思考题：阅读上述案例，回答调查问卷的基本构成。

理论基石

一、调查问卷的含义

调查问卷是调查人员根据调查主题和调查目标的需要设计出的，由一系列问题（调查项目）、备选答案和说明等部分构成的，向被调查者收集资料和信息的一种书面询问表。

二、调查问卷的作用

（1）使调查活动简单易行，能够将人为因素造成的计量误差减少到最低。

（2）便于对调查资料进行统计分析，提高了调查结论的科学性。

（3）有利于对资料进行统计处理和定量分析，使回答误差率很低，能节省时间、提高调查效率。

三、调查问卷的类型

（一）根据调查方法不同

分为访问调查问卷、电话调查问卷、邮寄调查问卷、网上调查问卷、座谈会调查问卷等。

（二）根据问卷的填答方式

（1）自填式问卷是由调查者发给（或邮寄或网上提供）被调查者，由被调查者自行填写、作答的问卷。

（2）访问式问卷是由调查者按照统一设计的问卷，向被调查者当面或电话提出问题，然后再由调查者根据被调查者的口头回答来填写的问卷。

四、调查问卷设计的流程

知识图片1（见图5-1）

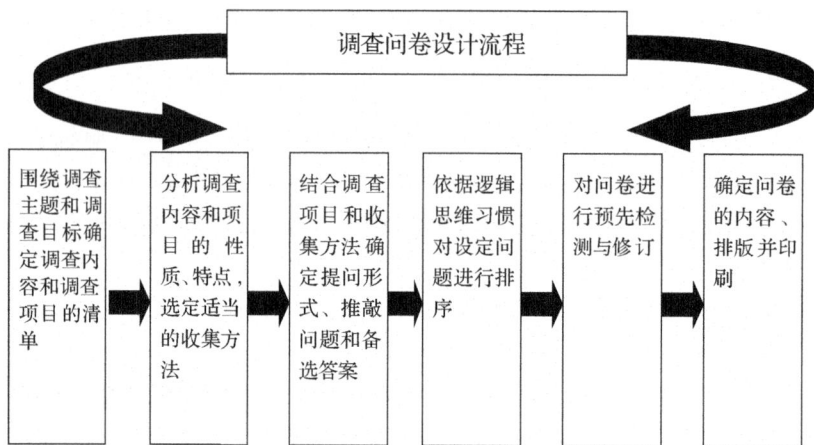

图5-1 调查问卷设计流程

五、调查问卷的结构

（一）调查问卷的标题

问卷的标题是对调查主题的高度概括，即调查问卷的总标题，一般位于问卷表的上端居中。文字表达要求准确、明了、简洁。

（二）问卷说明

问卷说明又称为前言或引言，它一般是以信函的形式对调查的目的、意义及有关事项进行的说明。

（三）填写要求

填写要求又称为填表说明，是对填表的要求、方法、注意事项等的总的说明，一般是以文字和符号的形式对所要作答的题目提出要求，可单独进行统一的说明，也可并放在问卷说明之后或正式调查问题之前。

案例5-1

自填式问卷的填表说明

（1）凡符合您的情况和想法的项目，请在相应的括号中画√；凡需要具体说明的项目，请在横线上填写文字。

（2）每页右边的阿拉伯数字和短横线是计算机汇总资料用的，不必填写。

（3）请回答所有问题。如有一个问题未按规定回答，整个问卷将作废。

（四）调查甄别问题

调查甄别问题是指通过设计一些问题先对被调查者进行过滤，筛选掉不符合条件的被调查者，然后得到满足条件的调查对象。

（五）调查主题内容

调查主题内容是由若干问题和答案来表达出调查者所要了解的基本内容，是调查问卷中最重要的部分。

（六）被调查者个人资料

通常有电话号码、年龄、性别、教育程度等，依据调查目标而定。

（七）编码

编码也是调查问卷中的一个组成部分。它是指对问卷中的问题（题目）和答案用数字所表示的代码。

（1）问卷问题编号：1，2，3，4，…；1.1，1.2，…；A，B，C，…；

（2）问卷答案编码。

（八）必要的注明事项

一般放置在问卷的最后，也可放在问卷说明之后。通常是简短的几句话，对被调查者的合作表示真诚的感谢；也可以稍长一些，顺便征询一下对问卷设计和问卷调查本身的感受；更经常的内容还包括调查员的姓名、访问日期、访问时间、对被调查者回答的评价等。

案例 5-2

邮寄问卷的注明事项

再次感谢您参与访问，麻烦您检查一下是否还有尚未回答的问题，然后请将问卷放入随附的回邮信封并投入信箱。

拦截访问问卷的注明事项

访问到此结束，谢谢您，这里有一份小礼品送给您，请签收。再会。

【任务 2】 调查问卷设计技术认知

任务要求

要求每组学生针对各组已经确定的调查主题，围绕调查目标，能够把调查内容转化为调查问题，完成调查问卷的编制任务，提交一份调查问卷。

任务分解

1. 设计调查问卷的问题。
2. 设计调查问卷的答案。
3. 调查问卷的排版。

案例导入

读者基本情况调查问卷

我们期待您填写登记卡，您的回答将严格保密并进入读者数据库。届时，您可在邮购图书时得到优惠（不但可免邮寄费，更可享受书价九折优惠）。您对所购书籍有任何意见，请另附纸张一并寄给我们公司，我们将十分感谢！

请在您选中答案的方框内打 "√"，或将答案填在横线上。

1. 姓名_____

2. 性别：□男　　□女

3. 年龄：_____岁

4. 您所在单位的行业：□制造业　□咨询业　□金融业　□服务业　□商业　□机关　□教育

5. 您的职位：□总经理　□营销总监　□部门经理　□职员　□教师　□公职人员　□学生 □其他

6. 您单位的（成）员工数：□100 人以下　　□100～500 人　　□500～1000 人　　□1000～5000 人　　□5000 人以上

7. 您的收入：每月_____元人民币

8. 您的文化程度：□高中　　□大专　　□本科　　□硕士　　□博士

9. 您的通讯地址：_____

   邮政编码：_____

10. 您的 E-mail 地址：_____

11. 您购买的书名是：_____

12. 您是怎样知道这本书的：□别人介绍　□在书店看到　□杂志　□网络　□报纸　□培训班购买　□其他

13. 您认为这本书的质量怎么样？　□好　　　□中　　　□差

14. 请在以下几个方面予以评价：

	很好	好	一般	不太好	差
（1）理论、专业水平的角度	5	4	3	2	1
（2）实用、可操作性的角度	5	4	3	2	1
（3）内容新颖、创新的角度	5	4	3	2	1
（4）文笔、案例生动的角度	5	4	3	2	1
（5）印刷、装帧质量的角度	5	4	3	2	1

以上是我们最常见的问卷，仔细阅读后回答以下问题。

（1）问卷中问题的排序有无不当之处？

（2）问卷中一些问题的措辞有无不当的地方，怎样改正？

☙ 理论基石

一、问卷问题的设计

（一）问题的类型：开放式、封闭式

1. 开放式问题

这是指没有向被调查者提供被选答案的问题。被调查者可以充分发表自己的意见，不受任何限制。它一般常用的形式有以下几种。

（1）自由格式：被调查者可以用几乎不受任何限制的方法回答问题。

案例 5-3

开放式问题案例

您认为目前我国老百姓不敢花钱的主要原因有哪些？

（2）词汇联想法：列出一些词汇，每次一个，由被调查者说出他头脑中涌现的每一个词。

案例 5-4

词汇联想案例

当您听到下列文字时，您脑海中涌现的一个词是什么？

工艺品：

真丝绣品：

都锦生：

（3）语句完成法：提出一些不完整的语句，每次一个，由被调查者完成。

（4）故事完成法：提出一个未完成的故事，由被调查者完成。

（5）图画完成法：拿出一部未完成的图画让被调查者完成。

开放式问题的优点：比较灵活，能调动被调查者的积极性，使其充分自由地表达意见和发表想法；对于调查者来说，能收集到原来没有想到或者容易忽视的资料。同时由于被调配查者以自己的提问来回答问题，调查者可以从中得到启发，使调查更贴近消费者。这种提问方式特别适合于那些答案复杂、数量较多或者各种可能答案尚属未知的情形。

开放式问题的缺点：被调查者的答案可能各不相同，标准化程度较低，资料的整理和加工比较困难，同时还可能会因为被调查者表达问题的能力差异而产生调查偏差。

2．封闭式问题

这是指调查者事先已经设计好了问题及问题的各种可能答案，被调查者只能从被选答案中选定一个或几个现成的答案的问题。封闭式问题还可以分为以下两类。

（1）全封闭式问题。

（2）半封闭问题。

封闭式问题的优点：标准化程度高，回答问题较方便，调查结果易于处理和分析；可以避免无关问题，回答率较高；可节省调查时间。

封闭式问题的缺点：被调查者的答案可能不是自己想准确表达的意见和看法；给出的选项可能对被调查者产生诱导；被调查者可能猜测答案或随便乱答，使收集的信息难以反映被调查者的真实情况。

（二）问题的措辞设计

措辞就是要把调查内容转化成清晰易懂的语句。很多人不太重视问题的措辞，而把主要精力集中在问卷设计的其他方面，这样做的结果有可能降低问卷的整体质量。其实，措辞在问卷设计中相当重要，有时由于提问的措辞不同，会对被调查者产生不同的影响。因此，在问题的措辞上要遵循以下原则。

1．避免使用词意不清、含混或模糊的语言

词意不清、含糊不清的问句会使被调查者不知所云，从而也就不知从何答起，甚至根本就不会作答。

案例 5-5

问题措辞设计案例

您通常读什么样的杂志？

请问您认为三棵树牌油漆怎么样？

分析：这个"通常"让被调查者很难把握，不知该怎样理解，它可以指场合，也可以指时间，到底指什么难以确定；三棵树牌油漆是质量、色彩饱和度还是环保等怎么样？词意含糊不清，让人难以回答。

问卷中问句的表达要简单易懂、意思明确，不要似是而非，更不要模棱两可，要避免使用"一般""经常"等意思不明确的词语。

2．避免双重提问

双重提问是指将两个不同问题合并为一个，这样会使调查者不能准确地回答其中的任何一个问题。

案例 5-6

问题措辞设计案例

您认为福特汽车的发动机和制动系统怎么样？

□很好　　　□一般　　　□不好

分析：在这个问题里实际上是询问了两件事情：一是发动机，二是制动系统。这是两个不同的问题，容易使答题者陷入难以作答的困境，故应该把这个问题分成两个问题来问。

3．避免使用专业术语

由于被调查者的教育水平不同，对问题的理解程度也不同，专业的词语会影响被调查者对问题的理解。

案例 5-7

问题措辞设计案例

某会计事务所为了提高服务质量，扩大知名度，就本所人员在企业的执业情况派调研人员在客户处进行了调研。

问题：请问您对本所人员的外勤业务是否满意？

□满意　　　□不满意　　　□不清楚

分析：会计事务所将专业人员在客户处进行的执业活动统称为外勤。有些企业员工可能对会计事务所的外勤、内勤之分并不十分了解，即使给出答案也没有什么实际意义，调查结果显然会出现误差。所以在决定问题措辞时，应避免使用一些过于专业的术语。

4．避免诱导性和倾向性问题

调查表中询问的问题不能带有倾向性，应保持中立。词语中不应该暗示出调查者的观点，不要引导被调查者该做出何种回答或该如何选择。

案例 5-8

问题措辞设计案例

目前大多数人认为商品房价偏高，你认为呢？

□是　　　□不是　　　□不清楚

分析：这个问题中已经包含了建议答案或推荐被调查者在该问题上应该采取的立场。诱导性问题容易使被调查者不假思索地做出回答或选择，也会从心理上产生顺应反应，从而按照提示做出回答或选择。

5．避免否定形式的询问

在日常生活中，人们往往习惯于肯定的陈述的询问，而不习惯于否定陈述的询问。

案例 5-9

问题措辞设计案例

你并不认为在行人和机动车发生交通事故时应增加机动车一方的责任吧？

□是　　　□不是　　　□不清楚

分析：这种否定式提问会影响被调查者的思维，或者容易造成相反意思的回答或选择。因此，在问卷设计中尽量不要用否定形式的询问。

6. 避免敏感性问题

有些关于个人隐私方面的问题，有些不为一般社会公德所接纳的行为或态度类问题通常称为敏感性问题或困窘性问题。对这类问题若直接提问往往引起被调查拒答或不真实回答。

案例 5-10

问题措辞设计案例

平均说来，您每月打几次麻将？如果您的汽车是分期购买的，一共分多少期？

分析：这类问题都是敏感性问题，如果一定要想获得这类问题的答案，必须避免被调查者不愿回答或不真实回答，最好方法是采取间接提问的方式，并且语气要特别委婉。上述问句可以改为：

打麻将是我国民间传统的一种消遣娱乐活动，您平均每个月打几次麻将？

汽车消费将是我国未来消费中的一个热点，您周围的朋友对分期购买汽车怎么看？

二、问卷问题答案设计

（一）问题答案设计的原则

（1）穷尽性：问题的答案包括所有可能的情况。

（2）互斥性：指问题的答案间不能相互重叠或相互包含，即对于每一被调查者来说，最多只能是有一个答案适合他。

（二）问题的答案设计应注意的问题

（1）非多选题的答案不宜太多。被调查者在阅读问题和答案时，记忆答案的数量有限，一般不超过 9 个。如果答案没有穷尽，可以用其他项表达。

（2）问题的答案设计要与被调查者的实际理解能力相适应。被调查者的文化程度会影响答案的选择，因此调查问题的答案设计要根据被调查者的实际情况进行灵活调整。

（3）问题的答案不能带有更多的信息。

（4）问题的答案中尽量不用贬义词。在问卷中，如果答案使用贬义词会严重影响调查的结果。通常的做法是在褒义词的前面加上否定，如不用"讨厌"而用"不喜欢"。

三、问卷编排设计

心理学研究表明问题排列的前后顺序有可能影响被调查者的情绪。同样的题目，安排得合理、恰当，有利于有效地获得资料。若编排不妥当，则可能会影响被调查者作答，影响问卷的回收率，甚至影响调查的结果。所以，在设计问卷时，应站在被调查者的角度，顺应被调查者的思维习惯，使问题容易回答。下面是题目编排的一般原则。

（1）问题的排序要注意逻辑性。

（2）问题的排序应先易后难。

（3）一些特殊问题置于问卷的中后部。

（4）把能引起被调查者兴趣的问题放在前面。

（5）一般开放性的问题放在问卷的后面。

【思考与训练】

资料：

北京市中、高档商品房需求调查表

被调查者电话_____

调查员姓名_____ 调查日期_____

调查开始时间_____ 调查结束时间_____

问卷审核日期_____

被调查者所在区：□朝阳区　　□东城区　□西城区　□海淀区　　□丰台区　　□石景山区

过滤性问题：

请问我能否和您或您家里任何30岁以上的成年人通话吗？

□可以　　　　继续访问；

□不可以　　　停止访问

请问您的配偶是否购买了有完全产权的中、高档商品房？

□是　　　（跳至Q16）；

□不是　　　停止访问

请问您是否在2年内计划购买具有完全产权的中、高档商品房？

□是　　　继续访问

□不是　　　停止访问

问卷主体：

（请调查员注意：Q1～Q14是对意向购买者的提问，Q15之后是对已购者的提问）

Q1：北京的房地产公司中您听说过的有哪些？（请说出至少三个）

□_____

□_____

□_____

Q2：下面是北京一些较知名的商品房小区名单，请问您听说过的都有哪些？

□今典花园

□万泉新新家园

□嘉慧园

□曙光花园

□冠城园

□现代城

□京华豪园

□其他（请注明）_____

Q3: 您是通过何种渠道了解商品房信息的？

☐报纸

☐杂志

☐互联网

☐朋友介绍

☐电视

☐房展会

☐广播

☐其他（请注明）＿＿＿＿＿＿＿

Q4: 目前已推出的商品房对您的购买力来讲是:

☐很高

☐有些高

☐适中

☐有些低

☐很低

Q5: 您认为商品房价格趋势将会怎样？

☐会上升

☐变动不大

☐会下跌

☐说不清楚

Q6: 您购房所能承受的总价格是＿＿＿＿＿＿万元。

Q7: 您希望选择的付款方式为:

☐一次性付款

☐分期付款

☐小于5年的银行贷款

☐10年的银行贷款

☐15年的银行贷款

☐15年以上的银行贷款

Q8: 您若购房，最希望选择的地段是:

☐东城区

☐西城区

☐丰台区

☐海淀区

☐朝阳区

☐石景山

Q9: 您心目中预期购买商品房的建筑面积是＿＿＿＿＿＿平方米。

Q10: 您预期购买商品房的户型是: ＿＿＿室＿＿＿厅＿＿＿卫。

Q11: 您预期购买的商品房楼型是:

☐多层

□高层

□复式结构

□别墅式

Q12：您购房的目的是为了：

□投资

□自用

□为家人购买

□其他（请注明）_____

Q13：您购房所考虑的前三位最重要的因素是：

第一因素_____

第二因素_____

第三因素_____

Q14：您在购房时所希望的装修标准是：

□毛坯房

□初装修

□橱卫精装

□全部精装

Q15：您购房所期望的是：

□期房

□现房

（请调查员注意：意愿购房者回答完 Q15 后跳至 D1 个人部分，Q16～Q26 仅对已经购买商品房者提问）

Q16：您目前所在的商品房小区是_____。

Q17：您当时购买商品房所考虑的前三位最重要的因素是：

第一位因素_____

第二位因素_____

第三位因素_____

Q18：您购买商品房的价格是_____。

Q19：您购买的商品房付款方式为：

□一次性付款

□分期付款

□小于 5 年的银行贷款

□5 年的银行贷款

□10 年的银行贷款

□15 年的银行贷款

□15 年以上的银行贷款

Q20：您购买商品房的总建筑面积是_____平方米。

Q21：您家的房屋户型是：_____室_____厅_____卫。

Q22：您购买商品房的楼型是：

□多层

□高层

□复式

□别墅式

Q23: 您购房的目的是为了：

□投资

□自用

□为家人购买

□其他

Q24: 您在最近的两年内会不会再购买商品房？

□会

□不会

Q25: 您对您小区的物业管理满意度：

□很满意

□满意

□稍满意

□无所谓

□稍不满意

□不满意

□很不满意

Q26: 您所购买的商品房房价相对您的购买力来说：

□很高

□有些高

□适中

□有些低

□很低

Q27: 您认为商品房今后两年的价格趋势是：

□会上升

□变动不大

□会下跌

□说不清楚

个人及家庭背景：

D1: 您的年龄是_____岁。

D2: 您的性别：

□男

□女

D3: 您的婚姻状况是：

□已婚

□未婚

□ 离婚

□ 分居

□ 丧偶

□ 其他

D4: 您的家庭有几口人?

□ 一人

□ 二人

□ 三人

□ 四人

□ 四人以上

D5: 您的职位是:

□ 董事长

□ 部门主管

□ 总经理／副总经理

□ 市场营销／销售总监

□ 财务总监／总会计师

□ 专业人士

□ 行政经理／人力资源经理

□ 其他（请注明）_____

D6: 您工作单位的地点是:

□ 东城区

□ 西城区

□ 丰台区

□ 海淀区

□ 石景山区

D7: 您的教育程度:

□ 研究生及以上

□ 大学本科

□ 大学专科

□ 高中

□ 中专

□ 初中

□ 小学毕业及以下

D8: 您的家庭年收入为:

□ 1万～3万元（含3万元）

□ 3万～5万元（含5万元）

□ 5万～7万元（含7万元）

□ 7万～9万元（含9万元）

□ 9万～11万元（含11万元）

□ 11 万～13 万元（含 13 万元）

□ 13 万～15 万元（含 15 万元）

□ 15 万～20 万元（含 20 万元）

□ 20 万元以上

□ 不知道/拒答

D9：您是否有供自己自由支配的汽车：

□ 是

□ 否

以上是一份对北京市中、高档商品房需求调查的模拟问卷，仔细阅读并请回答以下问题。

1. 请你概括这份问卷的调查目标。

2. 这是一份自填式问卷还是访问式问卷？

3. 你认为问卷中对访问员的提醒有必要吗？为什么？

4. 问卷中还有哪些方面的问题设计得不完善？为什么？

5. 结合所学内容，你认为还有需要补充的问题吗？如有请补充完整。

【课程实践】

结合小组所确定的调查课题，在认知问卷的概念、基本框架、设计技术要求的基础上，根据调查目标、信息特征，设计出一份规范而富有创造性的问卷。

1. 结合调查方法与调查项目要求，确定工具种类与形式。

2. 调查问卷（访谈提纲、调查表）的内容与形式设计。

3. 调查问卷（访谈提纲、调查表）评估、测试与修正。

4. 调查问卷（访谈提纲、调查表）印制与检查。

【学生分析报告范例】

××职业技术学院餐饮业消费状况调查问卷

亲爱的同学：

您好！本问卷是为调查本校学生和教师的饮食消费状况而设计的，希望您能抽出宝贵的时间作答，我们保证对您的个人信息予以保密。谢谢！

1. 您的年级：_____ 籍贯是：_____ 您比较喜欢的菜系是：_____

2. 您认为在以下几个方面，您曾去过的食堂的良好次序是：

饭菜质量口味 _____ 服务态度 _____

饮食环境氛围 _____ 价格合理 _____

①一楼食堂 ②二楼食堂 ③三楼食堂

3. 您平时就餐时主要考虑的因素是（限选三项）：

□ 饮食营养含量 □ 价格 □ 服务态度

☐ 饭菜质量口味 　 ☐ 方便/快捷 　 ☐ 卫生状况
☐ 餐馆或食堂名气 　 ☐ 软环境（氛围）☐ 其他（请注明）＿＿＿＿＿

4. 您认为当前几个学生食堂中普遍存在的不足有（可多选）：

☐ 高峰期服务态度差 　 ☐ 环境卫生不好 　 ☐ 定价不合理
☐ 口味不能满足要求 　 ☐ 员工素质低 　 ☐ 工作效率低

5. 您每周平均有几次在校外餐馆或饭店就餐：

☐ 3次以下 　 ☐ 4～6次 　 ☐ 7～9次 　 ☐ 10次以上

6. 您在什么时候会到校外餐馆就餐（限选三项）：

☐ 周末 　 ☐ 节假日 　 ☐ 朋友聚餐
☐ 平时 　 ☐ 错过就餐时间 　 ☐ 食堂太拥挤
☐ 朋友生日 　 ☐ 班集体活动 　 ☐ 无所谓

7. 若到校外就餐，您一般会在哪个餐馆就餐：＿＿＿＿＿＿＿＿＿＿＿＿＿

8. 当您和朋友聚餐时最注重的是什么：

☐ 良好的环境氛围 　 ☐ 实惠（价格合理） 　 ☐ 优质的服务
☐ 便利的位置 　 ☐ 健康的饮食（营养）☐ 不清楚

9. 您认为校外餐馆中普遍存在的不足有：

☐ 高峰期服务态度差 　 ☐ 环境卫生差 　 ☐ 宣传力度不够
☐ 口味不能满足要求 　 ☐ 员工素质低 　 ☐ 工作效率低

10. 学生食堂和校外餐馆相比，您认为各自突出的优势是：

学生食堂＿＿＿＿＿＿＿＿＿ 　 　 　 校外餐馆 　 ＿＿＿＿＿＿＿＿

A. 地理位置 　 B. 学校帮扶 　 C. 方便快捷 　 D. 价格合理 E. 服务态度
F. 卫生状况 　 G. 饭菜口味 　 H. 就餐环境 　 I. 无优势

11. 您认为一个大学生一个月花在饮食上的开支应是（意愿消费额）：＿＿＿＿

A. 200元以下 　 B. 200～300元 　 C. 300～400元
D. 400～500元 　 E. 500～600元 　 F. 600元以上

12. 您在刚刚过去的一个月在饮食上大约用了多少钱（选项同上）：＿＿＿＿

13. 在过去的一年里，各食堂或餐馆的下列营销努力哪些对您的消费有积极影响：

☐ 赞助学生活动 　 ☐ 加大卫生监督力度 　 ☐ 举办饮食活动
☐ 改进饭菜口味 　 ☐ 提高员工素质 　 ☐ 改善就餐环境
☐ 扩大业务范围 　 ☐ 加大宣传力度 　 其他（请注明）＿＿＿＿＿

14. 您认为您所满意的大学食堂应该是什么样的，请您用简短的话语给予形容：

＿＿＿＿＿＿＿＿＿＿

调查地点：＿＿＿＿＿ 调查时间：＿＿＿＿＿＿＿＿

【任务1】 访问员的培训

任务要求

设定某一调查主题,如本校、班级同学智能手机、计算机等购买、使用情况的调查。围绕这一主题,尝试进行市场调查人员培训内容设计。

任务分解

1. 访问员的基本素质。
2. 访问员的业务素质。
3. 访问员培训步骤。
4. 访问员培训方式。
5. 访问员的访问技巧培训。

案例导入

访问员的招聘选择

一般调查公司在对访问员进行招聘选择时,主要实行两次招聘制度,即每半年进行一次访问员的招聘活动,招聘的访问员经面试、筛选与签署兼职访问员协议,接受调查公司安排的12个课时左右的基础培训后为其建档,成为调查公司的备选访问员(A级访问员),这是第一次招聘。在调查公司操作调查项目时,根据项目的要求选取适当级别的访问员并与选中的访问员签署有关项目操作的协议,这就是第二次招聘。

对于访问员的级别,调查公司将他们划分为A、B、C、D、E共5个等级,接受了12个课时左右的培训成为A级访问员,这个级别的访问员只能从事非常简单的甄别拦访工作。他们的工作都会被记录并有相关的督导给出评价,在参与了两三个项目之后,表现优秀者再接受4个左右课时的专项培训(中心地点访问的技巧等),可升入B级访问员。B级访问员在评定和所从事的工作方面与A级访问员相比有较大的提升。同样,在B级访问员工作一定时间后,参与若干项目表现优秀的人员会依照相应的程序升入下一级。当达到E级时,就成为调查公司的重点培养对象了。比如调查公司的专职督导就是这样从兼职访问员一步一步培养起来的。

问题讨论：在访问员的晋级过程中，哪个环节发挥着关键作用？

理论基石

一、访问员的素质要求

访问员应具备一些主客观条件，主观方面包括：敬业，忠于职守，不偷懒、不歪曲资料，耐心，不为机械式工作所苦，能自如地与被访问者合作，性格开朗，积极主动，能完成预定的访问工作，细致耐心，能仔细记录访问答案。客观方面包括：年龄在 20～45 岁，女性为佳，口齿清晰明白，通晓当地方言等。

（一）访问员的基本素质要求

（1）道德品质：优秀的个人品质，吃苦耐劳的精神。

（2）语言能力：口齿清晰、语言流利，拥有良好的口头表达能力。

（3）外在仪表：衣着整洁大方，有充满自信的精神状态，有亲和力的微笑。

（4）应变能力强：解决随时可能遇到的各种意外问题。

（5）严守时间：一个市场调查项目涉及各个环节，时间要求相当严格，因此，访问员必须养成严守时间的习惯。

（6）保密：由于市场调查的特殊性，访问员会接触到客户很多机密性的资料，访问员必须保证所有的资料不会丢失或通过自己的谈话等方式泄露。

（二）业务素质要求

业务素质的高低是衡量市场调查员的首要条件之一。市场调查工作不仅需要一定的理论基础，还需要具备较强的实际经验。

1. 具有市场调查的一些基础知识

了解调查工作中访问员的作用和他们对整个市场调查工作成效的影响；在访问中要保持中立；了解调查课题的有关信息；掌握访谈过程中的技巧；熟知询问问题的正确顺序；熟悉记录答案的方法。

2. 具有一定的业务素质

（1）阅读能力，理解问卷的意思，能够不停顿地传达问卷中的提问项目和回答项目；表达能力，要求访问人员在调查过程中能够将要询问的问题表达清楚。

（2）观察能力，具有敏锐的观察能力，能够判断受访者回答的真实性。

（3）快速记录能力，能够准确、快速地将受访者的回答记录下来。

（4）独立外出能力，访问员能够独自到达指定的地点，寻找指定的受访者，并进行访问。

3. 身体素质

身体素质包括两个基本素质：体力和性格。市场调查是一项非常艰苦的工作，特别是入户访谈和拦截调查，对调查人员的体力要求较高。同时，市场调查人员的性格最好属于外向型，会交际、擅谈吐、会倾听，善于提出、分析和解决问题，谨慎而又机敏。

二、访问员培训

（一）访问员培训步骤

知识图片 1（见图 6-1）

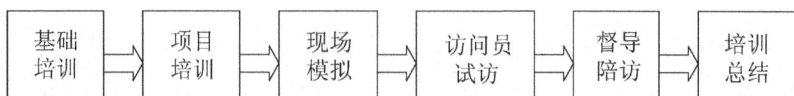

基础培训 → 项目培训 → 现场模拟 → 访问员试访 → 督导陪访 → 培训总结

图 6-1　培训步骤

（二）访问员的培训方式

1．集中授课培训

集中授课培训的基本要点在于要求访问员牢记调查项目的重要性、目的、任务，并通过训练手册，熟悉各项任务要求，主要包括：

（1）熟悉市场调查项目的内容和目的；

（2）熟悉并掌握如何按计划选择被调查对象；

（3）选择恰当时机、地点和访问对象的方法；

（4）获得访问对象合作的有关访问技巧；

（5）关于调查询问的技术；

（6）关于如何鉴定调查形式、检查调查问卷的指示说明，以及如何处理访问中发生的意外情况的说明。

2．模拟培训

模拟培训的目的是消除访问员的恐惧和疑虑，使访问员灵活运用口头访问技巧。为此，访问员需要经常进行练习，而且要参加多次访问的演练，从而能够做到以下几点：

（1）访问态度和蔼、友好；

（2）提出的问题能抓住重点，简单明了，并给被调查对象充分的回答余地；

（3）善于选择访问时机；

（4）有较强的判断能力，善于明辨是非；

（5）善于完整、清楚地记录，忠实地反映被调查对象的本意。

3．访问员培训的注意事项

（1）传授访问员"人与人之间成功的沟通技巧"。由于市场调查是研究消费者的倾向和意见，受访者是否愿意配合并忠实地吐露心声，关系到调查资料和结果的正确性。这一成果的获取，主要依赖于访问员的口才和沟通技巧，因为人与人之间存在很多微妙的关系。培训的人员应该明确告知受训人员"必须如此"以及"不能如此"等注意事项。如果聘用在校学生做访问员，这项训练更不可缺少，因为他们在这方面的经验十分缺乏。

（2）采用模拟训练方式。市场调查工作看似简单，其实不然。许多不可预知的情况往往让访问员不知所措。因此，调查经验的有无，其结果差别很大。所以在培训课程中，应模拟各种可能发生的情况，要求访问员进行反应训练，以增加访问员的应对技巧，使受访者愿意配合并吐露心声。

为了确保调查结果的正确性，必须防范或克服因缺乏实际经验而可能产生的各种不良影响以及访问员的心理挫折。因此，在尚未派出访问员实地调查之前，多利用模拟训练的方式，使访问员增加一些经验。采用这种训练方法，可由有经验的教练员扮演被受访者，接受受训人员的调查访问。在训练访问过程中，扮演的受访者应将困难情况表现出来，以考验受训人员的应对技巧，并从中解说及纠正，通过这种演练，训练受训人员了解未来可能遇到的情况，掌握有较好的化解技巧。

（三）访问技巧培训

访问技巧是指访问员为了获得准确、可靠的调查资料，运用科学的访问方法，引导受访者提供所需情况的各种方法和策略。根据调查方案的要求，访问员可能是入户访问，也可能是街上拦截访问。为了保证调查的质量，提高访问员的工作效率，对访问员进行培训是非常必要的。例如，通常在入户访问调查中，训练有素的访问员，其入户成功率可达到90%，缺乏技巧的访问员则只能达到10%，而后者所完成的访问，无论如何也不可能促成有效的调查。

1．访问准备阶段的技巧

（1）准备访问计划。最好是在访谈之前自己把所有的问卷做一遍，了解问卷的重点和难点在哪里，特别是要拟好访谈提纲，包括见面词等。访问员对所访谈的内容越了解，越能流利地将问卷朗读给受访者。

（2）准备访谈用品。包括调查问卷、身份证、学生证、校徽、介绍信、笔、纸、录音机和馈赠物品、宣传资料、交通地图等。

（3）模拟访问。事先找一些熟悉的人进行模拟访问，可以发现在真正访问时可能会出现的问题，尽早做好一些应急准备。

2．培训如何避免访问开始就被拒访

（1）访谈开始时就拒访的原因

主观原因：①怕麻烦。随着市场调查越来越普及，受访者在以前有过不愉快的经历或怕麻烦而拒绝接受访问。②怕露底。由于社会治安方面的问题，担心随便让人进来会遭抢劫或让人知道了自己的财产后被盗，所以拒绝访问。③感到调查对自己没有意义。

客观原因：①访问员行为不当。访问员仪表、态度、语言、举止等令受访者感到不舒服，因而拒绝被访问。②受访者回答有困难。受访者在回答问题方面有障碍，比如语言表达不清楚、听力不好、说方言等让访问人员听不懂等。③受访者文化程度低。受访者看不懂问卷、不理解问卷的意思、不会写字等。④受访者有事不顺心而无法配合。比如受访者工作不顺心、生病等原因引起的心情不好而拒绝访问。⑤受访者家中有客人。在访问员拜访时正好遇到受访者家中有客人。

（2）避免访问开始就被拒访技巧

① 持介绍信或证明取得居委会或物业管理有关人员的支持或帮助。

② 访问员要通过敲门才能进入受访者的家中。这时，访问员要注意敲门的声音和节奏，敲门声要适中，敲门声太小，受访者可能听不到。

③ 受访者一开始注意的是访问员的外表，所以，访问员要注意仪表端正、穿着整洁、用语得体、口齿伶俐、态度谦和，给人以亲切感。

④ 自我介绍。适当的称呼会使对方感到亲切，同时也要考虑受访问者的民族习惯和生活习惯。主

要目的在于得到受访者的信任，争取受访者的合作。

自我介绍要按规范的形式进行，这是访问员和被访者的首次沟通，对是否能顺利入户是一个关键的环节。通常在问卷设计中已精心编写了开场白（自我介绍词）。

访问员自我介绍时，应该大方、自信，如实表明访问目的，出示身份证明。有效的开场白可增强潜在的受访者的信任感和参与意愿。

案例 6-1

访问员在首次面对受访者时所使用的开场白。

您好！我叫李刚，我是××大学管理学院市场营销专业的学生，这是我的学生证。我们正在做一项有关市民网上购物习惯的调查。您正好是这次调查中经过科学抽样设计选中的被访者之一，您的观点对我们的研究非常重要，我们希望您能够回答下列几个问题。

⑤ 示意礼品。示意礼品但切不可过分渲染礼品，使人觉得有占小便宜的感觉。

⑥ 活跃气氛。成功的访问需要在一种轻松、愉快、友好的气氛中进行，访问员必须努力营造这种气氛。这在业务中称为"预热"。

预热的办法是在入户后，注意观察受访者的行为和周围的环境，找一些受访者的优点、特长，满足受访者被人尊重的需要。找一些双方熟悉的话题，如某场体育比赛，使受访者感到与你有共同语言。总之，要从受访者感兴趣的主题入手让气氛活跃起来。

3．培训如何避免访问中途被拒访

（1）访问过程中被拒访的原因

① 问卷太长。在回答提问的过程中，受访者发现问卷太长，完成问卷花费的时间太多，因而产生厌烦的情绪，没有了耐心。

② 问题不好回答。问卷上的提问是受访者不太熟悉的领域，与受访者的生活经历相差太远，或者有些问题需要受访者极力去回忆等。

③ 问题不便回答。问卷中间涉及一些不便回答的问题，如婚姻、个人收入、政治倾向等，因而受访者拒绝回答。

④ 其他事情的打扰。比如有人拜访、电话打扰、突然有事需要处理等。

（2）避免访问中途被拒访的技巧

① 选择适当的入户访问时间，可以减少或避免拒访的尴尬现象。

② 受访者如果想拒绝访问，通常会找出许多借口，访问员要想出不同的对策。

案例 6-2

如果受访者以"没有时间"拒访，访问员要主动提出更方便的时间，如傍晚 6 点，而不是问受访者"什么时间合适"。

案例 6-3

如果受访者声称自己"不合格"或者"缺乏了解，说不出"，访问员应该告诉受访者："我们不是访问专家，调查的目的是让每个人有阐明自己看法的机会，所以你的看法对我们很重要"或"请把你知道的情况说出来就可以了"等，以鼓励受访者。

案例 6-4

如果受访者以"不感兴趣"而拒访,访问员可以解释:这是抽样调查,每一个被抽到的人的意见都很重要,请您协助一下,否则调查结果就会出现偏差。

(3)培训合理控制环境的技巧

理想的访问应该在没有第三者的环境下进行,但访问员总会受到各种干扰,所以要培训其控制环境的技巧。

案例 6-5

如果访问时有其他人插话,访问员应该有礼貌地说:"您的观点很对,我希望待会儿请教你!"

访问员应该尽力使受访问在脱离其他家庭成员的情况下进行,如果访问时由于其他家庭成员的插话,访问员得不到受访者自己的回答,则应该中止访问。

如果周围有收音机或电视机发出很大的噪音,访问员不方便建议把声音关小,这时,如果访问员逐渐降低说话声,受访者就会注意到噪声,并会主动关掉。

(4)培训保持中立的技巧

访问员的惊奇表情、对某个回答的赞同态度,这都会影响到受访者。

案例 6-6

访问员在访问中,除了表示出礼节性的兴趣外,不要做出任何其他反应。即使对方提问,访问员也不能说出自己的观点。要向受访者解释,他们的观点才是真正重要的。访问员还要避免向受访者谈及自己的背景资料。访问员应该给出一个模糊的回答,并鼓励受访者说出他们自己的见解。

当受访者不理解问题的一些概念,要求做出澄清时,访问员不要按自己的理解来解释。一般是反复读出提问问题,让受访者按照自己的理解回答。

当一个好的听众。这要求访问员在受访者回答问题时,一是不要随便打断受访者的话题,即使受访者答非所问或说话啰唆。如果记录中有不清楚的地方,也要等受访者讲完以后再进行询问。二是要集中精力、专心致志,注意用体态语言来表现自己对受访者谈话的高度重视。

受访者思维跳跃,跳到别处去了,访问员要善于引导他们回到现在的问题上来。转移话题的时机,通常是受访者谈话过程中的停顿。一旦受访者停顿,访问员应该及时地插话,如"您刚才讲得很精彩,但是您对这个问题怎么看……""您讲得很好,刚才您说到……您为什么这样认为?"等。

4.培训如何提问与追问

访问员在访问过程中应按问卷设计的问题排列顺序及提问措辞进行提问。

对于开放性问题,一般要求充分追问。追问时,不能引导,也不要用新的词汇追问,要使受访者的回答尽可能具体。熟练的访问员能帮助受访者充分表达他们自己的意见。追问技巧不仅给调研提供充分的信息,而且使访问更加有趣。

(1)提问的技巧

① 提问用词。调查问卷上的提问用词往往都是经过仔细推敲的,因此,访问员对于每个问题都要严格按照调查问卷上的用词进行提问,如果提问或用词有误,就可能影响调查结果。

② 问题顺序。在调查问卷设计过程中,由于问题的先后顺序会对问卷整体的准确性及能否顺利进

97

行访问有重要影响，因此，调查问卷中每个问题的顺序都是经过精心编排的，访问员在提问时，要严格按照问卷上的问题顺序提问，不要随意改变问题的顺序。

③ 严格按要求询问。当受访者不理解题意时，访问员可重复提问，但不能自作解释或加上自己的意见而影响受访者的独立思考。

④ 调查问卷上的每个问题都应问到。访问员在访问中要注意不可因为访问次数多、同样的问题重复遍数多或认为某些提问不重要而自作主张放弃应该询问的问题。

⑤ 某些问卷有一些划横线的关键词，在提问时应加重语气或重复。

⑥ 提问时的音量应以被调查者能清晰听清为宜，语速应不快不慢。

⑦ 提问过程应随时根据受访者的情绪来加以调节和控制。

（2）追问的技巧

在访问中，有时受访者不能很好地全面回答提问，也有时问卷本身就设定了追问问题，这时都需要运用追问技巧来达到预期的目的。

案例 6-7

可以通过以下做法来追问。

重复读出问题；重复受访者的回答；停顿、无言或使用中性追问用语，如表 6-1 所示。

表 6-1　常用的追问用语

标准访问员用语	缩写语	缩写符号
还有其他想法吗？	另因	（+？）
还有另外的原因吗？	他因	（△+？）
你的意思是什么？	意思	（……）
哪一种更接近你的感觉？	近似	（⌣）
为什么你会这样认为呢？	原因	（⊙？）
重复问题！	重复	（<？）
你能告诉我你的想法吗？	想法	（？：）

5. 培训如何结束访问

当所有希望得到的信息都得到之后访问就要面临结束了。此时，可能受访者还有进一步的自发陈述，他们也可能有新的问题，访问员工作的原则是认真记录有关的内容，并认真回答受访者提出的有关问题。总之，应该给受访者留下一个良好的印象。最后，一定要对受访者表示诚挚的感谢。一般结束访谈的技巧有以下方面。

（1）让受访者有良好的感觉。访问员要感谢受访者抽出时间给予合作，并使受访者感受出自己对这项调查研究做出了贡献。

（2）迅速检查问卷。看有没有遗漏，问题的答案有没有空缺；问题的答案是否有前后不一致的地方；是否有需要受访者澄清的含糊答案；单选题是否有多选的情况等。

（3）再征求意见，询问受访者的想法、要求，并告诉他如有可能，还要进行一次回访，希望也给予合作。

（4）离开现场时，要表现得彬彬有礼，与受访者及其家人说再见，为受访者关好门。

【任务2】 管理控制市场调查

任务要求

现假定学校教学管理部门要在学生中间进行一次教师教学质量、教学效果的调查活动。调查访问人员组成以教务处管理人员为主，再由各系部抽调两名专业教师参与。请你模拟制作一份问卷，由学生以管理人员或教师身份担任访问员，开始调查活动。结果怎样？该怎样修正调查组织工作？

任务分解

1. 市场调查项目管理。
2. 市场调查人员管理。

案例导入

某家电生产厂家进行了一次市场调查，调查标题是"列举你会选择的电视机品牌"。

该企业从市场调查部抽取了两组人员，设计了问卷，进行了街头拦截调查。收集到资料数据后，经整理分析发现：其中一组的结论是有 15% 的消费者选择本企业的电视机；另一组的得出的结论却是 36% 的消费者表示本企业的产品将成为其购买的首选。巨大的差异让公司管理层非常恼火，为什么完全相同的调查抽样，会有如此矛盾的结果呢？公司决定聘请专业的调查公司进行调查诊断，找出问题的原因。

专业调查公司的执行小组受聘和参与调查执行的访问员进行交流，并很快提交了简短的诊断结论：第二组在进行调查执行过程中存在误导行为。首先，调查期间，第二组的成员佩带了公司统一发放的领带，而在领带上有本公司的标志，其标志足以让被访者猜测出调研的主办方；其次，第二组在调查过程中，把选项的记录板（无提示问题）向受访者出示，而本企业的名字处在候选题板的第一位。以上两个细节，向受访者泄露了调研的主办方信息，影响了消费者的客观选择。

市场调查是直接指导营销实践的大事，对错是非可以得到市场验证，只是人们往往忽视了市场调查本身带来的风险。一句"错误的数据不如没有数据"，包含了众多中国企业家对数据的恐慌和无奈。

理论基石

一、市场调查项目管理

1. 监督市场调查方案的执行

市场调查方案是指为确保调查的顺利实施而拟定的具体工作安排，包括调查人员安排和培训、调查经费预算、调查进度日程等。市场调查方案的执行直接关系到调查工作的质量和效果。

2. 审核调查问卷

在问卷的初稿完成后，调查工作小组应该在小范围内进行试验性调查，了解问卷初稿中存在的问题，以便对问卷的内容、问题和答案、问题的顺序进行检测和修正。试验性调查的具体方法是：选择一些有代表性的受访者进行询问，将问卷中存在的问题尽可能表现出来，如问卷中的语言使用、问题的选项、问卷的长短等，然后依据试验性调查的结果，检查问卷中所有问题是否让人乐意回答或能够回答，哪些问题属于多余，还有哪些不完善或遗漏的地方。发现问题应该立即进行修改。如果预先测试导致问卷内容发生了较大的变动，调查小组还可以进行第二轮测试，以使最后的定稿更加规范和完善。

3. 审核抽样方法

抽样样本方法的选择取决于市场调查的主题、调查目标、调查问题的性质、调研经费和允许花费的时间等客观条件。调查人员应该在掌握各种类型和各种具体抽样方法的基础上，对拟选择的抽样方法进行验证。只有这样才能在各种环境特征和具体条件下及时选择最为合适的抽样方法，以确定每一个具体的受访者，从而保证数据采集的科学性。

二、市场调查人员管理

市场调查人员所收集的受访者的问卷是研究者重要的信息来源。但是，在实际中，由于各种原因，调查人员的问卷来源不一定真实可靠，这就必须对调查人员进行适当的监控，以保证调查问卷的质量。

1. 调查人员一般可能造成的问卷质量问题的几种情况

（1）调查人员自己填写了很多问卷，没有按要求去调查受访者。

（2）调查人员访问的对象并不是研究者指定的人选，而是其他的人。

（3）调查人员按自己的想法自行修改问卷的内容。

（4）调查人员没有按要求发放礼品。

（5）有些问题漏记或没有记录。

（6）有的问题答案选择太多，不符合规定的要求。

（7）调查人员嫌麻烦，放弃有些地址不好找或家里没人的受访对象。

（8）没有按抽样要求进行抽样。

2. 对调查人员的监控

（1）现场监督。在调查人员进行现场调查时有督导跟随，以便随时进行监督并对不符合规定的行为进行指正。这种方法对于电话访谈、拦截访问、整群抽样调查比较适合。

（2）审查问卷。对调查人员收集来的问卷进行检查，看问卷是否有质量问题，如是否有遗漏，答案之间是否有前后矛盾，笔迹是否一样等。

（3）电话回访。根据调查人员提供的电话号码，由督导或专职访问员进行电话回访。

（4）实地复访。如果电话回访找不到有关的被访问者，根据调查人员提供的真实地址，由督导或专职访问员进行实地复访。这种方法比电话回访真实可靠，但需要花很多的时间和精力。

在电话回访和实地复访过程中，通常要根据以下几个方面来判断调查人员访问的真实性：一是电话能否打通或地址能否找到；二是家中是否有人接受访问；三是受调查的问题是否与调查主题吻合；四是调查时间是否与问卷记录时间相符；五是受访者所描述的访问员形象是否与该访问员相符；六是访问过程是否按规定的程序和要求执行。

【思考与训练】

案例：热茶、冰红茶

1999 年，北京一家生产饮料的企业曾组织过这样一场市场调查活动：在一间宽大的单边镜访谈室（也称深度访谈室，里面的人看不到外面，外面的人可以观察到里面被访者的一举一动，以便得到被访问者更真实的反映）里，桌子上摆满了没有任何标签的杯子，有几个被访问者被请了进去，逐一品尝着不知名的饮料，并且把口感描述出来写在面前的卡片上……这场调查的目的是：调查公司试图推出的新口味饮料能否被消费者认同。

在这之前，大量的二手资料中的相关调查显示：中国人历来有喝热茶的习惯，超过 60% 的受访者被认为不能接受"凉茶"，一些人认为中国人忌讳喝隔夜茶，冰茶更是不能被接受。该企业调查项目小组认为，只有进行了实际的口味测试才能判别这种新产品的可行性。

通过现场测试，终于得到调查的结论。经过分析后，产品研发部门的信心被彻底动摇了，被测试的消费者表现出对冰茶的拒绝，一致否定了装有冰茶的测试标本。就这样刚刚试制出来的新产品在调研中被否定了。

2000 年、2001 年，以旭日升为代表的冰茶在中国全面旺销，而该家饮料企业再想迎头赶上为时已晚，一个明星产品就这样通过详尽的市场调查与市场擦肩而过。说起当年的教训，该企业的一位当时市场调查的负责人还满是惋惜："我们进行口味测试的时候是在冬天，被访问者从寒冷的室外来到现场，没等取暖就进入测试，寒冷的状态、匆忙的进程都影响了访问者对味觉的反映。测试者对口感温和浓烈的口味表现出了更多的认同，而对清凉淡爽的冰茶则表示排斥。测试状态与实际消费状态的偏差让结果走向了反面。"

"驾御数据需要系统谋划。"好在这家企业并没有从此怀疑市场调查本身的价值，"去年，我们成功组织了对饮料包装瓶的改革，通过测试，我们发现如果在塑料瓶装的外形上增加弧形的凹凸不仅可以改善瓶子的表面应力，增加硬度，更重要的是可以强化消费者对饮料功能性的心理认同。"

北京一家知名调研公司副总经理说："调研失败如同天气预报给渔民带来的灾难，无论多么惨痛，你总还是要在每次出海之前，听预报、观天气、看海水。"

思考题：

（1）你认为该公司在调查组织实施中存在什么问题？

（2）你从该案例中获得了什么启示？提交一份分析报告。

【课程实践】

根据前面课程实践中确定的调查课题、调查目的、设计好的问卷，请你对本次调查人员组织进行初步设计（至少提出人员组成架构），并分析按照你自己的设计，会产生哪些调查结果。

整理与分析市场调查资料

【任务1】 整理市场调查资料

任务要求

在学生分组基础上，要求每组学生针对各组收回的调查问卷进行初步登记审核和资料的编码工作；完成原始资料的科学分组、分类汇总并绘制出频数统计表和统计图。

任务分解

1. 调查问卷的回收登记和审核。
2. 市场调查资料的编码、录入。
3. 市场调查资料的统计分组。
4. 市场调查资料的显示。

案例导入

案例：阿里品质消费指数报告

一、从"永久"到"摩拜"，互联网深刻影响中国消费

公开数据显示，截至 2017 年 3 月底，我国共享单车数量已经到 400 万辆，成为大城市居民出行的重要交通工具。这种高度互联网化的产品，其背后是 LBS、共享经济等新技术和新模式，大大颠覆了人们对自行车的认识。

从"永久"到"摩拜"，其实是当前中国消费升级的一个缩影，互联网正在深刻影响着中国消费。据商务部统计，2016 年，我国网上零售额达 51555.7 亿元，比去年增长 26.2%，在社会消费品零售总额中所占比重为 12.6%，比上年提升 1.8 个百分点。

在网络零售快速崛起的背景下，消费升级的趋势也愈加明显。消费品市场结构持续优化，新兴业态快速增长，品质消费、绿色消费、智能消费等亮点频现。

二、1.2 万亿元：阿里零售平台中高端消费相当于国人一年境外消费总额

报告指出，中国消费升级正在呈现"X"现象。报告对比了最近 5 年社会消费品零售总额增速和阿里品质消费指数的增速，发现两者呈现此起彼伏的"X"形交叉曲线。一方面，由于总体规模的不断扩大，社会消费品零售总额增速呈现趋缓，5 年间增速下降了 5.3 个百分点，而另一方面，阿里品质消费指数的增速则从 5 年前的 26.8%，增长到去年的 34.4%，上升了 7.2 个百分点。这说明，"降速增质"有望成为未来中国消费的重要特征。

阿里研究院这样定义品质消费的背后含义：中高端及以上的商品消费金额在总消费中的占比，占比上升意味着品质消费上升。报告统计，2016 年全年，阿里零售平台中高端消费总额达 1.2 万亿元人民币，相当于国人 2015 年全年境外消费总额。

报告指出，2016 年，运动户外、家具、手机数码行业的品质升级表现尤为突出，根据网民消费的热点分布，阿里研究院推出了 2016 年品质消费"十大件"商品，分别为：洗碗机、自平衡电动车、健身衣、出境游、乳胶床垫、唇彩/唇蜜、一体智能坐便器、抽湿器、温灸器和花瓶。

从年龄结构来看，"身心愉悦的'60 后'VS 宅又讲究的'90 后'"成为最大看点。滋补营养品、文化娱乐、收藏/字画是"60 后"线上消费者的最爱，"90 后"则更多地花费在外卖/零食、数码游戏、美妆护理产品上。

从区域来看，东北品质消费指数领先全国，出乎很多人的意料。近 5 年来看，东北品质消费指数始终排名最高，其次是东部和西部，中部则排名最低。

阿里研究院分析认为，东北品质指数领先的原因包括更开放的消费观念、网购人群以高购买力人群为主、人口结构等。

（资料来源：阿里研究院）

思考题：

（1）阅读上述案例，请回答案例分析过程中的数据从何而来？

（2）仔细分析上述案例，你认为调查资料应如何整理？

理论基石

一、调查问卷的回收、登记和审核

调查资料的整理是指通过各种方法对收集到的资料加以整理、分析及统计运算，把庞大、复杂、零散的资料集中简化，使资料变成易于理解和解释的形式。简言之，资料整理就是通过一系列的操作将收集到的第一手或是第二手资料转变成数据结果，以便于研究者了解、揭示其中的含义，使之成为更适用、价值更高的信息，为下一阶段的统计分析做准备的过程。

（一）各调查点完成的问卷分别编号存放

如果是一个大型项目，可能涉及多个调查地点，根据调查计划，随时会有不同的调查人员交回不同的问卷。问卷回收部门一定要细心、妥善地将各种问卷及时进行编号，分门别类地存放或移交给研究部门。

（二）填写问卷登记表

为了加强对回收问卷的管理，一般事先需要专门设计登记表格，具体内容有：调查地区及编号，调查员姓名及编号；调查实施的时间，问卷交付的日期；问卷编号；实发问卷数、上交问卷数、未答或拒答问卷数、丢失问卷数，等等。

（三）做好标记

回收的问卷应分别按照不同调查人员和不同地区（或单位）放置，醒目标明编号或注明调查人员和地区、单位，以方便整理和查找。

（四）审核调查问卷

通过对原始资料进行审查核实，可以避免调查资料的遗漏、错误或重复，保证调查资料准确、真实、完整和一致，达到调查资料整理的目的和要求。审核问卷一般由具有丰富经验的资深审核员进行。

1. 完整性审核

完整性审核包括检查应调查的总体单位是否齐全与调查项目（标志）的回答是否完整两个方面。调查问卷的所有问题都应有答案。答案缺失可能是被调查者不能回答或不愿回答，也可能是调查人员遗忘所致。资料整理人员应决定是否接受该份问卷，如果接受就应马上向原被调查者询问，填补问卷的空白；或者询问调查人员有无遗漏，能否追忆被调查者的回答。否则，就应放弃该份问卷，以确保资料的可靠性。

在进行完整性审核时，应注意答案缺失有三种表现：其一是全部不回答；其二是部分不回答；其三是隐含不回答，如对所有问题都选"A"，或都回答"是"。第一种和第二种情况容易发现，对第三种情况应仔细辨别，谨慎处理。一旦确认，一般作无效问卷处理。

2. 准确性审核

准确性审核可以通过逻辑检查、比较审查法和设置疑问框等方法进行。

逻辑检查分析标志、数据之间是否符合逻辑，有无矛盾及违背常理的地方，即合理性检查。如一般情况下，在审核中发现少年儿童年龄段的居民，文化程度的填写却是大学以上，即属于不合逻辑的情况。

比较审查法是利用指标数据之间的关系及规律进行审查，如地区居民户数不可能大于地区居民人数，地区居民总人数应等于城镇居民人数与农村居民人数之和，产品全国的销售总额应等于其在各省、自治区、直辖市的销售额之和等。

设置疑问框审查则是利用指标之间存在一定的量值与比例关系，通过规定疑问框，审查数据是否有疑问。例如，规定某变量值不低于 0.3，不高于 0.8，如果数据在此范围之外，即属于有疑问数据，应立即抽取出来并进行审查。操作中应注意疑问框的设置不能相距过大，否则会遗漏有差错的数据；但也不能过小，过小会使大量正确数据被检出来，增加审查的工作量。因此，疑问框的设计应由经验丰富的专家负责，才能取得良好的效果。

3. 时效性审核

检查各调查单位的资料在时间上是否符合本次调查的要求，其中包括接受的资料是否延迟，填写的是否是最新的资料等，从而避免将失效、过时的信息资料用作决策的依据。

4. 一致性审核

检查资料前后是否一致，避免自相矛盾。

（五）处置有问题问卷

1. 返回现场重新调查

此方法适用于规模较小、被调查者容易找到的情形。但是，调查时间、调查地点和调查方式可能发生变化，从而影响二次调查的数据结果。

2. 视为缺失数据

在无法退回问卷，不能重新调查的情形下，可以将问卷中没有回答或令人不满意的回答作为缺失值来处理。如果不满意的问卷数量较少而且这些问卷中令人不满意回答的比例也很小，涉及的变量不是关键变量，在此情况下，可采取此方法。

当缺失数据大于10%时，必须对其进行必要的处理。常用方法有如下几个方面。

（1）平均值替代。

（2）相关推测值替代。

（3）删除调查对象。

3. 视为无效问卷

存在以下情况，问卷应被视作无效问卷，可放弃不用。

（1）令人不满意回答的问卷占问卷总数的比例在10%以下。

（2）样本量很大。

（3）不满意问卷与合格问卷的答卷者在人口特征、关键变量等方面的分布没有显著差异。

（4）准备放弃的问卷中令人不满意回答的比例较大。

（5）关键变量的回答缺失。

二、调查资料的编码、录入

资料汇编阶段，往往需要处理大量的数据资料，传统的手工汇总技术效率低、速度慢，已退居次要的辅助地位，目前的市场调查工作，一般采用电子计算机汇总处理技术。运用计算机进行数据处理，首先需要对资料进行编码，然后将数据录入计算机，选择计算机软件（如SPSS、SAS等）或自编程序来计算分析。

（一）编码

编码是把原始资料转化为符号或数字的资料标准化过程。即问卷设计者在编写题目时，给予每一个变量和可能答案一个符号或数字代码，也称为事前编码；如问题已经作答，为每个变量和可能答案给予一个符号或数字代码，则称为事后编码。通过编码，不但使资料简单方便地输入计算机中，更重要的是，通过合理编码，使得不同信息易于分别、理解、计算，对于统计计算和结果解释工作都有较大影响。

一般来说，标准化的封闭式问卷资料的编码过程比较简单，而开放性的问卷资料或讨论、记录资料的编码过程就比较复杂。标准化的封闭式问卷常用事前编码，可节省时间；而开放性资料常用事后编码，可涵盖所有作答情况。

1. 事前编码

事前编码是针对封闭性的问题的一种编码方法，编码方法相对简单，因为问题事先都已规定备选答案，所以每一个问题的每个答案都可以赋予编码，并对答案代码的含义和所在栏目予以说明。

案例 7-1

Q1: 你家里是否有汽车？ ①有　　②没有

在这个问题中，Q1 是代表第一个问题，代码 1 代表"有"，代码 2 代表"没有"。

以上是单选题，在 1 和 2 这两个选项中只能选择一个答案。如果是多选题（答案可选两个以上），编码处理方式是将每个选项设为二分变量，即对于每个选项给予"0""1"两个编码，选中的标"1"，未被选中的则标"0"。

案例 7-2

Q8：你喜欢的牙膏品牌是（可多选）：

① 高露洁　　　（0，1）　　（19）
② 佳洁士　　　（0，1）　　（20）
③ 中华　　　　（0，1）　　（21）
④ 冷酸灵　　　（0，1）　　（22）
⑤ 黑妹　　　　（0，1）　　（23）
⑥ 蓝天　　　　（0，1）　　（24）

以上是多选题（答案可选两个以上），编码处理方式是将每个选项设为二分变量，即对于每个选项给予"0""1"两个编码，选中的标"1"，未被选中的则标"0"。

2．事后编码

事后编码是指问卷调查及回收工作完成以后再进行编码设计。需要进行事后编码的问题主要有两类：①封闭型问题的"其他"项；②开放问题或非结构性问题。由于以上两类问题的回答较为复杂，所以一般需要在资料收集完成后，再进行编码设计。事后编码一般需由具有专业素质的编码人员进行。

案例 7-3

回答问卷中"你为什么今后两年内不想购买燃气热水器？"时，调查人员收集到以下回答：

1. 我可在单位洗澡，没必要买。
2. 他们外观不好看，影响卫生间布局。
3. 颜色不好，价格又贵。
4. 听说使用有安全隐患。
5. 体积太大，厨房里不好安装。
6. 国产热水器使用不方便。
7. 我不太了解。
8. 安装和维修都比较麻烦，还是不买了。
9. 我不喜欢它的外观，颜色也太单调。

这么多的回答，如果不进行归类处理，就不好去分析。所以，应该将一些意思相近的答案归到某一类中去，再从中分析不买的主要原因。

案例 7-4

上述答案合并归类（如表 7-1 所示）。

表 7-1 答案合并与编码

回答类别描述	答案归类	分配的数字编码
体积大、外观、颜色差	2，3，5，9	1
价格贵	3	2
使用不方便	6，8	3
使用不安全	5	4
没需求	4	5
不知道	1	6
	7	7

3．事后编码注意事项

（1）调查资料的编码要尽可能保持其内容的翔实性。

（2）编码应采取一一对应的原则，即每个答案对应一个编码，不应交叉重叠。

（3）一些重要项目即使未在问卷中出现，也应进行编码。

4．设计编码表

为了查找、录入以及分析的方便，编码人员要编写一本编码表，说明各英文字母、数码的含义。录入人员可根据编码表来录入数据，研究人员或电脑程序员根据编码表编写统计分析程序，研究者阅读统计分析结果，不清楚各种代码的含义时，可以从编码表中查询。

案例 7-5

空调消费者调查问卷整理时用的编码表（如表 7-2 所示）。

表 7-2 编码表

变量序号	变量含义	题号	变量名称	是否跳答	数据宽度	数据说明
1	长虹的知名度	Q1	Q1-1	否	1，0	1=选中，0=未选中
2	海尔的知名度	Q1	Q1-2	否	1，0	1=选中，0=未选中
……	……					
10	其他品牌知名度	Q2	Q1-10	否	1，0	1=选中，0=未选中
11	最常用品牌知名度	Q2	Q2-1	否	2，0	1=长虹，2=海尔…11=其他，99=漏答
12	次常用品牌知名度	Q2	Q2-2	否	2，0	同上
13	第三常用品牌知名度	Q2	Q2-3	否	2，0	同上
……	……					
30	长虹价格合理排序	Q10	Q10-1a	是	6，1	1=最合理…6=最不合理
31	海尔价格合理排序	Q10	Q10-1b	是	6，1	1=最合理…6=最不合理
……	……					

变量序号是给各变量的一个新的数码，表示各变量在数据库中的输入顺序；变量含义是指问卷中问题意思的概括，使研究者或程序设计师很快得知这一变量的意思；相应问卷题号指变量属于问卷中的第几题；变量名称是变量的代号，便于计算机识别与统计操作；数据宽度包括变量的数据最多是几位数及小数点后几位；数据说明是对各数码代表受访者的某种反应的说明。

（二）资料录入

1. 选择录入方式

采用计算机辅助电话调查（CATI）、计算机辅助面访（CAPI）以及网络调查，数据收集与录入可以同时完成。而对于面访、邮寄调查以及传真调查，事后还需要进行数据录入。数据录入的传统方式是键盘录入。此外还可以采用扫描、光标阅读器等光电录入方式。光电录入要求填写的调查表和编码的数字书写规范，否则容易造成数字误识。目前使用最多的仍是键盘录入。数据录入可以利用数据库形式，也可以采用一些专门的数据录入软件。

2. 手工录入注意事项

键盘录入容易出错，录入员可能因为手指错位、错看、串行等原因造成录入错误。如果录入人员工作态度不够认真负责或者技术不熟练，还会扩大差错率。因此，采用手工录入时，可采取以下措施，控制录入质量。

（1）挑选工作认真、有责任心、技术水平高的人员组成数据录入小组。

（2）随时加强对录入人员的培训、管理和指导。

（3）定期、不定期检查录入员的工作效率和质量，对差错率和录入速度达不到要求的录入员予以淘汰。

（4）对录入的资料进行抽样复查，一般复查比例为25%～35%。

（5）双机录入。即用两台计算机分别录入相同资料，比较并找出不一致的数据，确定差错，然后加以更正。双机录入可有效提高数据质量，但花费的时间和费用也较高。

案例 7-6

资料编码的方法

1. 顺序编码法

顺序编码法即用某个标准对市场资料的信息进行分类，并根据一定的顺序用连续的数字或字母进行编码的方式。比如调查消费者月收入的项目把不同消费的家庭分为五个档次，然后用1～5分别代表从低到高的五个档次。

1=小于1000元。

2=1000～3000元。

3=3000～5000元。

4=5000～7000元。

5=大于7000元。

这种编码的方式比较简便，易于管理，但不适合用于进行分组处理。

2. 分组编码法

分组编码法即根据调查对象的特点和信息资料分类及其处理的要求，把具有一定位数的代码单元分成若干组，每个组的数字均代表一定的意义。所有项目都有着同样的数码个数，如对目前在校大学生进行一次关于使用信用卡意向的调查，相关的信息包括性别、类别、月消费、使用意向四项。用分组编码法进行编码如下。

性别	类别	月消费	使用意向
1=男性	1=本科生	1=小于 500 元	1=已有卡
2=女性	2=硕士生	2=500～1000 元	2=准备使用
	3=博士生	3=1000～1500 元	3=不准备使用
		4=1500～2000 元	4=无意向
		5=2000～2500 元	
		6=2500～3000 元	
		7=大于 3000 元	

则编码 1、2、3、4 就表示：一名男性硕士研究生，每月消费在 1000～1500 元，并且不准备办理信用卡。

三、统计分组

资料分组是根据调查研究的目的和任务，按照某种标志，将总体区分为若干部分的一种统计方法。总体的这些组成部分，称为"组"。资料分组有两层含义：对于总体而言是"分"，即把不同性质的现象区分开来；对于个体而言是"合"，即把性质相同的个体归纳在一起。资料分组的基本原则是：保持各组内统计资料的同质性和组与组之间资料的差别性。准确的分组能够揭示现象的本质和特征，在保证调查资料准确性的前提下，分组是否合理、科学关系到整个调查统计分析研究的成败。

（一）统计分组的关键

1. 选择正确的分组标志

（1）根据调查研究目标选择分组标志。同一总体由于研究目的的不同，采用的分组标志也不同。

（2）选择能够反映现象本质或主要特征的标志。有时能够反映某一研究调查目的的标志有多个，此时应尽可能选取最能反映现象本质的关键性标志。

案例 7-7

研究居民购买能力，其有关的标志有居民工资水平与居民家庭人均收入水平，而其中人均收入水平更能反映居民购买能力的真实情况，是应该被采用的关键性标志。

不过需要指出的是，有些现象由于其复杂性，采用单个分组标志不能满足要求，必须采用两个或以上的分组标志。比如对企业规模的划分，就需采用资产总额和年销售额双重标志进行分组。

（3）还应考虑现象所处的具体历史条件和经济条件。

2. 分组界限的划分

分组标志确定以后，区分各组性质的差别是十分重要的，分组的关键是掌握决定事物性质差异的界限。尤其是划分数量界限时，通常要考虑到每组的数量界限与事物本质特征的联系，以及进一步计算分析的需要。

（二）统计分组的类型

1．字符型分组和数值型分组

根据分组标志的不同特征，统计分组分为字符型分组和数值型分组。

（1）字符型分组

字符型分组选择反映事物属性差异的品质标志作为分组标志，并在该品质标志的变异范围内划定各组的界限，将总体划分为若干个性质不同的组成部分。

（2）数值型分组

数值型分组选择反映事物数量差异的数量标志作为分组标志，并在该数量标志的差异范围内划定各组界限，从而将总体分为性质不同的若干个组成部分。数值型分组有单项式分组和组距式分组两种。

① 单项式分组。单项式分组是指所划分的每个组都只有一个变量值的分组方式。表 7-3 所示的大学新生年龄分组资料就是单项式分组。

案例 7-8

表 7-3　大学新生年龄分布情况表

大学新生按照年龄分组（岁）	大学生人数（人）	比重（%）
16	10	1.3
17	200	26.3
18	400	52.6
19	100	13.2
20	40	5.3
21	10	1.3
合计	760	100.0

单项式分组一般适用于离散型变量，且变量值不多、变动范围有限。

② 组距式分组。组距式分组是指所划分的每个组都表现为变量值的一定变动区间的分组方式。即将现象总体的变动范围划分为若干个区间，各区间内的所有变量值作为一组，其性质相同，组与组之间的性质相异。表 7-4 所示的某社区某年职工平均年收入分组资料就是组距式分组。

案例 7-9

表 7-4　某社区某年职工平均年收入情况表

按职工年平均收入分组（元）	人数（人）	比重（%）
20000 以下	900	6.7
20000～40000	2510	18.8
40000～60000	4360	32.6
60000～80000	2890	21.6
80000～100000	1440	10.8
100000～120000	650	4.9
120000 以上	630	4.6
合计	13380	100.00

2. 简单分组和复合分组

根据分组标志的多少，统计分组有简单分组和复合分组两种。

（1）简单分组。

对总体只按一个分组标志进行分组称为简单分组。简单分组只反映现象在某一标志特征方面的差异情况。

（2）复合分组。

对总体按两个或两个以上的标志重叠或交叉起来进行分组称为复合分组。具体地说，复合分组就是先按某一主要标志将总体分为若干组，再按其他有关辅助标志对各组进行更细的分组，从而形成一种具有层次的分组组合体系。

通过复合分组，可以从多角度同时对现象总体内部进行描述分析，使反映的问题全面深入。进行复合分组时，首先要合理安排各个分组标志的主次关系，以及由此决定的分组层次，做到主次分明、层次清楚。另外，分组标志不宜太多，每增加一个分组标志，就会增加一个分组层次，组数也会成倍增加，从而使资料显得冗长、烦琐。一般两个分组标志为宜，最多不要超过三个分组标志。

四、统计表

将统计整理的结果科学合理地排列在表格上就形成了统计表。广义的统计表包括统计工作各个阶段使用的一切表格，包括统计调查表、统计整理表、统计分析计算表等。一般说的统计表是狭义上的统计表，即专门用于整理和分析的表。

统计表以表格、数字为语言，清楚地描述了调查对象的本质特点，既科学又实用，既简练又美观。它能使大量的统计数字系统化、条理化，便于对客观现象的各个角度进行对照比较、分析现象或过程的内在联系。统计表还易于检查和改正统计数字的错误，便于统计资料的积累与保管，因而在实际工作中被广泛采用。下面讲解统计表的构成。

（1）从形式上看，统计表主要由总标题、横行标题、纵栏标题和指标数值四部分组成，如表 7-5 所示。

（2）从内容上看，统计表由主词和宾词两部分组成，如表 7-5 所示。

案例 7-10

表 7-5　2001 年国民经济各行业国内生产总值资料　——▶ 总标题

按国民经济产业分组	国内生产总值	
	绝对数（亿元）	比重（％）
国内生产总值	95933	100.0
第一产业增加值	14610	15.2
第二产业增加值	49069	51.1
第三产业增加值	32254	33.7

横行标题　　　主词　　　　宾词　　　纵栏标题　指标数值

五、统计图

统计图是借助几何图形或具体形象来显示统计数据的一种形式。利用统计图显示统计资料，形象具体、简明生动、通俗易懂、一目了然，可以给人以深刻的印象。它可以表示现象之间的对比关系、总体结构及其变化、现象发展变化的趋势、现象之间的依存关系、现象在地域上的分布状况等。统计图形式多样，这里主要介绍条形图、直方图、折线图、圆形图和象形图。

（一）条形图

条形图是以宽度相等的条形的长短或高低来比较数字资料的一种图形。具体的形状可以是条形、圆柱、方柱或锥体。条形图可以横放，也可以竖放。对于品质分配数列或离散型变量，可用条形图来显示数列分布情况，如图 7-1 所示。

2015年Q1－2016年Q4中国移动互联网用户规模

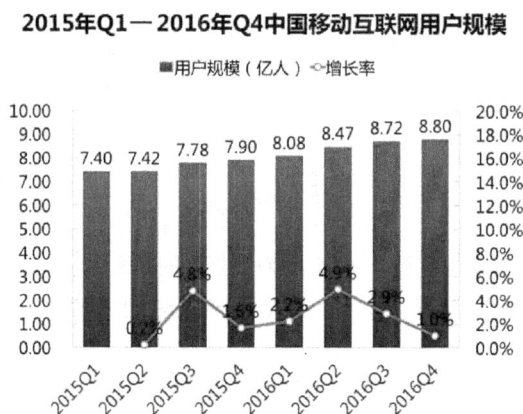

图 7-1　2015 年第 1 季度—2016 年第 4 季度中国的移动互联网用户规模条形图

条形图中，变量值大小依其长度而区别，与其宽度无关。为了使条形清晰，便于比较，各长条间应留空隙，勿连接在一起。如遇条形过多，也可予以省略。

（二）直方图

直方图是用若干个并列的柱形表现分布数列的长条图。它可直观地说明连续型变量数列的分布特征。一般以横轴标示各组组距（或变量值），纵轴标示各组频数，频数的差异能反映出数列分布特征。等距数列的直方图如图 7-2 所示。

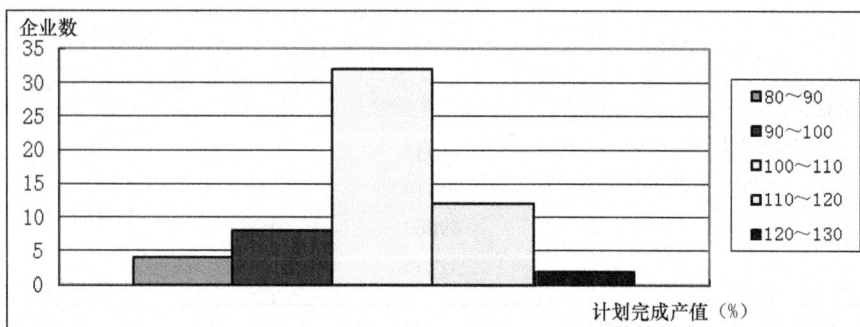

图 7-2　某局所属企业生产计划完成情况直方图

（三）折线图

折线图是在直方图的基础上，将每个长方形的顶端中点用折线连接而成，或用组中值和频数求坐标点连接而成。折线图如图 7-3 所示。

2016年Q1—2017年Q1中国第三方移动支付市场份额

图 7-3　2016 年第 1 季度—2017 年第 1 季度中国第三方移动支付市场份额分布折线图

（四）圆形图

圆形图也称饼图，以圆形的分割来表示总体的分组及结构情况。圆形图最适宜用来表示品质分配数列的次数分布情况，因为它没有起点与终点，图中的各部分看不出顺序，这与品质分配数列中各组的平等关系特征是一致的。圆形图可以是平面的，也可以加工成立体或组合的形式，如图 7-4 和图 7-5 所示。

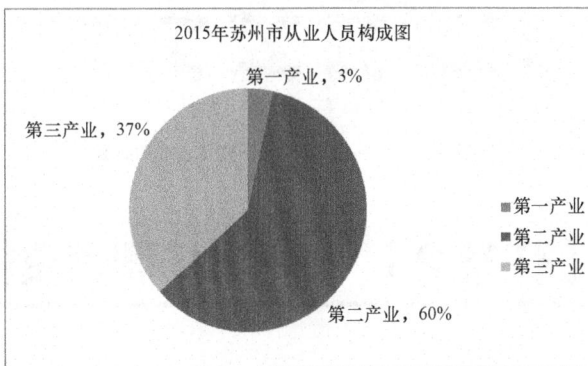

图 7-4　2015 年苏州市从业人员构成

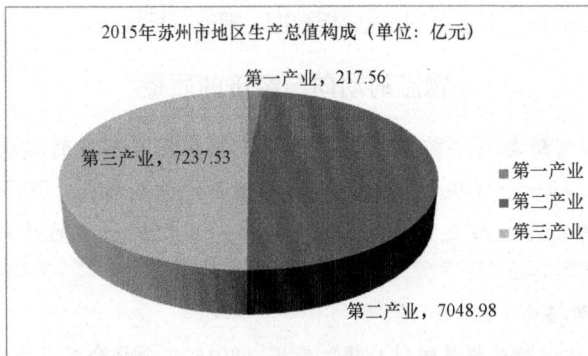

图 7-5　2015 年苏州市地区生产总值构成

（资料来源：苏州调查公众网）

（五）象形图

象形图是用人或各种实物的形象来反映统计资料，如用人形来反映人口数或劳动力数量，用小电话反映电话机的产量或拥有量，用农产品的图片反映其产量或交易量等。一般使用一系列大小相同的象形符号代表一定比例的数据资料（如一幅小电话机的图片代表 1000 部电话机）。象形图在各种非专业的宣传资料中运用较多，主要用于不同时间、不同地区（单位）或不同条件下的统计指标的对比。特点是具体形象、鲜明生动，给人印象深刻，如图 7-6 所示。

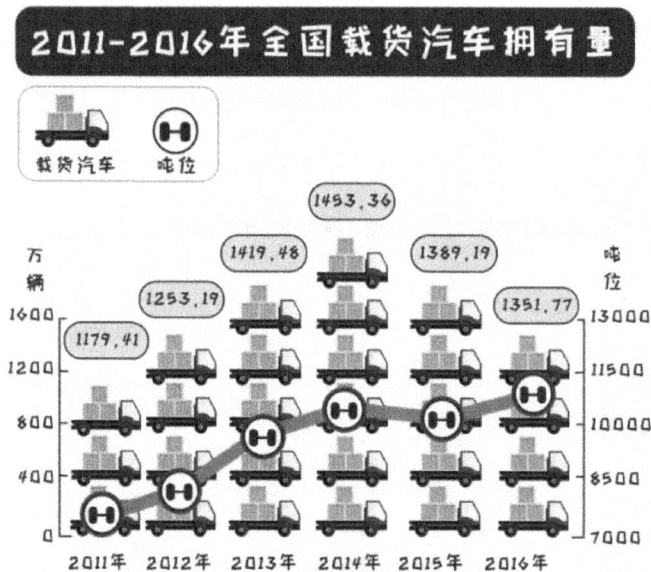

图 7-6　2011—2016 年全国载货汽车拥有量

【任务 2】　分析市场调查资料

任务要求

阅读下列资料，结合本项目的理论知识分析数据，提交分析报告。

物流的动向与经济的质量

当前物流的创业和创新与五年前有很大不同，开始在物流不同的模块中、价值链的不同环节中进行创业和创新。每一个模块都代表物流的创造在走向精细化，不再是简单地把所有链条串起，做一个大而全的公司，而更多的是在细小的链条中做进一步的精细化，从而找到自己成长的机会。

一、当前物流发展新格局

根据《2016 年交通运输行业发展统计公报》数据，2016 年全社会完成货运量 431.34 亿吨，增长 5.2%；货物周转量 182432.29 亿吨公里，增长 5.0%。不论是货运量还是货运周转量都明显低于 2016

年 GDP 6.7%的增速，这在某种程度上说明以第一、第二产业为依托的实体经济增速逐步趋缓，国民经济服务化转型加快。

分析 2016 年物流结构，呈现如下三个特征。

（1）物流介质结构正在深刻变化：水路铁路货运微增长，公路民航增速快，邮政快递高增速。

铁路：完成货运总发送量 33.32 亿吨，比上年下降 0.8%，货运总周转量 23792.26 亿吨公里，比上年增长 0.2%。

水路：全国港口完成货物吞吐量 132.01 亿吨，比上年增长 3.5%。

公路：完成货运量 334.13 亿吨，增长 6.1%，货物周转量 61080.10 亿吨公里，比上年增长 5.4%。

民航：完成货邮运输量 666.9 万吨，比上年增长 6.0%，货邮周转量 221.13 亿吨公里，比上年增长 6.3%。

邮政快递：全年完成邮政行业业务总量 7397.24 亿元，比上年增长 45.7%。

水路和铁路等大件物资货运增速明显下降，意味着与重化工及生产制造业相关的经济体增长正在减速；相反，与电商息息相关的快递增速呈蓬勃之势，互联网经济与消费端增速明显；介于生产物流与消费物流之间相对平衡的公路民航增速保持与 GDP 相当速度，反映了国民经济发展的总体状态。

（2）物流效率逐年提升，物流总费用占 GDP 比例逐年降低。

2016 年物流时效指数平均为 114.8 点，比 2015 年回升 16.7 点，物流送达时效提高 17%。

2016 年社会物流总费用与 GDP 的比率为 14.9%，比上年下降 1.1 个百分点。2016 年社会物流总费用 11.1 万亿元，比上年增长 2.9%，增速虽比上年提高 0.1 个百分点，但明显低于社会物流总额与 GDP 增速。

2016 年纵向对比 2004 年（物流产业统计始于 2004 年），物流总费用占 GDP 的比例从 21.3%下降到 14.9%，下降 6.4%。物流总费用占 GDP 的比例呈逐渐降低的趋势。

（3）物流载体价值放大：物流运营车辆减少，货运量却逆势增长。

2016 年，全社会拥有载货汽车 1351.77 万辆，比上年减少 2.7%，货运量为 10826.78 万吨位，却增长 4.4%。

其中普通货车 946.03 万辆，减少 6.5%，4843.83 万吨位，减少 2.8%；专用货车 47.56 万辆，减少 1.7%，货运量 527.63 万吨位，增长 4.9%。

综合以上发现：经济的深层次结构在悄然转变，物流效率不断提升；生产端物流特别是第二产业相关物流增速递减，消费端如电商快递、民航物流等加速增长。

二、物流投资与创新新动向

2016 年上半年物流领域在投资界算是一个热点，物流领域各类创业受投资机构青睐，融资总额近 740 亿元，下半年投资更趋冷静，投资额减半，不到 300 亿元。从物流行业整体轮次看，出现前重后轻的分布，处于 C 轮、D 轮的融资偏少，B 轮及之前更多。融资过亿的公司主要集中在快递、同城配送、无车承运人、信息系统等几个领域，而这也基本构成了物流的一个链条。做车货信息匹配及物流数据的企业融资额相对较大，占的比例相对高。

通过投融资及创业企业新动向分析，可以归纳为以下方面。

（1）快递巨头集中上市。2016 年可谓是快递企业上市年。不管是顺丰还是三通一达都纷纷开始借壳或海外上市，圆通、中通、申通成功上市交易，顺丰也在 2017 年成功借壳登陆深圳。对于这些快递寡头，通过资本市场将进一步强化融资功能，逐鹿国内乃至国际市场。中通选择在美股上市，也必将开启中国民营快递的国际化进程，进入更新的赛道。不管加盟还是直营，规范、透明、高效的服务对终端消费者都是利好。

（2）同城配送受到热捧，行业集中度不断聚拢。同城配送总量大体8000亿元的规模，但也是当前集中度最低的市场。整个细分行业当前还处在散点状竞争阶段，呈现散、乱、差的状态。从整体业态看，之前以非互联网的商超2B的店配为主，随着这几年无线互联网及电商的快速渗透，2C的比例正在逐年升高，成为驱动市场快速增长的重要引擎。物流领域的巨头以及互联网O2O玩家加速在同城配送的布局。58同城旗下58货运，传化组建的易货嘀，全峰快递、宅急送等都开始发力此领域，具有互联网基因的云鸟配送、8公里等创业公司也在近两年快速崛起。

（3）无车承运人风起云涌。一方面大数据、人工智能在行业内应用越来越多，"互联网+物流"渗透到了传统物流的方方面面；另一方面政府对于物流行业的要求也将越来越严格，在"国五""国六"排放标准不断升级、921治超越来越严苛的背景下，物流效率提升、综合成本降低、及时响应和无缝对接成为当前的刚需，基于数据分析、能够与上下游产生密切协同的无车承运人模式必然大行其道。

与过去整车物流供应商不同，未来无车承运人主流依托的不只是客户关系的建设和维护，更需要的是数据挖掘整合分析能力，以及数据驱动的信息处理所带来的车、货、库房、资金、信息的统筹匹配和协同调度的能力。从福佑卡车、运满满等这些在数据算法上有独特优势同时又对物流行业有着深入洞察的新创公司获得投资机构的追捧可见一斑。

（4）生鲜冷链物流前置仓崭露头角。从冷链物流发展特性看，线下的商超卖场需求增速放缓，而电商平台与本地生活平台冷链物流需求在快速增加；冷冻产品在减少，冷藏产品在增加；低频次大批量的订单在减少，高频次小批量的订单在增加；源于微商渗透的各地原产地农产品的订购量也在不断增加。

原来DC冷库复杂共配作业只为商超卖场、便超与经销商服务，现在增加了生鲜电商、本地生活平台的B2B、B2C服务，变成为经销商渠道、卖场便超零售渠道、生鲜电商渠道等全渠道服务。今后生鲜冷链物流的需求将是线上线下融合的全渠道需求。这些需求的变化推动前置仓模式的快速崛起。

前置仓是指企业将商品通过干线冷链运输到大区仓库，再通过小干线冷链运输到前置仓。前置仓布局在核心商圈和社区，通过社会化最后一公里配送到用户手中。前置仓模式的典型代表是"每日优鲜"，"每日优鲜"前置仓采用三个温区的仓库，覆盖用户半径3公里，可以实现用户下单后2小时即达。2016年，"每日优鲜"依托北京上百个前置仓，实现了北京的区域盈利。前置仓在供应链上既具备灵活性，又有备货的深度，前端保证新鲜，后端配货及时，更具竞争力。在降成本、提效率、优体验方面都有一定的优势。不只是去除层层批发商，降低了采购成本，也省去了门店经营成本，被订单规模摊销；同时，减少了快递模式中出现的分拣损耗、运输损耗，提升了配送效率。

（5）跨境物流海外仓展露端倪。2016年下半年在跨境物流领域只有1家企业完成融资，纵观全年，也只有"出口易"在2016年3月完成亿元及以上大额融资。跨境电商难题集中在物流供应链上，而海外仓可集中帮助跨境电商提供相应支持。

第三方海外仓成为海外直邮集货和中转仓的刚需，中小电商大都选择海外仓。电商巨头阿里联合递四方组建速卖通，正是看准机会，成立专业货源地采购团队配套供应链管理，跨境电商触角前伸，为电商提供一站式物流服务。海外仓的底层架构源于大数据、云存储及强大的供应链管理系统。其核心能力要求一是具有强大的跨境运输能力，包括网点覆盖能力、线路资源、优先仓位支持、运输资源的有效整合、实现规模效应；二是仓储配合和统筹协调能力，即通过规模 SKU 和订单处理满足效率要求，保证发货的精准度、时效性，特别是特殊假期的峰值订单处理能力；三是较强的清关能力，包括通关效率高、安全、快速等。

（6）信息服务商从后台走向前台，正在成为移动互联网时代物流的主导者。移动互联网时代，信息服务商及系统集成商都在从后台走向前台。不管是车货匹配应用如货车帮、系统解决方案集成商 G7、oTMS、唯智信息等在 2016 年都拿到大笔投资。相信他们改变的不只是物流商业交易本身，其数据与资本的结合，将对物流生态形成深远影响。其本质在于通过大数据形成透明链接，进一步通过规模效应达到产业链的协同与融合。其具有的互联网属性和大数据算法优化，将会进一步强化对上下游合作伙伴的连接与业务协同，进而推动软硬一体化并再度夯实物流业务的数据化基础。

三、未来物流服务设计新机会

未来物流服务设计的创新主要有两种，一种是模式创新。模式创新需要分析整个行业生态的变化，以及这种变化给生态各个利益相关主体带来的影响以及结构性机会。比如，在互联网背景下，"携程"将酒店和商旅住客连接起来；"菜鸟"也正是在无数个电商小二、无数个 C 端买家、全国多家快递公司公司之间建立一个庞大的物流信息流的集成平台。模式创新需要大格局、大视野和大平台，还需要把握大趋势和大机会。

创新的另一种是服务流程创新。比如冷链生鲜物流吸引了很多本行业的商家进入，创新了不少做法，很重要的创新是对原有模式的角度进一步细化，本来是一个行为，现在是一组复杂的行为构成的一个链条。模式上并没有颠覆原有做法，而是在整个链条的每一个环节进行精细化设计。对于生鲜电商来说，其竞争力并不在于最后一千米，而是全链条。物流从原产地或生产企业采购，到冷链长途快运、城市 DC 冷库分拣加工、B2B 冷链城配、前置仓暂存，最后到冷链宅配的全链条能力都至关重要。前置仓模式就是从原来物流企业大都忽视的环节入手，进行精细设计，成就了今天的"每日优鲜"。

今天的物流行业不仅存在整体价值链的重构问题，而且在很多细分领域，现有服务行为有待拉长拉细，重新设计。服务行业的发展，实际上是内涵的发展，最重要的就是服务模式重构和服务质量优化。物流企业须探索物流服务领域的各种机会，利用服务设计的思维和方法论助力物流优化升级。

任务分解

1. 市场调查资料的分析步骤。
2. 总量指标的含义和分类。
3. 相对指标的含义及各种具体的相对指标的适用范围。
4. 平均指标的含义、类型以及各种平均指标的优缺点。
5. 标志变异指标的含义及运用。

案例导入

案例：2016 年度中国"共享经济"发展报告

2016 年中国"共享经济"市场规模达 39450 亿元，增长率为 76.4%。

2016 年我国分享经济的提供服务者人数约为 6000 万人，比上年增加 1000 万人；分享经济平台的就业人数约 585 万人，比上年增加 85 万人。

2016 年度共享经济交通领域金额最大一笔融资是 6 月 16 日滴滴出行获得的 45 亿美元。

截至 2016 年 12 月，网络预约专车用户规模为 1.68 亿，比 2016 年上半年增加 4616 万，增长率为 37.9%。

在 2016 年 1 月 1 日至 6 月 17 日，共有 10 家众筹平台完成融资，总计融资金额约为 31000 万元。

2016 年度共享单车领域单 ofo 就完成了 5 次融资。

2016 年，共享单车呈现近 10 倍规模发展。

2016 年 4 月 18 日，C2C 众包物流人人快递宣布完成 5000 万美金 B 轮融资。

2016 年全国众筹行业共成功筹资 224.78 亿元，是 2015 年全年成功筹资额的 1.97 倍，是 2014 年全年全国众筹行业成功筹资金额的 10.42 倍。

截至 2016 年 12 月底，全国众筹行业历史累计成功筹资金额超 350 亿元，达 363.95 亿元。

2016 年中国在线旅游分享住宿市场交易规模预计可达到 89.4 亿元，相比 2015 年交易额增长 80.6%，分享住宿市场规模持续上升。

2016 年外卖市场爆炸式发展，交易规模约 1524 亿元，相比 2015 年的 459 亿元增加了 232%。

（资料来源：中国电子商务研究中心）

思考题：通过阅读上述案例，你有哪些想法？

理论知识

一、市场调查资料分析的含义

分析市场调查资料就是以某种有意义的形式或顺序把收集的资料重新展现出来的过程，实际上就是告诉资料的需求方数据资料里到底包含了哪些有用的信息。

市场调查资料分析要求如下。

第一，要根据本次调查的核心目标进行分析，明确此次调查分析的方向和最终目的，以及资料分析的重点等情况。

第二，要确定调查资料收集的具体方法是否适合调查的总体目标，是否具有针对性。

第三，要对收集资料的可靠性和代表性进行分析。

第四，选用适当的分析方法，对调查资料的数据进行分析，总结资料所反映的问题。

第五，得出综合的分析结论。

二、市场调查资料的定性分析

（一）定性分析操作步骤

（1）审读资料数据。

（2）知识准备。

（3）制定分析方案。

（4）分析资料。

（二）定性分析方法

1．对比分析

对比分析是将被比较的事物和现象进行对比，找出其异同点，从而分清事物和现象的特征及其相互联系的思维方法。

市场调查的对象不是孤立存在的，都是和其他事物存在着或多或少的联系，并且相互影响，而对比分析有助于找出调查事物的本质属性和非本质属性。

案例 7-11

2017 年中国跨境零售电商销售额将达 1106 亿美元

中国和美国消费者在购买其他国家的商品时，都喜欢使用亚马逊或 eBay 这样的国际购物平台。但是，中国消费者在跨境购物方面表现轻松。

2016 年 10 月 PayPal 和 Ipsos 的调查显示，约 3/4 的中国和美国跨境网络购物消费者表示更喜欢在全球性平台网购。约 60% 的中国消费者更关心价格，而不在乎产地；这么表示的美国消费者约占 50%。和美国消费者相比，中国消费者在海外购物流程和信任方面的担忧更小。部分原因是，中国环境污染和食品安全问题频发，消费者对国内食品供应缺乏信心。

这导致一部分中国消费者通过网络购买其他国家的商品，特别是婴儿食品。

eMarketer 预计，2017 年中国跨境零售电商销售额将增长 29.1%，达到 1106.8 亿美元。

很多中国消费者有意识地在网上购买境外商品，只有 35% 的中国消费者表示有时不知道是在购买外国商品；而这么表示的美国消费者占 55%。

（资料来源：199IT）

2．推理分析

推理分析是由一般性的前提推导出个别性的结论的一种分析方法。

市场调查中的推理分析，就是把调查资料的整体分解为各个因素、各个方面，形成分类资料，并通过对这些分类资料进行研究，分别把握其特征和本质，然后将这些通过分类研究得到的认识连接起来，形成对调查资料整体和综合性认识的逻辑方法。使用该方法时需要注意，推理的前提要正确，推理的过程要合理，而且要有创造性思维。

3．归纳分析

归纳分析是由具体、个别或特殊的事例推导出一般性规律及特征的分析方法。

在市场调查所收集的资料之中，应用归纳分析法可概括出一些理论观点。归纳分析法是市场调查分析中应用最广泛的一种方法，具体操作可以分为完全归纳、简单枚举和科学归纳。

案例 7-12

根据调查公司 GfK 在 2016 年发布的数据，5 年内日本电饭煲销售量减少了约 10%，但平均单价却从 2011 年的 1.91 万日元逐步上升至 2015 年的 2.21 万日元。推高单价的是比微电脑电饭煲价格贵出 5 倍的高级压力 IH 电饭煲。前来瓜分高级电饭煲市场的企业越来越多。2017 年 2 月，三菱电机推出了能够调整火力、用来烹饪炖煮料理的高级料理机，售价高达 31.5 万～42.5 万日元；松下在 6 月推出了据称可以令米饭更香甜软糯的电饭煲，售价 11 万日元。

由于竞争愈发激烈，导致象印利润率出现下滑。7月3日，象印宣布下调2017财年业绩预期，销售额预计减少5%，而净利润降幅达到15%。受此消息影响，7月4日东证股指开盘后，象印股价大幅下滑13.5%，创下2年3个月来新低。

（三）定性分析的特点

1．定性分析注重整体发展的分析

定性分析的目的在于把握事物的质的特性，因此必须立足于对研究对象的整体分析，获得对研究对象的完整透视，透过现象看到本质，说明研究对象变化发展的真正原因。

2．定性分析的对象是质的描述性资料

定性分析是以反映事物质的特性的描述性资料为研究对象。这些资料通常以书面文字或图片等形式表现，而不是精确的数据形式；定性分析的资料来自小的样本以及特殊的个案，而不是随机选择的大的样本。正由于此，决定了定性分析有自己独特的分析方法，且需要数据的资料来进行补充。

3．定性分析的研究程序具有一定弹性

在分析程序上，定性分析是一个不太严格的研究程序，前一步搜集资料的数量与质量往往决定下一步应该怎么做，原因是调查对象作为一个不断变化的主体所具有的变动性使定性分析过程常常出现变动，具有很大的灵活性。

4．定性分析是对搜集资料进行归纳的逻辑分析

归纳分析是先列出事实材料，将这些资料与事实加以归类，然后从中得到一些启示，抽象概括出概念和原理。定性分析的客观性基于所研究对象有丰富的合乎实际的材料，它不仅可以从各个不同的事物经验中找出共同性的联系，而且也可以从许多不同的观察事例中找出共同的特点，同时研究事物的特例，找出相异之处及其原因。

5．定性分析中的主观因素影响及背景的敏感性

定性分析是一种价值研究，一方面很容易受到研究者和被研究者的主观因素影响，如主体的能动性、独立性和创造性，以及较强的主观体验色彩，从而影响分析的客观性；另一方面，市场调查对象的表现状况又总是与特定的情境相关联，离开这一特定情境，一定的市场现象就不会发生，这就是背景的敏感性。因此定性分析很关注对背景的分析。

三、市场调查资料的描述分析

（一）集中趋势分析

数据的集中趋势分析在于揭示被调查者回答的集中程度，通常用最大频数或最大频率对应的类别选项来衡量。数据的集中趋势是指大部分变量值趋向于某一点，将这点作为数据分布的中心，数据分布的中心可以作为整个数据的代表值，也是准确描述总体数量特征的重要内容。表7-6描述的是某高校大学生月均生活费支出的数据。

表 7-6　大学生月均生活费支出数据

月均生活支出（元）变量值	消费者数（人）次数	各组人数比重（%）频率
100～150	11	4.66
151～200	20	8.47
201～250	37	15.68
251～300	46	19.49
301～350	52	22.03
351～400	42	17.80
401～450	21	8.9
451～500	7	2.97
合计	236	100

以上资料显示，大学生月均生活费开支额在 301～350 元附近的消费人数较多，这里就是数据分布的中心区域，从整体的数据分布状况来看，数据集中趋向于变量值 301～350 元这一组。其实际意义就是：被调查的大学生月均生活支出大部分集中在 301～350 元这个范围之内。

集中趋向数据的特征是总体各单位的数据分布既有差异性又有集中性。它反映了社会经济状况的特性，即总体的社会经济数量特征存在着差异，但客观上还存在着一个具有实际经济意义的、能够反映总体中各单位数量一般水平的数值。描述性统计分析就是用来找出这个数值。描述数据分布中心的统计量，常用的有平均数、众数、中位数等。

1. 平均数

平均数又称平均指标，是同类社会经济现象在一定时间、地点条件下，总体各单位数量差异抽象化的代表性指标，是反映各调查单位数量特征的一般水平的综合指标。平均指标反映了总体分布的集中趋势或一般水平。

（1）算术平均指标

算术平均指标是分析现象一般水平和典型特征的最基本、最常用的一种平均指标。其基本定义为：总体标志总量与总体单位总量之比。其基本计算公式为：

$$算术平均数=\frac{总体标志总量}{总体单位总量}$$

案例 7-13

某商店的一个柜台 10 天销售某种商品的销售量（件）分别为：13、13、14、14、14、15、15、15、16、16，则该商品日均销售量为：

$$\frac{13+13+14+14+14+15+15+15+16+16}{10}=14.5 （件）$$

上式用符号表示为：

$$\overline{X}=\frac{X_1+X_2+\cdots+X_n}{n}=\frac{\sum X}{n}$$

式中：$\overline{X}$——算术平均数；

X_1，X_2，…，X_n——各个变量值；

n——变量个数；

Σ——总和符号。

（2）加权算术平均数

一般分析的资料是经过分组整理的变量数列，并且每组次数不同，就应采用加权算术平均数。

案例 7-14

根据上例的资料，把商品按日销售量分组可得出如表 7-7 所示的数据。

表 7-7　加权算术平均数计算表

按日销售量分组 X（件）	频数 f（个）	各组销售量 Xf（件）
13	2	26
14	3	42
15	3	45
16	2	32
合计	10	145

该商品日平均销售量 $=\dfrac{145}{10}=14.5$（件）

上式以符号表示为：$\overline{X} = \dfrac{X_1 f_1 + X_2 f_2 + \cdots + X_n f_n}{f_1 + f_2 + \cdots + f_n} = \dfrac{\sum Xf}{\sum f}$

式中：f——次数，也称频数；

$\sum Xf$——总体标志总量；

$\sum f$——总体单位总数，也称总次数或总权数。

2. 众数

众数是总体中出现次数最多的那个标志值，它能直观地说明客观现象分布的集中趋势。在实际工作中，有时要利用众数代替算术平均数来说明社会经济现象的一般水平。例如，在大批量生产的男式皮鞋中有多种尺码，其中 40 码销售量最多，则 40 码就是众数，可代表男式皮鞋尺码的一般水平，宜大量生产，而其余尺码生产量就要相应少一些，这样才能满足市场上大部分消费者的需要。

在调查实践中，有时没有必要计算算术平均数，只需要掌握最普遍、最常见的标志值就能说明社会经济现象的某一水平，这时就可以采用众数。

3. 中位数

将被研究总体各单位的标志值按大小顺序排列，处于中间位置的那个标志值就是中位数，用 M_e 表示。其数值不受极端值的影响，也能表明总体各单位标志值的一般水平。

计算中位数很简单，对于 n 个数据，若 n 为奇数，则排序之后的第 $(n+1)/2$ 位置的数据就是中位数；若 n 是偶数，则排序后的第 $n/2$ 位置的数据与 $n/2+1$ 位置的数据的平均值就是中位数。在中位数的应用中，因为先进行了排序，所以对于定序变量的分布中心，中位数是一个很好的统计量。但是，在这里中位数不适用于定类变量，因为定类变量无法排序。

案例 7-15

某企业委托市场调查公司对顾客在某一时间段内购买其生产的日用品次数进行调查。对 15 个顾客的调查结果按次数排序是:

0、0、0、0、1、1、1、1、1、2、2、2、3、7、9

则它们的中位数为 1。

在这次调查中,中位数为 1 说明被调查人群中在本店购买行为的常态为 1 次。

平均数、众数和中位数都是反映总体一般水平的平均指标,彼此之间存在着一定的关系,但其各自含义不同,确定方法各异,适用范围也不一样。在实际应用中,应注意对这几个指标的特征进行细致的把握,根据不同的调查数据类型,采用不同的指标进行分析,以期能够把被调查总体数据的集中趋势最准确地描述出来。

在社会生活中,我们可以这样理解算数平均数、中位数和众数的关系。

算数平均数是完全的平均主义、如同每人一票、"全体投票"等相对应。中位数指的在是从小到大排序之后的样本序列中,位于中间的数值,它并不能反映所有样本个体的信息,仅仅考虑的是在相对位置上中间的样本的信息。在一个社会中,按照财富和社会地位进行排序位于中间位置的是中产阶级。中产阶级的意见受到重视的社会是一个较为稳定的社会,是一个有了较高发展程度的社会。众数指的则是在样本中出现次数最多的个体。很明显,这是与"少数服从多数"相对应的。出现次数最多的个体信息被表达出来,其他个体的所有信息完全被忽视。哪个个体票数最多,它的利益便得以实现,而少数人的利益则不能够得到保证。

(二)离散程度分析

如果需要用一个数值来概括变量的特征,那么集中趋势的分析就是最合适的。但仅有集中趋势的分析还不能完全准确地描述各个变量,这是因为它没有考虑到变量的离散趋势。所谓离散趋势,是指所有数据之间的离散程度。数据的离散程度分析是指数据在集中分布趋势状态下,同时存在的偏离数值分布中心的趋势。离散程度分析是用来反映数据之间的差异程度的。

案例 7-16

表 7-6 反映了大学生月均生活费开支的数据,消费者的月均开支在 100～500 元/月这个范围内,虽然其中大多数消费者的开支都在 250～400 元/月,但也有一些消费者的开支偏高或偏低,而使数据的分布出现离散状态。对于一组数据规律性的研究,集中趋势是数据数量特征的一个方面,离散程度则是数据特征的另一方面。集中趋势反映的是数据的一般水平,我们用平均值等数值来代表全部数据,但要更加全面地掌握这组数据的数量规律,还应该分析反映数据差异程度的数值。

1. 全距

全距是所有数据中最大数值和最小数值之差,也就是,全距=最大值-最小值。在表 7-7 中,全距就为 500-100= 400(元)。

因为全距是数据中两个极端值的差值,不能反映中间数据变化的影响,只受最大值和最小值的影响,所以它是一个粗略的测量离散程度的指标,在实际调查中,主要用于离散程度比较稳定的调查数据。同时,全距可以一般性地检验平均值的代表性大小,全距越大,平均值的代表性越小;反之,平均值的代表性越大。

2. 平均差

平均差即平均离差，是总体各单位标志值与其算术平均数离差绝对值的算术平均数。它也可以反映平均数代表性的大小，由于平均差的计算涉及了总体中所有的数据，因而能够更加综合地反映总体数据的离散程度。其计算公式为：

$$MD = \frac{\sum |X - \bar{X}|}{N}$$

式中 $(X - \bar{X})$ 代表离差，即每一个标志值与平均指标之间的差数 N 为离差的项数。从公式中可以看到，平均差受数据的离散程度和总体的平均指标两个因素的共同影响。所以，当需要对比两个总体变量的离散程度时，如果它们的平均指标水平不同，就不能简单地直接用两个平均差来对比。另外，平均差具有和平均指标相同的计量单位，所以，对于计量单位不同的总体平均差也不能直接比较。这里，可以引入平均差系数的方法。平均差系数就是将平均差除以相对应的平均指标得到的数值。因为平均差系数计算出来的结果是一个相对数，所以就解决了以上平均差的局限，可以应用于比较两个平均指标水平不同的总体问题。

3. 方差和标准差

标准差反映的是每一个个案的分值与平均的分值之间的差距，简单来说，就是平均差异有多大。标准差越大表示差异越大。方差和标准差之间是平方的关系。这两个指标都是反映总体中所有单位标志值对平均数的离差关系，是测定数据离散程度最重要的指标，其数值的大小与平均数代表性的大小是反方向变化的。

样本的方差是所有观测值与均值的偏差平方和除以样本量，具体计算公式是：

$$\sigma^2 = \frac{\sum (X - \mu)^2}{N}$$

其中，σ^2 为总体方差，X 为变量，μ 为总体均值，N 为总体例数。

我们可以看到，计算方差时用到了所有的数据。方差越小，数据的离散程度越小。

样本的标准差是方差的平方根，公式为：

$$\sigma = \sqrt{\frac{1}{N} \sum_{i=1}^{N} (X - \mu)^2}$$

我们应该注意的是，方差的单位是观测数据单位的平方，即标准差的单位与观测数据的单位相同。

四、市场调查资料的综合指标分析

（一）总量指标

1. 总量指标的含义

总量指标是反映社会经济现象在一定时间、地点、条件下的总规模、总水平的综合指标，其数值表现为绝对数，所以又称为统计绝对数，它是对市场调查来的原始资料经过分组和汇总得到的各项总计数字，是资料整理阶段的直接结果，能为市场调查进入分析阶段提供可靠的基础。总量指标是最基本的综合指标。

2．总量指标的分类

（1）按其反映总体内容的不同，分为总体单位总量和总体标志总量，前者是总体内所有单位的总数，后者是总体中各单位标志值的总和。总体单位是标志的直接承担者，标志总量不会独立于单位总量而存在。在一个特定的总体内，只存在一个单位总量，而同时并存多个标志总量，构成一个总量指标体系。同一总量指标在不同情况下可有不同的性质。

（2）按其反映时间状况的不同，分为时期指标和时点指标。时期指标是反映某种社会经济现象在一段时间发展变化结果的总量指标；时点指标是反映社会经济现象在某一时间（瞬间）状况上的总量指标。

（3）按其所采用计量单位的不同，分为实物指标、价值指标和劳动量指标。实物指标是以实物单位计量的统计指标，价值指标是以货币单位计量的统计指标。按实物单位计量的指标最大的特点是它直接反映产品的使用价值或现象的具体内容，能具体表明事物的规模和水平，但指标的综合性能较差，无法进行汇总。按货币单位计量的最大优点是具有广泛的综合性和概括能力，可以表示现象的总规模和总水平，但它脱离了物质内容，因此两者要结合使用。劳动量指标是以劳动单位即工日、工时等劳动时间计量的统计指标。

（二）相对指标

相对指标又称统计相对数，它是两个相互联系的指标数值的比值，用以反映现象的发展程度、结构、强度、普遍程度或比例关系。

相对指标把两个具体数值抽象化，使人们对现象之间所存在的联系有较为深刻的认识相对指标分析是资料分析的基本方法，在社会经济领域中有广泛应用。

1．结构相对指标

结构相对指标是指在分组资料的基础上，总体各组成部分的数值与总体总数值之比所形成的综合指标，表明总体各部分在总体中所占的比重，又称比重指标。

结构相对指标表现为结构相对数，一般用百分数来表示。其计算公式为：

$$结构相对数=\frac{总体的一部分数值}{总体的全部数值}$$

一个统计总体中所有组成部分的比重之和为100%或1。

结构相对指标是统计分析中最常用的指标，其主要作用有以下几个。

（1）利用结构相对指标，可以了解总体的内部结构特征。

（2）通过对现象不同时期结构变化的分析，可以揭示事物的变化过程和发展规律。

（3）结构相对指标可以反映人力、物力、财力的利用程度及生产经营效果的好坏。

2．比例相对指标

比例相对指标是指在分组资料的基础上，总体一部分的指标值与总体另一部分的指标值之比所形成的综合指标，反映总体内部各组成部分之间的数量比例关系。

比例相对指标表现为比例相对数，其计算公式为：

$$比例相对指标=\frac{总体的某一部分数值}{总体的另一部分数值}$$

比例相对指标可以用百分数表示，也可以用 $m:n$ 的形式来表示。

比例相对指标常用来研究现象之间的比例关系，以利促进其协调发展。计算时一般以总量指标进行对比，有时根据研究的目的和所掌握的资料，也可用总体中各部分的相对数或平均数相比。

3．比较相对指标

比较相对指标是指将同一时间的同类指标在不同空间或条件所表现的数值进行对比所形成的综合指标，用来说明现象在同一时间内发展的不平衡程度。

比较相对指标表现为比较相对数，通常用百分数或倍数表示。其计算公式为：

$$比较相对指标=\frac{某一总体的某类指标数值}{另一总体的同类指标数值}$$

比较相对指标可以是两个总量指标、相对指标或平均指标对比，也可以是实际水平与标准水平或平均水平的比较。

比较相对指标主要用作差距分析。通过同类指标的比较，分析现象在同一时间内各单位、各地区发展的不平衡程度，从而找出差距，为提高本单位生产经营水平和管理水平提供依据。

4．强度相对指标

强度相对指标是指两个性质不同但有一定联系的总量指标对比所形成的综合指标，用以表明某一现象在另一现象中的发展强度、密度和普遍程度。

强度相对指标表现为强度相对数，其计算公式为：

$$强度相对指标=\frac{某一总量指标的数值}{另一有联系而性质不同的总量指标的数值}$$

强度相对指标表现为两种形式：一种是复名数，即双重计量单位，如人口密度用"人/平方千米"表示，人均粮食产量用"千克/人"表示；另一种是无名数，即无计量单位，当分子与分母的计量单位相同时，一般用百分数或千分数表示，如资金利税率、商品流通费用率等。

强度相对指标的分子与分母可以互换，因此，强度相对指标有正指标和逆指标之分。所谓正指标是指比值大小与现象的强度、密度和普遍程度成正比，即正指标数值越大越好。所谓逆指标是指比值大小与现象的强度、密度和普遍程度成反比，即逆指标数值越小越好。正指标与逆指标之间互为倒数关系。上述人均粮食产量和净资产收益率都是正指标。

5．动态相对指标

动态相对指标是指某一指标在不同时间的数值对比所形成的综合指标，表明现象发展变化的方向和程度，又称发展速度。其计算公式为：

$$动态相对指标=\frac{报告期指标数值}{基期指标数值}\times100\%$$

所谓基期，就是作为对比基础的时期，报告期是进行计算或分析的时期。

动态相对指标主要用于说明现象在时间上的发展变化程度，其基期的选择要根据统计研究的目的来确定。

6．计划完成程度相对指标

计划完成程度相对指标是指同一总体某指标的实际数与计划数对比，以反映计划完成程度的相对指标。计划完成程度指标一般以百分数表示，又称计划完成百分数，计算公式为：

$$计划完成程度相对指标 = \frac{某一指标的实际完成数}{同一指标的计划规定数} \times 100\%$$

计划完成相对指标主要用来检查计划完成情况，监督计划的执行进度，评价计划执行的好坏。

在实际工作中，评价一项指标是否完成了计划或完成程度的好坏，要根据具体情况进行分析，依据指标的性质不同分别加以确定。具体有如下几种标准。

第一，对于反映经营成果的指标，如产量、利税额等，计划数通常规定最低限额，因此，计划完成程度大于 100%表明超额完成计划。

第二，对于反映投入、消耗的指标，如单位成本等，计划指标往往规定最高限额，因此，计划完成程度小于 100%表明超额完成计划。

第三，对于一些严格控制，既不能突破也不能不完成的计划指标，如银行贷款额、计划生育指标等，其计划完成程度等于 100%为完成计划，大于或小于 100%都是没完成计划。

第四，在评价完成情况的绝对效果时，一定用实际指标减去计划指标，并保留"±"号，但注意在文字说明时，不能带"±"号，要将其换成相应的文字。当然，对每一项指标的评价必须以计划任务是科学、合理的为前提。

案例 7-17

江苏省统计局发布 2017 年第一季度江苏主要经济运行数据，全省经济运行开局良好，供给侧结构性改革成效持续显现，新旧动力加速转换，经济运行保持总体平稳、稳中有进态势。

一、产业结构更趋合理 发展质量稳步提升

一季度江苏省实现生产总值 18822.6 亿元，同比增长 7.1%。每百元固定资产投资创造的 GDP 为 168 元，比上年同期增加 11 元。全省规模以上工业增加值、全省实现社会消费品零售总额分别同比增长 7%和 10.3%。3 月末，全省城镇登记失业率 2.99%，继续保持较低水平。全省居民消费价格保持温和上涨，同比上涨 1.8%。主要指标保持在合理区间。

一季度江苏省供给侧结构性改革持续发力，转型升级步伐加快，平板玻璃、钢材、原煤产量等过剩产能均同比下降，高耗能行业投资增速继续放缓，同比下降 8.1%。高新技术产业保持平稳发展。全省实现高新技术产业产值 1.7 万亿元，同比增长 11.8%，占规模以上工业总产值比重达 41.6%。其中新材料制造业、智能装备制造业均保持两位数增长。企业效益增速回升，利润总额居全国首位。

江苏省统计局副局长、新闻发言人刘兴远说，"符合结构调整和转型升级方向的新产业在保持较快增长，而高耗能产业无论是产出和投资都出现了负增长，这一情况也说明一季度江苏经济既有量的增长，更有质的提升。"

以新产业、新业态、新商业模式为代表的新经济规模不断壮大，为经济发展带来了勃勃生机。

二、消费者信心指数创 2013 年来新高

一季度江苏省服务业增加值同比增长 8.4%，占 GDP 比重达 52.7%，较去年同期提高 1.2 个百分点。经济发展质量和效益的不断提升，也带动民生福祉持续改善。一季度全省全体居民人均可支配收入 11337 元，同比增长 8.4%，其中，农民收入增速 8.4%。一季度全省消费者信心指数 120.6，创 2013 年以来新高，消费需求对经济增长的贡献率达 79%。同比上升 27.2 个百分点。

（资料来源：江苏卫视）

【思考与训练】

资料1：抽样调查某区100户居民的人均月收入（元）情况，得到如下数据。

1900	3200	5200	2800	6500	3200	4600	3900	3200	4600
2200	2800	3900	1600	2800	6500	5800	2800	4600	3200
4600	5200	2200	1200	3900	3200	2800	4600	1600	4600
3200	3200	5800	3900	1200	3900	3900	3200	5800	3200
3900	4600	5800	3900	2800	3900	2800	3900	4600	5200
5800	2800	3900	5800	2800	3900	2800	4600	4600	5200
6500	1600	1900	2800	4600	4600	3200	3200	4600	4600
5800	1600	4600	3200	3900	3900	2800	3200	3200	5800
5200	1200	3200	5800	2200	2800	2600	4500	3900	4600
4000	5200	2200	4600	6500	5200	3900	5200	3900	2800

（1）根据上述调查资料，完成统计数据分组整理。

（2）根据完成的整理资料绘制直方图和折线图。

资料2：某高校有本科与专科两种层次，学生学制及性别分布情况资料如下：本科学生500人，其中男生300人，女生200人；专科学生1500人，其中男生850人，女生650人。请将以上内容制成表格，并在表中列出各项目的比重。

【课程实践】

把调查小组经过实地调查收集的数据资料进行资料整理、资料汇总、资料分析，据以撰写《市场调查资料整理与分析报告》。

1. 各组对实地调查的资料进行审核和整理，对缺失数据做相应的处理。

2. 各组对调查问卷进行数据的编码并制作编码簿。

3. 各组录入调查数据，并查错与核对。

4. 各组对调查资料进行数据分析。

5. 各组根据数据分析资料，撰写《市场调查资料整理与分析报告》。

【学生分析报告范例】

××职业技术学院大学生兼职情况调查分析报告

一、摘要

随着经济的发展，竞争的激烈，就业形势日趋严峻，同时大学课程较少，大学生有更多的课余时间。为了在毕业后能够更好地适应社会，很多在校大学生选择了从事兼职工作，这一方面缓解了家庭的经济负担，更重要的是在一定程度上接触了社会，获取了一些工作经验，提高了自己的综合实力。大学生兼职已是大学校园里的一种普遍现象，其存在了很长时间，已经成为大学生生活的有机组成部分，是一种不可忽视的现象。兼职是大学生交际圈的突破，是大学生生活的润滑剂，也是大学教育在地域上的延伸。如何更好地做好兼职工作，为以后的生活打好基础，日益成为大学生关注的问题。因此，我组为了了解××职业技术学院大学生的兼职情况，掌握大学生兼职的一些特点，组织了调查工作。为学校加强对大学生兼职工作的管理提供一定的参考意见。

二、调查概况

（一）调查背景及目的

1. 调查背景

- 现在大学生课余时间较多。
- 社会竞争日益激烈。
- 企业希望录用有经验的大学生。
- 部分大学生家庭负担重。

2. 调查目的

- 有利于学校对学生进行管理。
- 有利于对学生兼职进行指导。
- 有利于探究兼职存在的安全问题。

3. 调查内容和具体项目

- 了解大学生兼职原因。
- 了解大学生兼职种类。
- 了解大学生对兼职的看法。
- 了解大学生兼职的时间安排。
- 了解大学生对兼职收入的看法。

4. 调查对象

经贸学院贸经系学生50名，其中女生38名，男生12名；大一学生41名，大二学生9名。

（二）调查方法

调查采用问卷形式，共发放问卷50份，收回50份，有效收回率100%。总体来说，被调查的大学生中女生人数大于男生人数，主要被调查者为大一学生。

三、调查结果分析

（一）大学生兼职的原因

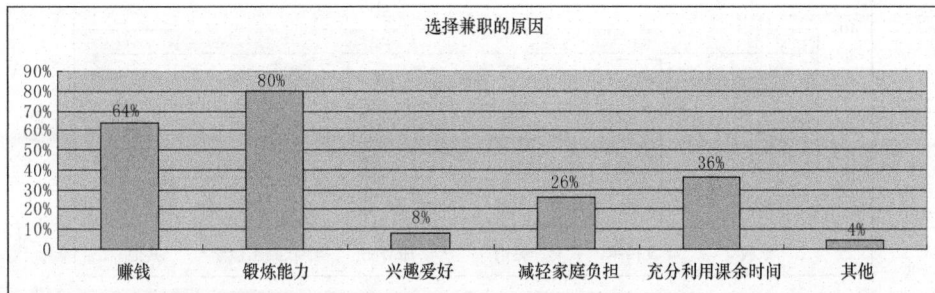

选择兼职的原因

调查结果显示，最吸引大学生加入兼职队伍的原因是"锻炼能力"（占80%），其次是"赚钱"（占64%），再次是"充分利用课余时间"（占36%）。总而言之，绝大部分的大学生从事兼职的原因比较明确，认为兼职主要是为了锻炼能力和赚钱。

（二）通过何种方式找到兼职

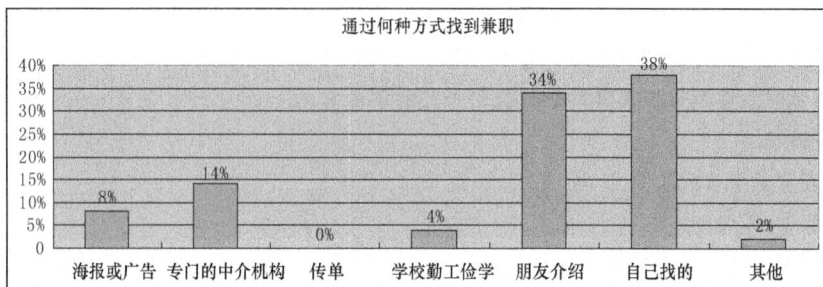

通过何种方式找到兼职

调查结果显示，大学生在寻找兼职信息方面各具特色，38%的学生是自己寻找兼职，34%的学生是通过朋友介绍找到兼职的，14%的学生是通过专门的中介机构寻找兼职，还有部分学生通过海报或广告寻找兼职或在学校进行勤工俭学。

从性别来看，75%的男生是寻找兼职信息的，16.67%的男生是通过朋友介绍的。39.47%的女生是通过朋友介绍的，26.32%的女生是自己寻找兼职信息的。总的来说，男生主要是自己寻找兼职信息，女生主要是通过朋友介绍的。

（三）选择兼职注重的因素

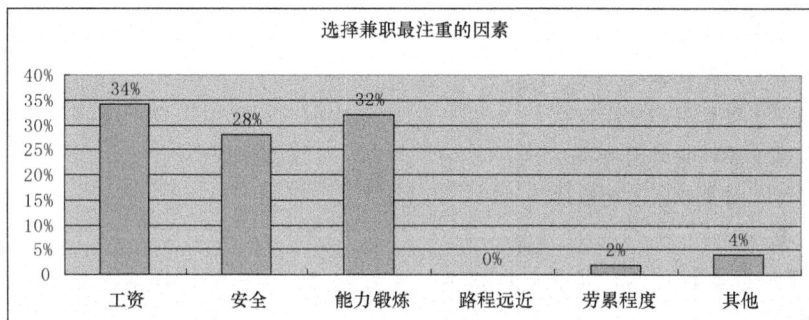

选择兼职最注重的因素

调查结果显示，大学生选择兼职注重的因素主要是工资、能力锻炼以及安全问题。从性别来看，男生主要注重的是工资和能力锻炼，女生主要注重的是安全问题和能力锻炼，其次是工资。

（四）兼职的类型

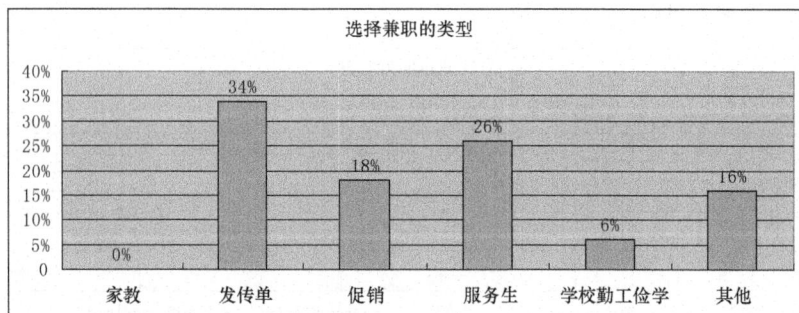

选择兼职的类型

调查结果显示，大学生所从事的兼职类型主要是发传单，做服务生，促销等，而且没有学生从事家教这一类型的兼职工作。

从性别来看，男生有 33.33% 的人做服务生，25% 的人做促销工作，而女生大部分是从事发传单这一类型的兼职工作，占到了 39.47%，还有 23.68% 的做服务生，15.79% 的做促销工作。

总而言之，现在大学生兼职工作类型多样，比较有选择性。

（五）兼职与专业相关程度

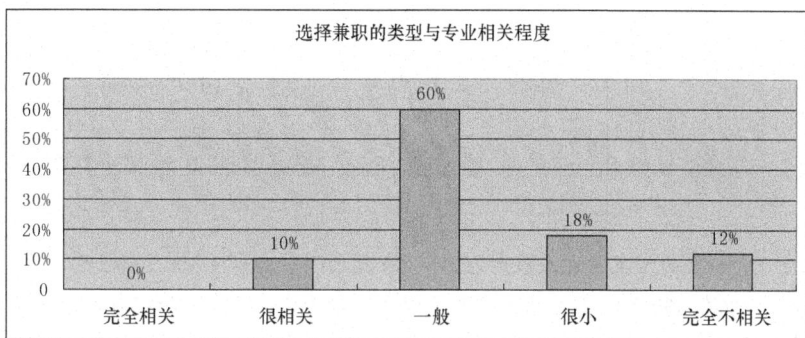

选择兼职的类型与专业相关程度

相关程度	百分比
完全相关	0%
很相关	10%
一般	60%
很小	18%
完全不相关	12%

调查结果显示，大学生所做兼职与其专业的相关程度不是很高，有 60% 的学生相关程度都是一般。完全不相关的有 12%。只有 10% 的学生觉得很相关。总而言之，所做兼职与所学专业相关程度不高。

（六）兼职时间

兼职时间

时间	百分比
周末	66%
假期	20%
平时	14%

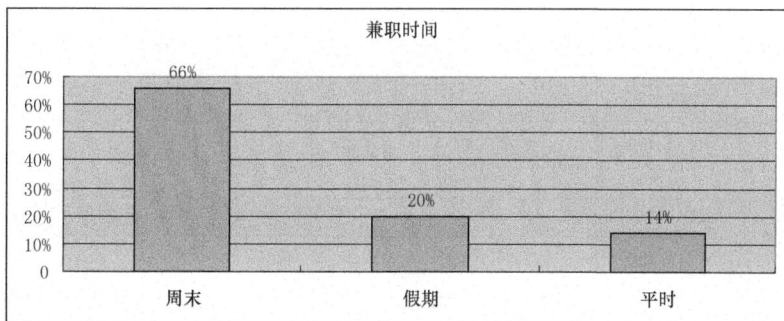

调查结果显示，大学生大多数都是在周末进行兼职。

（七）兼职与课程冲突时的选择

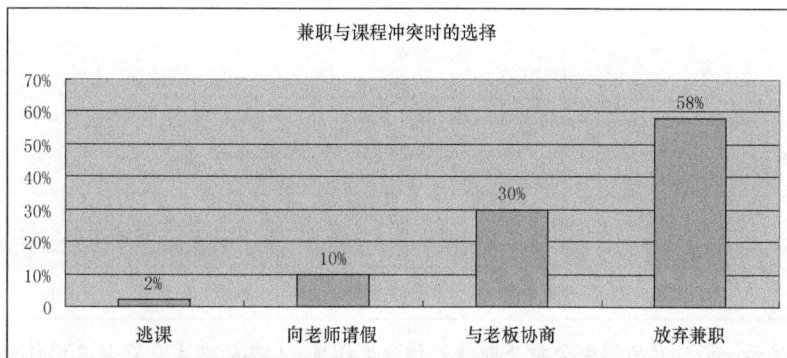

兼职与课程冲突时的选择

选择	百分比
逃课	2%
向老师请假	10%
与老板协商	30%
放弃兼职	58%

调查结果显示，当兼职与课程冲突时有 58% 的学生会选择放弃兼职，2% 的学生会选择逃课，10%

的学生会选择向老师请假，30%的学生会选择与老板协商。总而言之，当兼职与课程冲突时大多数学生会选择以学业为主。

（八）兼职收入情况

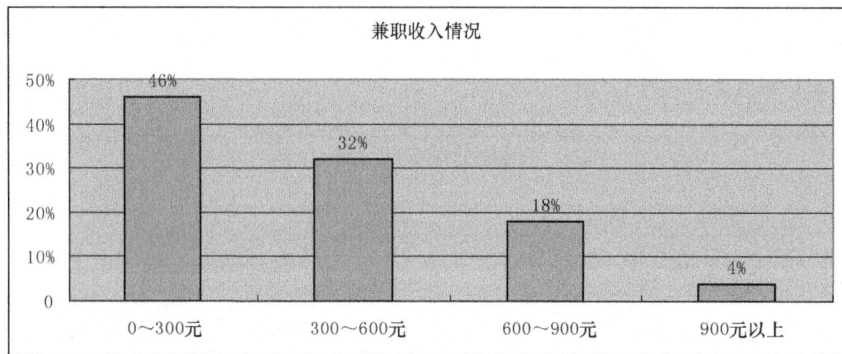

调查结果显示，46%的学生兼职月收入在0～300元之间，32%在300～600元之间，18%在600～900元之间，只有4%在900元以上。总而言之，学生兼职主要在周末，所以收入不是很高。

（九）对兼职收入的满意情况

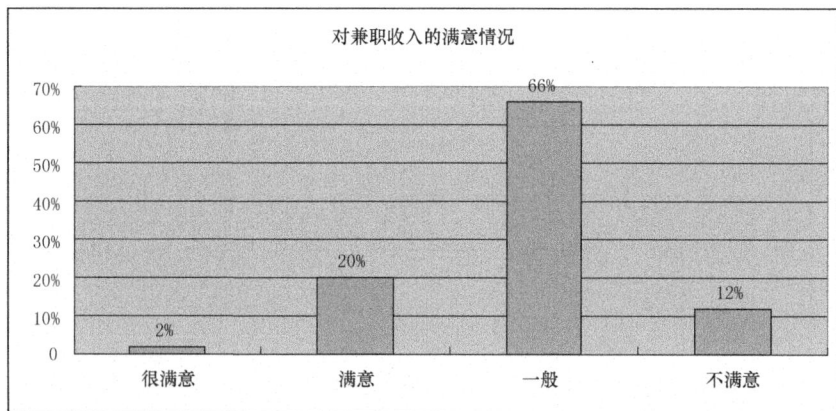

调查结果显示，大多数学生对兼职的收入基本满意。

（十）兼职收入安排

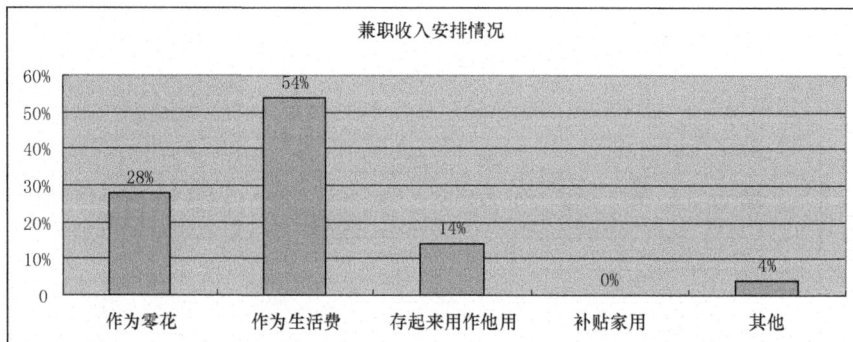

调查结果显示，有54%的学生会把兼职收入作为生活费，14%的学生会存起来用作他用，只有28%的学生会用作零花。总而言之，大学生对兼职收入的安排大体上还是很合理的。

（十一）兼职带来的影响

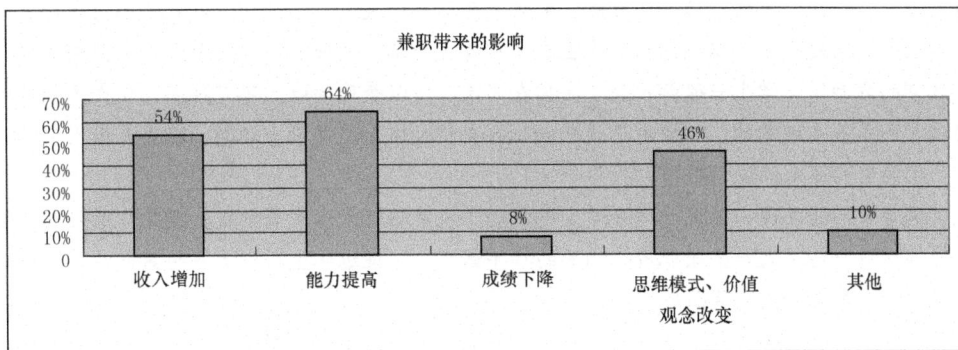

兼职带来的影响

调查结果显示，有 64%的学生觉得兼职提高了自己的能力，54%的学生认为兼职增加了自己的收入，46%的学生认为兼职使他们的思维模式、价值观念发生改变，只有 8%的学生认为兼职使他们的成绩下降了。总而言之，兼职给大学生带来的影响总体上是乐观的。

（十二）兼职对就业帮助程度情况

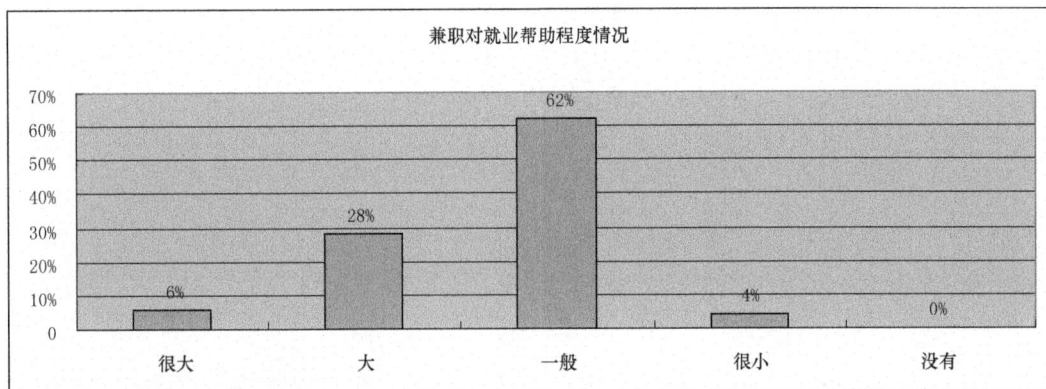

兼职对就业帮助程度情况

调查结果显示，兼职对就业存在一定的帮助程度。

（十三）是否需要学校对兼职进行指导

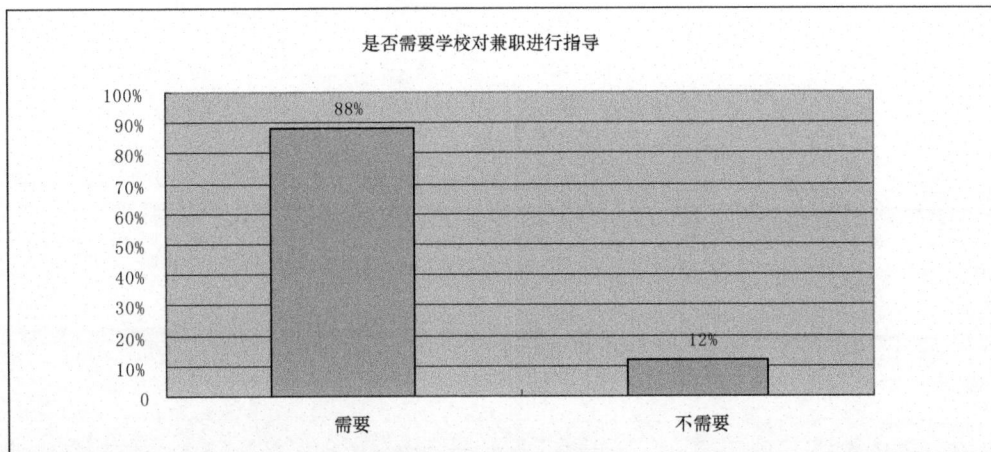

是否需要学校对兼职进行指导

调查结果显示，大部分学生希望学校能对兼职进行指导。

四、结论及建议

通过调查，我们发现随着社会的发展，大学生兼职的种类日益多样化，在找兼职时多数选择自己找，选择兼职的出发点大多以锻炼能力为主以增加收入为辅，所做兼职是否与所学专业相关已不是学生特别注重的方面了。学生一般都把兼职安排在周末，所以兼职的收入不是很高，但大多数人对自己的兼职收入还是基本满意的。学生对于兼职的收入安排大体上还是很合理的，绝大多数人都认为兼职对自己产生的影响还是比较乐观的。

通过调查我们还发现，很大一部分学生都希望学校能够对大学生兼职进行指导，所以我们在此建议学校能够开设一些对大学生兼职进行相关的指导课程，以促进学生得到更多的兼职收获，一定程度上减少兼职对大学生产生的负面影响。

【任务 1】定性预测分析

任务要求

在下列案例中运用德尔菲法预测了企业的产品销售额，运用所学知识回答以下问题。

1. 你认为采用这种方法进行预测，结果可信吗？说明理由。
2. 如果你是预测小组工作人员，你准备如何处理数据？

案例：德尔菲法预测

金融危机爆发后，××公司市场环境发生巨大变化，对产品明年的销售量难以确定，因而聘请 10 位专家，用德尔菲法进行预测。具体数据如表 8-1 所示。

表 8-1 专家预测意见统计表

单位：万台

征询意见＼专家	1	2	3	4	5	6	7	8	9	10
第一轮	90	100	95	82	95	65	70	80	74	83
第二轮	90	95	93	75	85	67	74	85	80	83
第三轮	90	93	90	82	92	75	78	88	83	85

任务分解

1. 掌握综合意见集合法及分析步骤。
2. 了解专家预测法。
3. 掌握德尔菲法的特点及分析步骤。

案例导入

空调机市场需求预测

某空调机厂对某种型号的空调机投放市场后的年销售量进行预测，由于缺乏足够的信息资料，遂决定聘请 9 位专家应用德尔菲法进行预测，进行四轮的征询、反馈、修改和汇总。专家的第一轮意见汇总得出的结论相当分散。专家根据反馈意见，大多数人修改了自己的意见并向中位数靠拢，因此，第二轮意见汇总后极差变小。但第四轮征询时，每位专家都决定不修改自己的意见，于是得出最终的预测值，认为年销售量将达到 26 万台。空调机厂利用此预测值对生产规模和产品品种等方面进行控制，并取得了良好的效益。

由此可见，在缺乏历史资料甚至不知预测从何下手时，利用专家的经验及主观判断分析，可以预测事物的未来状态。

理论基石

一、集合意见法

（一）集合意见法含义

集合意见法是指企业内部经营管理人员、业务人员凭自己的经验判断，对市场未来需求趋势提出个人的预测意见，再集合大家的意见做出市场预测的方法。集合意见法是短期或近期的市场预测中常用的方法。企业经营管理人员和业务人员在日常工作中，积累了丰富的经验，掌握着大量的实际资料，非常熟悉市场需求的变化情况，对他们的意见进行充分调查并加以集中，可以对市场的未来情况做出预测。

（二）集合意见分析法的分析步骤

1. 预测准备

预测组织者根据企业经营管理的要求，向参加预测的有关人员提出预测项目和预测期限的要求，并尽可能提供有关背景资料。

2. 各位预测人员提出预测方案

预测人员根据预测要求及掌握的背景资料，凭个人经验和分析判断能力，提出各自的预测方案。在此过程中，预测人员应进行必要的定性分析和定量分析。

定性分析主要是分析历史上生产销售资料、目前市场状态、产品适销对路的情况，商品资源、流通渠道的情况及变化，消费心理变化、顾客流动态势等。

定量分析主要是确定未来市场需求的几种可能状态（如市场销路好或市场销路差的状态），估计各种可能状态出现的主观概率，以及每种可能状态下的具体销售值。

3. 计算各位预测人员方案期望值

预测组织者计算分析有关人员预测方案的期望值。方案期望值等于各种可能状态主观概率与状态值乘积之和。

4. 按人员类别计算各类人员的综合预测值

将参与预测的有关人员分类，比如经理类、管理职能科室类、业务人员类等，计算各类综合期望值。综合方法一般是采用平均数、加权平均数或中位数统计法。

综合预测值公式为：$\tilde{x} = \dfrac{\sum \tilde{x}_i W_i}{\sum W_i}$

式中： $\tilde{x}$ ——某类人员综合预测值；

$\tilde{x}_i$ ——某类各人员的方案期望值；

W_i ——某类各人员的方案期望值权数。

5. 确定最后的预测值

预测组织者将各类人员的综合期望值通过加权平均法等计算出最后的预测值。

二、专家会议法

（一）专家会议法的含义

专家会议法，是邀请有关方面的专家，通过会议的形式，对市场未来发展趋势或企业某个产品的发展前景做出判断，并在专家分析判断的基础上，综合专家的意见，进行市场分析预测的方法。

（二）专家会议法分析步骤

1. 选择专家

专家会议法预测能否取得成功，在很大程度上取决于专家的选择。专家选择应依据以下要求。

（1）专家要有丰富经验和广博知识。专家一般应具有较高学历，有丰富的与预测课题相关的工作经验，思维判断水平较高，语言表达能力较强。

（2）专家要有代表性。要有各个方面的专家，如市场营销专家、管理专家、财务专家、生产技术专家等，不能局限于某一个部门。

（3）专家要有一定的市场调查和市场预测方面的知识和经验。

2. 召集专家会议

首先，做好会议的准备工作。包括确定会议的主题，选好会议的场地和时间，确定会议的次数，准备会议的记录分析工具。

其次，确定主持人。这对于会议的成功与否起着非常重要的作用，要求其具有丰富的调查经验，掌握与讨论内容相关的知识，并能控制或引导会议的进程和方向。

再次，邀请专家参加会议。邀请出席会议的专家人数不宜太多，一般 8~12 人最好，要尽量包括各个方面的专家，专家要独立思考，不受某个权威意见所左右。

复次，控制好会议的进程。会议主持人提出预测题目，要求大家充分发表意见，提出多种方案。主持人不要谈自己的设想、看法或方案，以免影响与会专家的思路。对专家所提出的各种方案和意见，不应持否定态度，均应表示肯定和欢迎。

在这一步中，需要强调的是，会议上不要批评别人的方案，要打开思路，畅所欲言，方案多多益善，气氛要保持民主热烈。同时，要做好会议的记录工作。可以由主持人边提问边记录，也可以由助手进行记录，还可以通过录音、录像的方法记录。

最后，在会议结束后，主持人再对各种方案进行比较、评价、归类，最后确定出预测方案。

另外，为了使专家会议法更有成效，会前应进行一定的调查研究，提供相关的资料，如市场动态资料，不同厂家所生产的同类产品的质量、性能、成本、价格对比资料，以及同类产品的历史销售资料等。

3．选择专家会议的形式

根据会议的程序和专家交换意见的要求，专家会议法分为下列三种具体的形式。

（1）非交锋式会议。在这种方式的会议上，鼓励创造性思维，参与的专家都可以独立地、任意地发表意见，可以不带发言稿，以便充分发挥灵感，但与会专家互相不争论，不批评他人意见。这种非交锋式会议法也称为头脑风暴法。

（2）交锋式会议。在这种方式的会议上，与会专家都可以围绕预测的问题，各抒己见、直接争论，经过讨论达成共识，做出一个较为一致的预测结论。

（3）混合式会议，又称为质疑头脑风暴法，是交锋式与非交锋式会议的混合使用。这种会议方式，第一阶段实施头脑风暴法，第二阶段对前一阶段提出的各种想法意见进行质疑，在质疑中可以争论、批评，也可以提出新的设想，通过不断的交换意见，互相启发，最后取得一致的预测结果。

三、德尔菲法

（一）德尔菲法含义

所谓德尔菲法，就是采用背对背的通信方式征询专家小组成员的预测意见，经过几轮征询，使专家小组的预测意见趋于集中，最后做出符合市场未来发展趋势的预测结论。德尔菲法是为了克服专家会议法的缺点而产生的一种专家预测方法。在预测过程中，专家彼此互不相知、互不往来，这就克服了在专家会议法中经常发生的专家不能充分发表意见、权威人物的意见左右其他人的意见等弊病，使各位专家能真正充分地发表自己的预测意见。

（二）德尔菲法适合条件

1．缺乏足够的资料

企业在市场预测中，由于没有历史资料或历史资料不完备，难以进行量化分析时，采用德尔菲法。

2．作长远规划或大趋势预测

长远规划和大趋势，因为时间久远，不可控制的变量太多，具体的量化非常困难，也不准确，这时采用德尔菲法是一个不错的选择。

3．影响预测的因素太多

预测事件的变化总是会受到很多大大小小因素的影响，在某事物受到影响因素过多时，就比较适合采用德尔菲法。

4．主观因素对预测事件影响比较大

预测事件的变化主要不是受技术、收入等客观因素的影响，而是受政策、法规等主观因素影响时，宜采用德尔菲法。

（三）德尔菲法分析步骤

1．确定预测题目，选定专家小组

确定预测题目即明确预测的目的和对象，选定专家小组则是决定向谁做有关的调查。这两点是有机地联系在一起的，即被选定的专家必须是对确定的预测对象具有丰富知识的人，既包括理论方面的

专家，也包括具有丰富实际工作经验的专家，这样组成的专家小组，才能对预测对象提出可信的预测值。专家人数一般 10～20 人为宜。

2. 制定征询表，准备有关材料

预测组织者要将预测对象的调查项目按次序排列绘制成征询表，准备向有关专家发送。同时还应将填写要求、说明一并设计好，使各专家能够按统一要求做出预测值。

制定意见征询表时应当注意以下几个要点：征询的问题要简单明确，使人容易回答；问题数量不宜过多；问题的回答要尽量接近专家熟悉的领域，以便充分利用专家的经验；意见征询表中还要提供较详细的背景材料，供专家在判断时参考。

3. 采用匿名方式进行多轮函询

第一轮：预测组织者将预测课题、征询表和背景材料邮寄给每位专家，要求专家一一作答，提出个人的初步预测结果。

第二轮：预测组织者将第一轮汇总整理的意见、预测小组的要求和补充的背景材料，反馈给各位专家，进行第二轮征询意见。

专家们在接到第二轮资料后，可以了解其他专家的意见，并由此做出新的预测判断。他既可以修改自己原有的意见，也可以仍然坚持第一轮的意见，并将第二轮预测意见按期寄给预测组织者。

第三轮：预测组织者将第二轮汇总整理的意见、补充材料和预测小组的要求，反馈给各位专家进行第三轮征询意见。要求每位专家根据收到的资料，再发表第三轮的预测意见。专家们将第三轮意见（修改的或不修改的）再次按期寄回。这样，经过几次反馈后，各位专家对预测问题的意见会逐步趋于一致。

4. 对专家最后一轮预测意见加以处理，做出最后的预测结论

用德尔菲法征询专家意见一般要求在三轮以上，只有经过多次的征询，专家们的看法才能更加成熟、全面，并使预测意见趋于集中。用数学统计分析方法处理专家们的预测数据，得出最终预测值，一般采用平均数法和中位数法。

（1）平均数法，就是用专家所有预测值的平均数作为综合的预测值。

公式是：$Y = \dfrac{\sum X_i}{n}$

式中：X_i——各位专家的预测值；

n——专家人数。

（2）中位数法，是用所有预测值的中位数作为最终的预测值。

中位数的位置：$\dfrac{n+1}{2}$

具体做法是：将最后一轮专家的预测值从小到大排列，重复的数值舍去，那么中位数所处的位置（第 $\dfrac{n+1}{2}$ 位）的数据就是中位数。

案例 8-1

某企业所处行业的宏观环境发生了变化，对产品明年的销售量难以确定，因而聘请 10 位专家，用德尔菲法进行预测。具体数据如表 8-2 所示。

表 8-2　专家预测意见统计表

单位：万件

征询意见 专家	1	2	3	4	5	6	7	8	9	10
第一轮	70	80	75	52	75	45	50	60	54	63
第二轮	70	75	73	55	65	47	54	65	60	63
第三轮	70	73	70	62	72	55	58	68	63	65

从表 8-2 中不难看出，专家们在发表第二轮预测意见时，大部分专家都修改了自己的第一轮预测意见，只有编号为 1 和编号为 10 的专家坚持自己第一轮的预测意见。经过三轮征询后，专家们预测值的差距在逐步缩小，在第一轮征询中，专家的最大预测值 80 与最小预测值 45 相差 35 万件；第二轮征询中，专家最大预测值 75 与最小预测值 47 相差为 28 万件；第三轮征询中，专家最大预测值 73 与最小预测值 55 仅相差 18 万件。

$$Y = \frac{\sum X}{n} = \frac{70+73+70+62+72+55+58+68+63+65}{10} = 65.6（万件）$$

即预测产品明年销售量为 65.6 万件。

若用中位数法确定最终预测值，则按以下程序操作。

首先，将表 8-1 中的第三轮专家预测值按其数值从小到大排列：

55，58，62，63，65，68，70，70，72，73

其次，确定中位数所在的位置：$\frac{n+1}{2} = \frac{10+1}{2} = 5.5$

那么，中位数为 $\frac{65+68}{2} = 66.5$（万件）。

即预测产品明年的销售量为 66.5 万件。

140

【任务 2】定量预测分析

任务要求

案例：2018 年中国"共享经济"市场规模发展趋势预测

中国电子商务研究中心监测数据显示，2014 年后，中国"共享经济"市场规模增速放缓。经历过爆发式增长与市场选择、政策调控，"共享经济"模式正在以更加合理的速度逐步扩散。2016 年中国"共享经济"市场规模达 39450 亿元，增长率为 76.4%。互联网使分享高效，"共享经济"市场规模稳步增长，据预测 2018 年市场规模可达 75130 亿元，如图 8-1 所示。

分析：通常情况下，事物的发展变化呈现出一定趋势，这种趋势还可能进一步延续。在调查中，我们根据调查对象的时间序列数据，通过分析或建立数学模型，并进行延伸，就可以预测市场未来的发展趋势。

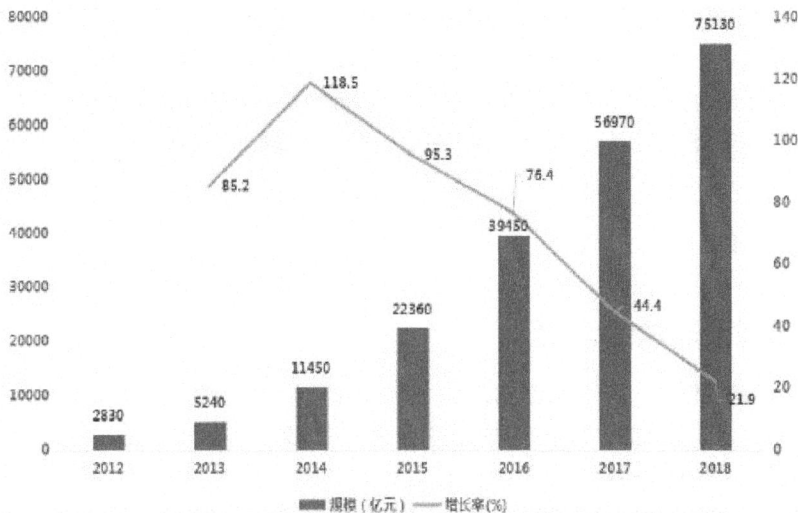

图 8-1　2012—2018 年中国"共享经济"市场规模发展趋势预测图

（资料来源：中国电子商务研究中心：《2016 年度中国"共享经济"发展报告》）

任务分解

1. 时间序列预测法的含义。
2. 移动平均法的含义和案例运用。
3. 回归分析预测法的含义。

案例导入

　　1947 年，宝丽来公司创始人埃德文·兰德博士（Dr. Edwin Land）宣布，他们在研究即时显像的技术方面迈出了新的一步，这使得一分钟成像成为可能。紧接着，公司开始拓展用于大众摄影的业务。宝丽来的第一台相机和第一卷胶卷诞生于 1949 年。从那之后，他们不断地在化学、光学和电子学方面进行试验和发展，以生产具有更高品质、更高可靠性和更为便利的摄影系统。

　　宝丽来公司目前正致力于即时显像技术在现代可视的通信环境下的应用。为此，宝丽来公司推出了多种可进行即时显像的产品，以供专业摄影、工业、科学和医学之用。除此之外，公司还在磁学、太阳镜、工业偏振镜、化工、传统涂料和全息摄影的研制和生产方面开拓自己的业务。

　　用于衡量摄影材料感光度的测光计，可以提供许多有关胶片特性的信息，比如它的曝光时间范围。在宝丽来中心感光实验室中，科学家们把即时显像胶片置于一定的温度和湿度下，使之近似于消费者购买后的保存条件，然后再对其进行系统的抽样检验和分析。他们选择专业彩色摄影胶卷，抽取了分别已保存 1～13 个月不等的胶卷，以便研究它们保存时间和感光速率之间的联系。数据显示，感光速率随保存时间的延长而下降，它们之间相应变动的关系可用一条直线或线性关系近似地表示。

　　运用回归分析，宝丽来公司建立一个方程式，它能反映出胶卷保存时间长短对感光速率的影响。

$$Y = -19.8 - 7.6X$$

式中：Y——胶卷感光率的变动；

X——胶卷保存时间（月）。

从这一方程式中可以看出，胶卷的感光速率平均每月下降 7.6 个单位。分析得到的信息有助于宝丽来公司把消费者的购买和使用结合起来考虑，以调整生产，从而提供消费者需要的胶卷。

思考题：宝丽来公司运用什么理论来调整生产，提供消费者需要的胶卷？

🕊️ 理论基石

一、时间序列预测法的含义

时间序列预测法是将历史资料和数据，按时间顺序排列成一个系列，根据时间序列所反映的经济现象的发展过程、方向和趋势，运用一定的数学方法使其向外延伸，预计其未来发展变化趋势，预测经济现象未来可能达到的水平。

时间序列分析法的具体形式主要有简单平均预测法、移动平均预测法、趋势外推法、指数平滑法和季节指数法等。

（一）简单平均预测法

1．简单算术平均数

一组时间序列 $X_1, X_2, \cdots, X_n$ 的算术平均数是：

$$\bar{X} = \frac{X_1 + X_2 + \cdots + X_n}{n} = \frac{\sum X}{n}$$

式中：$\bar{X}$ ——观察期内时间序列平均数；

X_i ——时间序列各期的数值；

n ——观察时期数。

在进行预测时，有时可以用算术平均数作为下期预测值。

2．加权算术平均数

加权算术平均法是为观察期内的每一个数据确定一个权数，并在此基础上，计算其加权平均数作为下一期的预测值。

$$\bar{X} = \frac{X_1 f_1 + X_2 f_2 + \cdots + X_n f_n}{\sum f} = \frac{\sum Xf}{\sum f}$$

式中：$\bar{X}$ ——观察期内时间序列平均数；

X_i ——时间序列各期的数值；

f_i ——观察期各期数值的权数。

（二）移动平均预测法

移动平均预测法是将观察期内的数据由远及近按一定的时期数进行平均的一种预测方法，随着观察期的"逐期推移"，观察期内的数据也随之向前移动，每向前移动一期，就去掉最前面一期数据，而新增原来观察期之后的数据，保证跨越期不变，然后逐个求出其算术平均值并将预测期最近的那一个平均数作为预测期的预测值。

1. 简单移动平均

简单移动平均法指时间序列按一定的时期数，移动计算观察数据的算术平均数，形成一组新的数据。简单移动平均法的基本公式表示为：

$$M_t = \frac{X_{t-1} + X_{t-2} + \cdots + X_{t-n}}{n}$$

式中：M_t——第 t-1 期到第 t-n 期的平均数；

$X_{t-1}, X_{t-2}, \cdots, X_{t-n}$——第 t-1 期到 t-n 期的实际值；

n——移动时期数。

在进行预测时，把 M_t 作为第 t 期的预测值。

案例 8-2

表 8-3 所示为某加油站 2016 年各月汽油的消耗量，并分别对其移动时期数为 3 个月和 5 个月的情况对该加油站 2017 年 1 月的汽油需求量进行预测。

表 8-3 某加油站 2016 年各月汽油的消耗量及其移动平均值

月份	实际使用量 X_t（万升）	3 个月移动平均值 $M_t(n=3)$（万升）	5 个月移动平均值 $M_t(n=5)$（万升）
1	120.0		
2	132.0		
3	142.0		
4	138.0	131.3	
5	146.0	137.3	
6	152.0	142.0	135.6
7	146.0	145.3	142.0
8	155.0	148.0	144.8
9	143.0	151.0	147.4
10	156.0	148.0	148.4
11	148.0	151.0	150.4
12	150.0	149.0	149.6
2017 年 1 月		151.3	150.4

2. 加权移动平均

加权移动平均法是对移动时期数内不同重要程度的数据赋予不同的权数，求得加权平均数，并以此来预测下一期数据。其公式表示为：

$$M_{t+1} = \frac{W_1 X_t + W_2 X_{t-1} + \cdots + W_n X_{t-n+1}}{W_1 + W_2 + \cdots + W_n}$$

式中：M_{t+1}——时间为 t 的加权移动平均数，即 X_{t+1} 的预测值；

$X_t, X_{t-1}, \cdots, X_{t-n+1}$——观察期内时间序列的各个数据，即预测目标在观察期内的实际值；

$W_1, W_2, \cdots, W_n$——与观察期内各个时期值相对应的权数。

案例 8-3

利用案例 8-2 数据，令移动时期数为 3 个月，权数分别为 0.5、0.3、0.2，运用加权移动平均法预测该城市 2017 年 1 月对汽油的需求量。

利用公式 $M_{t+1} = \dfrac{W_1 X_t + W_2 X_{t-1} + \cdots + W_n X_{t-n+1}}{W_1 + W_2 + \cdots + W_n}$ 计算结果如表 8-4 所示。

表 8-4　某城市 2010 年各月份汽油的消耗量及其加权移动平均值

月份	实际使用量 X_t（万升）	加权平均值 M_t（n=3）	预测值
1	120.0		
2	132.0		
3	142.0		
4	138.0	142.0×0.5+132.0×0.3+120.0×0.2=134.6	134.6
5	146.0	138.0×0.5+142.0×0.3+132.0×0.2=138.0	138.0
6	152.0	146.0×0.5+138.0×0.3+142.0×0.2=142.8	142.8
7	146.0	152.0×0.5+146.0×0.3+138.0×0.2=147.4	147.4
8	155.0	146.0×0.5+152.0×0.3+146.0×0.2=147.8	147.8
9	143.0	155.0×0.5+146.0×0.3+152.0×0.2=151.7	151.7
10	156.0	143.0×0.5+155.0×0.3+146.0×0.2=147.2	147.2
11	148.0	156.0×0.5+143.0×0.3+155.0×0.2=151.9	151.9
12	150.0	148.0×0.5+156.0×0.3+143.0×0.2=149.4	149.4
2017 年 1 月		150.0×0.5+148.0×0.3+156.0×0.2=150.6	150.6

（三）直线趋势外推法

趋势外推法又称数学模型法，就是通过建立一定的数学模型，对时间序列给出恰当的趋势线，将其外推或延伸，用来预测未来可能达到的水平。趋势外推法又分为直线趋势外推法和曲线趋势外推法，在这里只介绍直线趋势外推法。直线趋势外推法就是假定预测目标随时间变化的规律近似为一条直线，通过拟合直线方程描述直线的上升或下降趋势来确定预测值。

二、回归分析预测法

（一）回归分析预测法含义

回归分析预测法是通过对预测对象和影响因素的统计整理和分析，找出它们之间的变化规律，将变化规律用数学模型表示出来，并利用数学模型进行预测的一种分析方法。因此，建立变量之间有效的回归方程，是回归分析预测法的重要工作，此法主要用于对市场现象未来发展状况和水平进行预测，如果能将影响市场预测对象的主要因素找到，并能够取得其数据资料，就可以采用回归分析预测法进行预测。它是一种具体的、行之有效的、实用价值很高的常用市场预测方法。

回归分析预测法有多种类型，可根据自变量的个数分为一元回归预测法、二元回归预测法和多元回归预测法。在一元回归分析预测法中，自变量只有一个；在二元回归预测法中，自变量有两个；而在多元回归分析预测法中，自变量有两个以上。根据自变量和因变量之间是否存在变量关系，可分为线性回归预测和非线性回归预测。

（二）回归分析预测法的基本步骤

1．确定预测目标和影响因素

通常情况下，市场预测的目标必定是因变量，研究者可根据具体研究的目的来确定。确定自变量，预测者既要对历史资料和现实调查资料进行分析，又要根据自己的理论水平、专业知识和实践经验进行科学性分析，必要时还可以运用假设方程先进行假设再进行检验，以确定主要的影响因素。

2．进行相关分析

所谓的相关分析，就是对变量间的相关关系进行分析和研究。这一过程主要包括两个方面：一是确定变量间有无相关关系，这是相关分析也是回归分析的前提；二是确定相关关系的密切程度，这是相关分析的主要目的和主要内容。相关分析可用散点图分析，相关关系的密切程度通常用相关系数或相关指数来衡量。

相关系数计算公式为：

$$\gamma = \frac{\sigma_{xy}^2}{\sigma_x \sigma_y}$$

$$= \frac{\frac{1}{n}\sum(x-\bar{x})(y-\bar{y})}{\sqrt{\frac{1}{n}\sum(x-\bar{x})^2}\sqrt{\frac{1}{n}\sum(y-\bar{y})^2}}$$

$$= \frac{n\sum xy - \sum x \sum y}{\sqrt{n\sum x^2 - (\sum x)^2}\sqrt{n\sum y^2 - (\sum y)^2}}$$

式中：r ——相关系数；

$\quad\quad x$ ——自变量的值；

$\quad\quad \bar{x}$ ——自变量的平均值；

$\quad\quad y$ ——因变量的值；

$\quad\quad \bar{y}$ ——因变量的平均值。

相关系数 $-1 < r < 1$。当变量 x 与 y 呈线性相关时，$|r|$ 越接近 1，表明变量间的线性相关程度越高；$|r|$ 越接近 0，表明变量间的线性相关程越低。$r > 0$ 表明为正相关，$r < 0$ 表明为负相关。当呈现较强的非线性相关时，相关系数 $|r|$ 值或许趋近于 0，或许很大，并不确定。

3．建立回归模型

建立回归预测模型就是建立回归方程，应依据变量之间的相关关系，用恰当的数学表达式进行表示。线性回归只有一个自变量与一个因变量间的回归，称为一元线性回归或简单线性回归、直线回归，可写为：

$$y = a + bx$$

式中：y ——因变量；

$\quad\quad x$ ——自变量；

$\quad\quad a,b$ ——参数，b 又称回归参数，表示 x 每增加一个单位，y 的平均增加数量。

其他形式的线性回归则称为多元线性回归。

当变量间不呈线性关系时，则需根据曲线的形状建立相应的非线性回归方程。方程的参数通常使用最小平方法计算求得，然后把参数代回方程用于预测。

4．进行实际预测

运用通过检验的回归方程，将需要预测的自变量 x 代入方程并计算，即可得到所求的预测值。

预测通常有两种情况，一是点预测，就是所求的预测值为一个数值；另一是区间预测，所求的预测值有一个数值范围。通常用正态分布的原理测算其估计标准误差，求得预测值的置信区间。

案例 8-4

根据经验，企业的商品销售额与广告费用支出之间具有相关关系。某企业 2007—2015 年的商品销售额和广告费用支出资料如表 8-5 所示。该企业预计 2016 年的广告费支出为 35 万元，要求在 95%的确信度下，通过分析所掌握的数据，预测下年商品销售额。

表 8-5　某企业商品销售额与广告费支出

年份	广告费 x（万元）	商品销售额 y（百万元）	xy	x^2	y^2
	4	7	28	16	49
2007	7	12	84	49	144
2008	9	17	153	81	289
2009	12	20	240	144	400
2010	14	23	322	196	529
2011	17	26	442	289	676
2012	20	29	580	400	841
2013	22	32	704	484	1024
2014	25	35	875	625	1225
2015	27	40	1080	729	1600
合计	157	241	4508	3013	6777

分析步骤如下。

一、进行相关分析

坐标系下将广告费支出和商品销售额的数据标出，画出散点图，可以发现呈直线趋势。据此可以判定两者为一元线性关系。

计算相关系数：

$$r = \frac{n\sum xy - \sum x \sum y}{\sqrt{n\sum x^2 - (\sum x)^2}\sqrt{n\sum y^2 - (\sum y)^2}}$$
$$= \frac{10 \times 4508 - 157 \times 241}{\sqrt{10 \times 3013 - 157^2}\sqrt{10 \times 6777 - 241^2}}$$
$$= 0.9994$$

$r > 0.5$，表明商品销售额与广告费用之间存在着高度相关关系，可以进行一元线性回归分析。

二、建立一元线性回归方程

回归方程为 $y=a+bx$，其中关键是求参数 a 与 b 的值。根据表8-4中的资料，利用最小平方法可以求出 a 与 b 的值。

$$b=\frac{n\sum xy-\sum x\cdot\sum y}{n\sum x^2-(\sum x)^2}=\frac{10\times4508-157\times241}{10\times3013-157^2}=1.321$$

$$a=\frac{\sum y-b\sum x}{n}=\frac{241-3.36\times157}{10}=3.36$$

所求回归方程为 $y=3.36+1.321x$

三、进行预测

先进行点预测，若2016年的广告费预计支出为35万元，则预测2016年商品销售额为：

$$y=3.36+1.321\times35=49.595（百万元）$$

即2016年的商品销售额可达到4959.5万元。

再进行区间预测，利用公式 $S=\sqrt{\dfrac{\sum(y-y_i)^2}{n-2}}$ 计算估计标准误差，查 t 分布表，最后可得商品销售额的预测区间为 49.595 ± 3.731，即若以概率95%的把握预测，当广告费支出为35万元时，商品的销售额在4586.4万～5332.6万元。

【思考与训练】

资料： ××计算机公司2016年每月的广告费用与销售金额的资料如表8-6所示。

表8-6　××计算机公司2016年广告费与销售金额资料表

月份	广告费（万元）	销售金额（万元）
1	20	365
2	30	400
3	40	440
4	25	395
5	40	450
6	20	385
7	50	510
8	35	430
9	25	390
10	40	470
11	30	420
12	50	490

（1）请学生以预测小组为单位，利用时间序列和线性回归分析预测方法分析预测企业2017年1月

的销售额（该企业广告费计划投入 27 万元）。

（2）比较各种方法的差异和优缺点。

（3）思考一元线性回归分析预测法与直线趋势分析预测法有什么区别？

【课程实践】

网上收集我国成品油定价形成机制，注意关注这一机制中的影响因素的变化，自己尝试对成品油价格的变化做出预测估计。讨论分析预测结果，并将预测结果进行 PPT 演示分享。

【任务1】市场调查报告认知

任务要求

网络寻找一些成文的市场调查报告，讨论并分析其中的一些结构与内容方面的细节，讨论分析报告是否体现了其特点及其实践意义。

任务分解

1. 市场调查报告的作用。
2. 市场调查报告的撰写步骤。

案例导入

大数据驱动，2017年农村电商前景诱人

农村电商一直被认为潜力巨大，在电商巨头、资本和政府的日渐重视下，农村网购市场规模已超过3500亿元。农村居民的网购习惯也被逐渐培养起来，农村居民对网购接受程度达到了84.41%，人均的网购消费金额预计在500～2000元。《2016年中国农村电商消费趋势报告》显示，农村电商用户数量近年来呈爆发式增长，农村网购更偏向女性化、年轻化，农资需求成长迅猛……

1. **男性是购物主力**

考虑到受传统观念影响较深，女性需要留守照顾家庭，自农村"出走"的年轻人多以男性为主。虽然男性是农村电商购物中的主力，但女性用户占比高于全网，而且地处越偏僻，女性购物者的比例越高。因此，农村电商用户呈现出女性化的特点。而从年龄上看，超过90%的农村网购人群分布在19～45岁，其中26～35岁是消费主力，占比超过70%。

从农村电商用户分布来看，沿海地区下单人数居前，内陆地区由四川领跑。江苏、河北、浙江、山东、广东、四川、河南构成第一梯队，合计下单人数占比超过50%，其中仅江苏一省农村地区下单人数占比即超过9%。

与此同时，网货下乡下单人数地区差异也极为明显，青海、西藏、甘肃等地区下单人数不到1%，偏僻省份的电商生态环境仍待改善。

江苏、河北、四川农村地区消费者网购积极性最高。2013年至2015年，农村地区网购用户数排

名之首被江苏垄断，江苏农民可谓常年热衷于网购；2013 年、2014 年均排名第三的河北，2015 年跃升第二；2013 年曾是网购用户数第二大省的四川，此后跌出前三甲名单，被浙江取而代之。

2. 农村用户开始追大牌

随着农村地区人均收入水平和消费水平的提升，农村电商用户的消费习惯与消费结构也开始向城市靠拢，不再一味追求低价产品，开始向品质看齐。不过，相较于城市用户而言，农村电商用户仍容易冲动消费。

从消费习惯与消费结构来看，农村电商用户更容易受到促销因素影响，对促销敏感人群占比约51.52%，高于全网平均水平约 5.5%；而对评价敏感人群占比约 31.93%，低于平均水平近 20%；从消费心理分析，冲动型购物者在农村地区的比例比平均水平高出 36%。

从农村电商消费需求来看，家电、手机、计算机办公、服饰内衣是农村电商目前的主要消费品类，食品饮料、个护化妆、鞋靴等品类的销售额增长迅猛。农资产品刚刚开始发力，但其销售以超高速猛增，体现出巨大的潜力。

值得注意的是，数据显示，国际知名大牌开始"深入"农村腹地，农村电商用户对品牌的忠诚度相对较高。

在家电品牌中，美的多年来垄断销售额榜首，飞利浦、TCL 在第二、第三的位置上轮替；母婴产品品牌依赖度基本形成，帮宝适、好奇、惠氏是农村网购中较受青睐的品牌；酒类产品中，最受农村地区欢迎的还是白酒，其中以五粮液、茅台、泸州老窖为代表；手机品牌销售额排名中，2013—2014年，苹果、三星、华为手机在农村地区最受欢迎，2015 年之后三星的品牌号召力逐渐下降，小米后来居上取而代之。

这些品牌分布让我们看到农村电商用户对品牌、品质的追求。未来，随着农村人均可支配收入及人均消费能力的提升，国内外知名大牌和高品质商品有望通过农村电商平台开辟出新的市场空间。

3. 农村网购人群更依赖移动端

无论是城市还是农村，移动端都已成为主入口，但相较于城市而言，农村地区对移动端更为依赖，移动端订单占比比一线城市高出 5 个百分点。智能手机的高速普及除了让很多尚未触网的农村人跳过PC，直接成为移动互联网用户，而且消费更加便捷。

农村用户移动端订单量占比最高的品类是农用物资和母婴用品，其次是个护肤化妆、食品饮料、酒类产品、家用电器等品类；计算机办公用品、礼品箱包、钟表等则占比相对较少。

与城市用户上午、晚上双高峰的购物时间不同，农村用户的一天中的购物时间不太受工作节奏影响，比较平缓，11:00—17:00、21:00—22:00 是农村用户持续保持下单的高峰。

4. 盆栽荣登农资用品热销榜首

作为农村电商中的典型特征品类，农资用品的消费体现出其特殊性。从全国农村电商情况而言，盆栽/苗木、园林/农耕及种子是农资电商中最常采购的物资类别，分别占比为 36.76%、32.80%及20.23%。

农资电商的消费呈现出很强的地域特征。从销量而言，江苏农民绝对是农资用品的网购主力，超出第二名河南省147.2%。第二梯队由河南、四川、河北、广东、山东组成。东北地区对盆栽/苗木、园林/农耕及种子的需求量远远大于其他品类，体现出该地区土地、水和森林资源丰富，以农林业为主的特点；而新疆、甘肃、青海中西北部地区等依靠灌溉的绿色农业和荒漠放牧业为主的地区，除需要大量的肥料之外，对兽用器具、兽药等也有一定需求。

5. 白领更爱土特产

农村电商的另一个重要环节是生鲜电商，也就是农产品进城。地方特色馆是农产品进城的一个重要通道，主要模式是电商企业提供平台、大数据的营销与运营支持；地方政府为品牌背书，提供政策、资金支持。

《2016 中国农村电商消费趋势报告》给出的数据显示，截至 2016 年 9 月 1 日，农村电商平台全国建立特产馆 376 家，分布在 7 个大区共 32 个省及直辖市。

无论是从销量还是销售额来看，特产馆消费者对食品和生鲜产品都呈现出极高的偏好。此外，用户喜欢购买的品类还包括酒、保健品，以及具有当地特色的礼品等。

与网货下乡不同的是，特产馆用户体现出"高端化"特点，白领职员以 39.06% 的比例居于首位。值得注意的是，仍然有 15.22% 比例的农民选择购买特产商品，报告中分析认为，农民通常身处县域以下区域，农副产品丰富性不足，但在电商呈现多样化地域产品之后，从而刺激到其潜在需求完成购买。

从特产馆商品的销售路径分析，沿海发达地区（广东、江苏、浙江）体现出极强的购买力。其中，在全国各地特产馆消费排名前五的省份中，都能看到广东的身影。

此外，除均会销往北上广一线城市之外，各地特产销售路径也呈现一定的亲邻性，如江苏、山东本地对山东特产的消化能力不容小觑，安徽岳西馆特产主要销往长三角地带，广东省特产也被湖南、福建等地用户追捧。

6. 农村电商面临的挑战

电商这几年为农村经济发展开辟了一条新路径，但是在农村电商的热度之下，还存在哪些问题和挑战？

目前城乡电商发展基础仍然存在着一定的差异：农村网民占比低、提升慢。截至 2015 年 12 月，中国农村网民规模达 1.95 亿，年增长率为 9.5%。网民中农村网民占比 28.4%，到 2016 年 6 月，农村网民数量下降至 1.91 亿，占比 26.9%。

另外，农村互联网普及率遇到瓶颈。截至 2016 年 6 月为 31.7%，远低于城镇水平。农民上网比例和上网时长也均低于城镇。

农村物流发展仍存在短板。目前的一些创新模式主要是：利用万村千乡的网络、邮政网络、农资销售网络、村通班车等，但是在可靠性、可及性、速度等方面，仍与传统物流存在距离。

在农产品上行方面，一些农村地处偏远，物流的触角延伸不够，物流业发展明显欠缺，保险基数、储存能力、配送力量参差不齐，尤其是冷链物流能力不足，农产品进城和工业品下乡的"最后一公里"都面临挑战。

农产品标准化等基础问题也成为制约电商发展的一大因素。农产品从生产、包装、配送搭配质量，都缺乏统一标准。由于信息不对称和诚信体系不完善，在电商平台上购买农产品的消费者还是会存在一定顾虑。交易规则、安全追溯、索赔机制、纠纷解决等方面的建设有待完善，也是农村电商面临的一大挑战。

理论基石

一、调查报告的含义

市场调查报告是整个调查任务活动的成果体现，也是管理者最关注的环节。调查报告实际上是一种信息的组合，它把调查结果、重要的建议、结论和其他重要信息传递给营销决策者，使其可以以报告内容为基础制定决策。实践证明，无论调查设计得多么科学，调查问卷多么周密，样本多么具有代表性，数据收集、质量控制多么严格，数据整理和分析多么恰当，调查过程和调查结果与调查的要求多么一致，如果调研者不能把诸多的调研资料组织成一份清晰的高质量的市场调研报告，就不能与决策者或用户进行有效的信息沟通，决策者或用户就不能有效地采取行动。

二、市场调查报告的特点

1．针对性和目的性

市场调查的针对性是指报告选题上的针对性，而报告的目的性是指报告使用者具有明确的目的性。一方面调查者紧扣调查目的，要针对实际问题展开调查活动，只有针对性强的选题，才能做到目的明确、有的放矢、让人对调查目的一目了然；另一方面，不同的报告使用者关心的角度不同，也会造成市场调查分析报告的内容有所区别。如市场调查分析报告的阅读者是企业的高级管理者，那么他最关心的是调查的结论和建议部分，因为这将为他的下一步决策提供重要的参考，而非大量资料的统计、整理、分析过程；如果阅读的对象是产品经理、营销经理和其他经理人员，他们可能需要更进一步的信息，所以会仔细阅读报告的主体部分；如果阅读的对象是研究市场活动的专业人员，可能出于谨慎的考虑，需要验证这些结论的科学性、合理性，所以，他们更关注的是调查方式、方法及数据的来源等方面的问题。

2．求实性和科学性

一方面市场调查分析报告建立在大量的事实材料基础上，以调查事实为依据，通过大量的数据和事实材料来说明具体问题，如实反映客观事物及其之间的内在联系，具有求实性的特点；另一方面市场调查分析报告不单是报告市场的客观情况，还要对事实作分析研究，寻找市场发展变化的规律。调查分析报告作为企业决策的重要依据，就要求报告的编写者除了掌握科学收集、整理资料的方法外，还应该会利用科学的分析方法，以得出科学的结论。

3．创新性和时效性

市场调查分析报告反映的是市场现象中的主要矛盾和市场活动中的新问题，这就要求调查者要善于观察新事物，用全新的视角去发现问题、看待问题，用有效的方法来解决问题。这里的创新，更强调的是提出一些新的建议，即以前所没有的创意，而不是老生常谈。

同时，市场问题的解决在很大程度上取决于企业经营者能否及时掌握市场变化的信息，采取有效的应变对策，而要做到这一点，调查者必须及时且迅速地将从调查中获得的有价值的信息提供给企业经营者。所以，市场调查分析报告时效性很强。

三、调查报告撰写步骤

1．明确市场调查的目标、方法和实施情况

这是撰写市场调查报告的基本准备工作。众所周知，每一个市场调查报告都有明确的撰写目的和针对性，即反映情况、分析原因、提出建议，从而为社会或企业的决策部门制定或调整某项决策服务。而市场调查报告撰写的目的，其依据或实质就是市场调查的目的，两者具有一致性。

2．落实撰写材料

这是撰写市场调查报告的基础和中心准备工作。一份市场调查报告是否具有较高的决策参考价值，

很大程度上取决于它在写作时占有材料的数量及质量。

为了落实撰写材料不仅要整理与本次调查有关的一手资料和二手资料，还必须对所取得的各种相关资料加以初步的鉴别、筛选、整理并进行必要的补充，从质量上把好关，争取使撰写材料具有客观性、针对性、全面性和时效性。

3. 确定调查报告阅读对象

调查报告还必须明确阅读对象，阅读对象不同，他们的要求和所关心的问题的侧重点也会不同。所以在撰写报告前要根据具体的目的和要求来决定报告的风格、内容和篇幅。

4. 构思调查报告

撰写市场调查报告与其他报告或写作一样，在动笔前必须有一个构思过程，也就是依据调查所收集的资料，初步认识调查对象，经过判断推理，提炼出报告主题。在此基础上，确立观点，列出论点和论据，考虑文章的内容与结构层次，拟定提纲。

5. 选择材料

市场调查报告的材料，可分为两种：一种是从调查中得来但还未经整理、鉴别、筛选的材料，这是素材；另一种是通过整理、鉴别、筛选后写进文章的材料，这是题材。

应当指出的是，市场调查报告的材料同一般文章尤其是文学作品的材料不同。一是取得的方法不同，一般文章的材料是作者本人从生活中积累和搜集的，而市场调查报告的材料主要是调查人员通过调查得来的；二是由素材变成题材的方法不同，一般文章的题材是作者对素材进行选择、加工、提炼而成的，而市场调查报告的题材是对素材进行审核鉴定、整理统计、分析综合而成的，绝不允许"艺术加工"。市场调查报告材料的选择，应十分严格，特别要注意以下几点。

（1）材料的真实性。对写进文章的材料，必须进行去粗取精、去伪存真的选择。

（2）数据的准确性和精确性。市场调查报告往往是从数据中得出观点，由数据来证实观点，因此数据的差错或不精确，必然影响到观点的正确性。

（3）材料要有个性。写进调查报告的材料，主要应当是这一个项目在这一次调查中发现的有价值的材料。如果材料缺乏个性，那么这篇调查报告也失去了应有的价值。

【任务2】编写与提交市场调查报告

任务要求

要求每组学生在完成前期的调查任务的基础上，针对每组特定的调查主题，围绕其调查目标，正确设计调查报告的框架，选择合适的调查报告形式，提交一份市场调查报告。

任务分解

1. 市场调查报告的撰写要求。
2. 市场调查报告的基本结构。

案例导入

中国共享单车13城市用户研究报告

一、研究说明

1. 研究背景

2008年，公共自行车在全国各地陆续上路，有桩自行车成为公众代步的一种方式；2015年，共享单车开始频繁出现在大街小巷，无桩的单车使得用户停取更加便捷，迅速赢得广泛的用户认可。

国内活跃的资本市场有效推动了共享单车平台的市场化发展，ofo小黄车、摩拜单车、小蓝单车等共享单车平台如雨后春笋般进入市场，各平台通过优惠活动培养用户使用共享单车的习惯，并迅速圈拢用户，共享单车市场竞争异常激烈。

2. 研究目的

研究中国共享单车发展历程，梳理共享单车产业链，分析共享单车行业发展现状。

通过用户对共享单车使用状况的分析，分析当前市场发展格局及用户使用共享单车的主要需求。

分析用户对共享单车平台的使用行为、习惯与满意度状况，研究用户使用共享单车平台的特征及兴趣偏好。

3. 研究定义

本次报告调研用户为知晓共享单车平台的用户，根据当前共享单车市场的主要覆盖城市，本次调研用户源自北京、上海、广州、深圳、天津、武汉、成都、昆明、杭州、厦门、长沙、南京、西安13个城市。

本次报告基于共享单车市场发展现状和DDIC在线调研社区，调研用户1230个，研究分析用户对共享单车平台的使用行为、习惯及满意度状况，问卷调研时间截至2017年4月底，本次报告撰写截止时间为2017年5月。

4. 样本结构

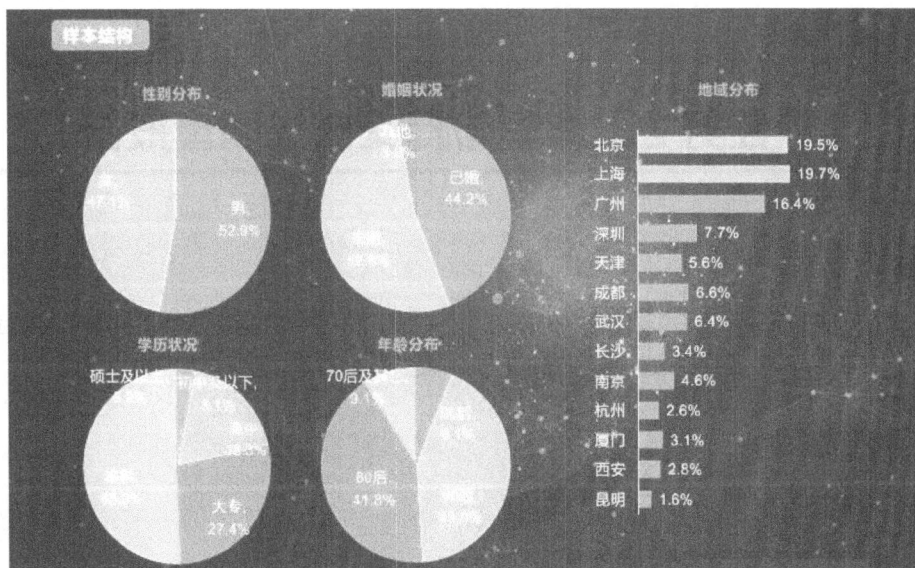

二、中国共享单车市场发展迅速，资本推动加剧市场竞争

1. 中国共享单车行业进入快速发展时期

从政府引入公共自行车项目，到企业开始介入，再到共享单车平台的兴起，在政策与市场环境良好的条件及创新技术的驱动下，2015年开始，共享单车市场发展迅速。纵观共享单车行业发展历程，单车产品从有桩向无桩转变，服务不断升级。

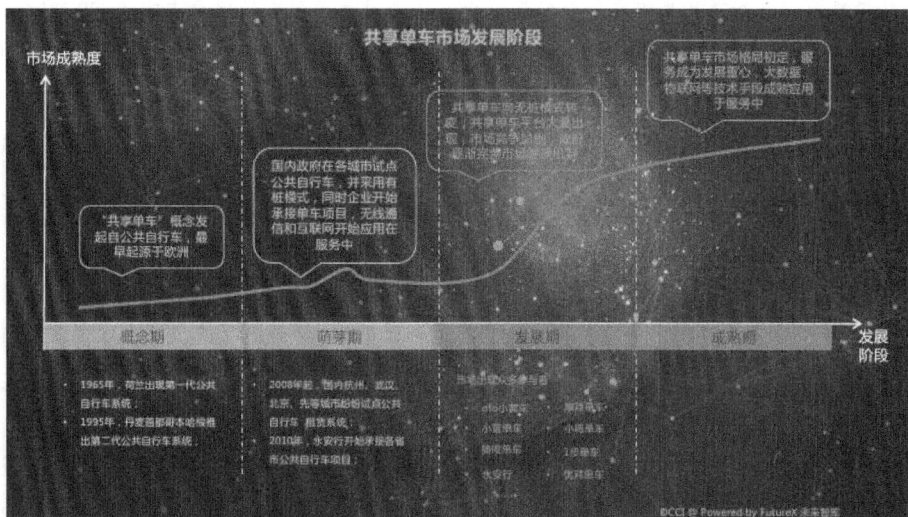

2. 中国共享单车资本市场活跃

2016年，中国共享单车市场资本异常活跃，据不完全统计，2016年，仅ofo小黄车、摩拜单产、1步单车、优拜单车4家企业投融资金额就达20亿元人民币。目前，摩拜单车与ofo小黄车投融资进行较快，已相继完成D轮融资。

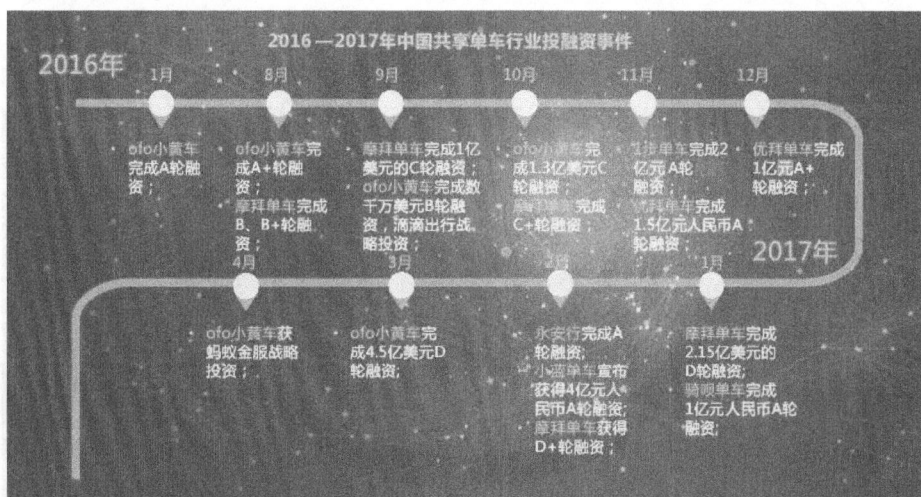

3. 共享单车产业融合互联网与传统单车行业，平台是中坚力量

共享单车行业重塑传统单车行业，带给用户便利的出行服务，共享单车刚刚起步，市场规模不断扩大，市场挑战与机遇并存。其中，共享单车平台打破信息壁垒，为用户出行提供技术服务。未来物联网、云计算、定位技术等将不断完善平台的服务模式。

4. 共享单车应用实现一站式服务

共享单车平台能够连接用户与单车，是共享单车服务的中心，从大众注册成为平台用户到分享评价单车服务，共享单车平台服务流程相对完善。

三、用户使用共享单车习惯逐渐养成，无桩模式获认可

1. 八成用户使用过共享单车，近半用户使用时间不足 3 个月

调研数据显示，在知晓共享单车平台的用户中，使用过共享单车的用户占比达 80.7%，共享单车服务在 13 个城市中较为普及。同时，在共享单车使用的用户中，30.9%是在近一个月内首次使用共享单车，可见，共享单车市场刚刚兴起，用户对共享单车的使用周期较短。

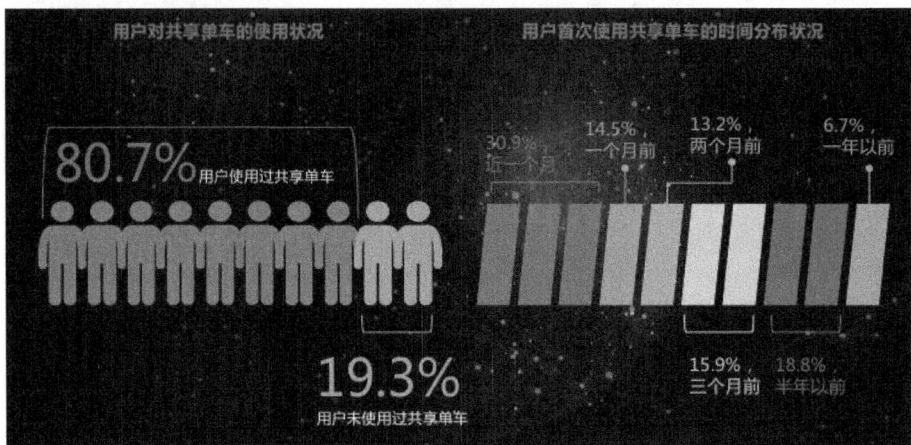

2. 共享单车用户多为"90 后""00 后"，"80 后"较早使用共享单车

调研数据显示，"70 后""80 后"等人群中有超过 1/5 的用户在半年以前开始使用共享单车，而"90 后""80 后"在近一个月首次使用共享单车的比例分别为 38.9%、43.3%，远高于"70 后""80 后"的占比。

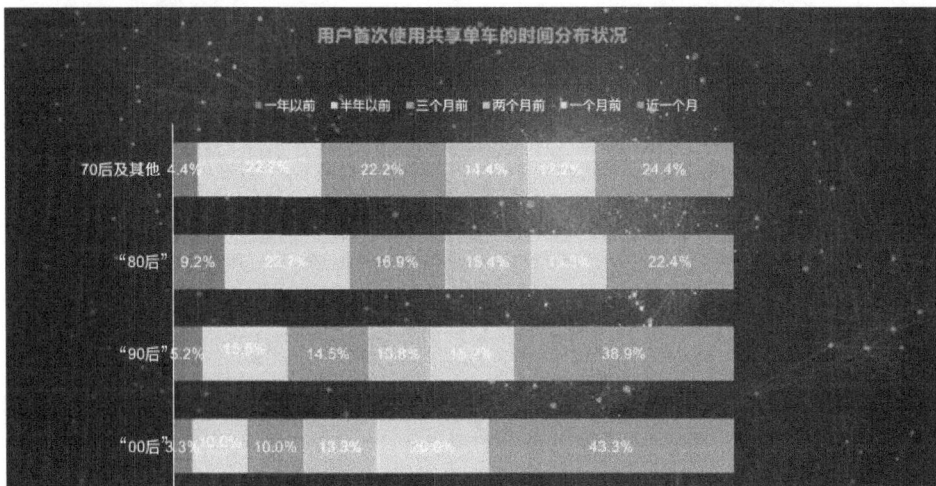

3. 用户使用共享单车时间以上下班时间为主

调研数据显示，45.6%用户在 7:00—9:00 时间段里使用共享单车，44.7%用户会在 17:00—19:00 的时间段里使用共享单车，即用户使用共享单车时间集中于上下班高峰时段。此外，25.8%用户使用共享

单车无固定时间。

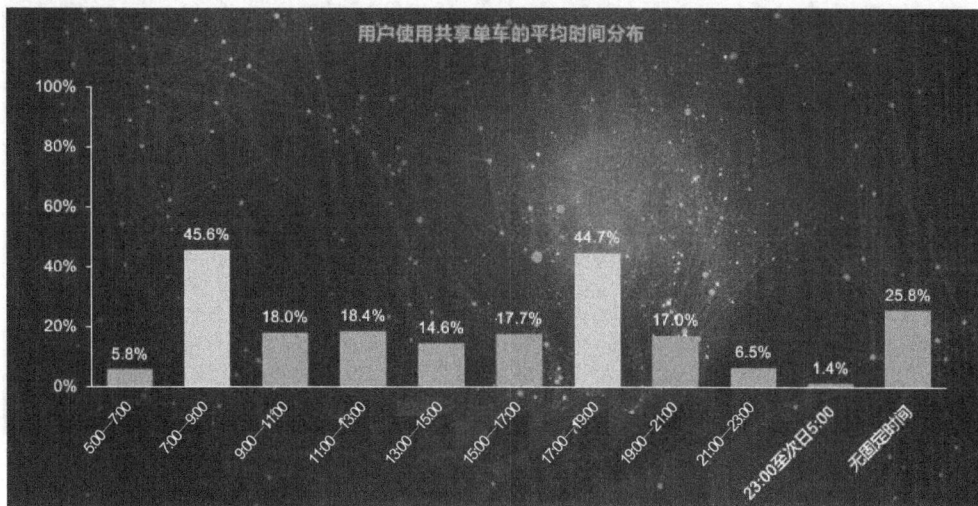

用户使用共享单车的平均时间分布

4. 无桩单车更受用户喜爱

共享单车发展以来，经历从有桩到无桩，无桩单车的出现加速了市场的普及。调研数据显示，七成以上的用户更喜欢无桩单车。随取随停是无桩单车的一大优势，为用户使用共享单车提供了便利。

四、便捷性是用户使用共享单车的首要原因和首要看重因素

1. 停取便捷是用户选择共享单车的首要原因

调研数据显示，75.7%的用户使用共享单车的原因是停取方便，同时29%的用户因为停取不够便捷而不使用共享单车，可见停取便捷性成为影响用户使用共享单车的重要因素。此外，26.1%的用户由于故障车太多而不使用共享单车，24.8%的用户由于押金太高不使用共享单车。

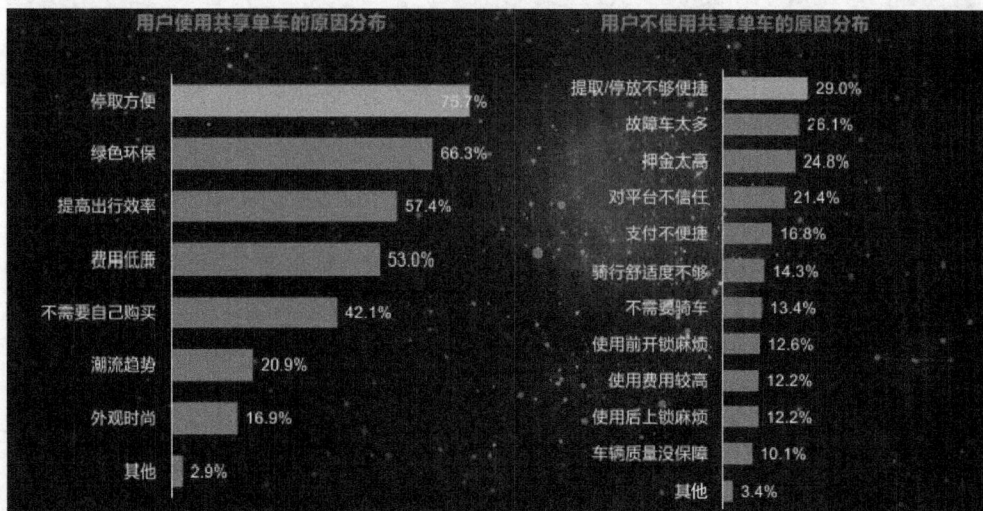

用户使用共享单车的原因分布　　用户不使用共享单车的原因分布

2. 用户看重共享单车的使用便捷及质量

调研数据显示，在使用共享单车时，67.8%的用户重视找车的便捷，64.7%的用户重视单车质量，64.3%的用户重视提取、停放的便捷。可见共享单车产品的使用便捷与产品质量是用户最看重的因素。

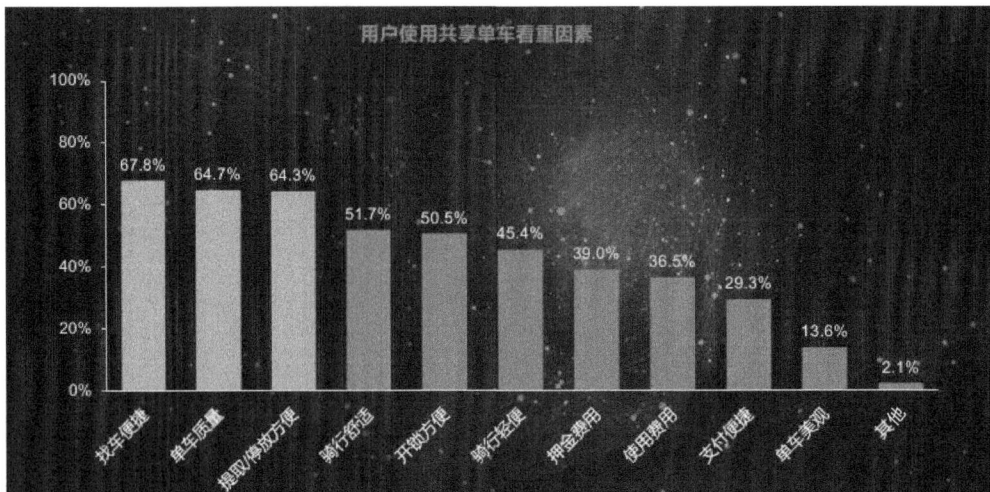

用户使用共享单车看重因素

五、共享单车平台梯队化，ofo 小黄车、摩拜单车领先市场

1. ofo 小黄车、摩拜单车市场认知度最高

近年来，市场出现众多共享单车平台，调研数据显示，从单车模式来看，无桩单车认知度更高；从平台来看，较早进入无桩单车市场的 ofo 小黄车、摩拜单车市场认知度最高。

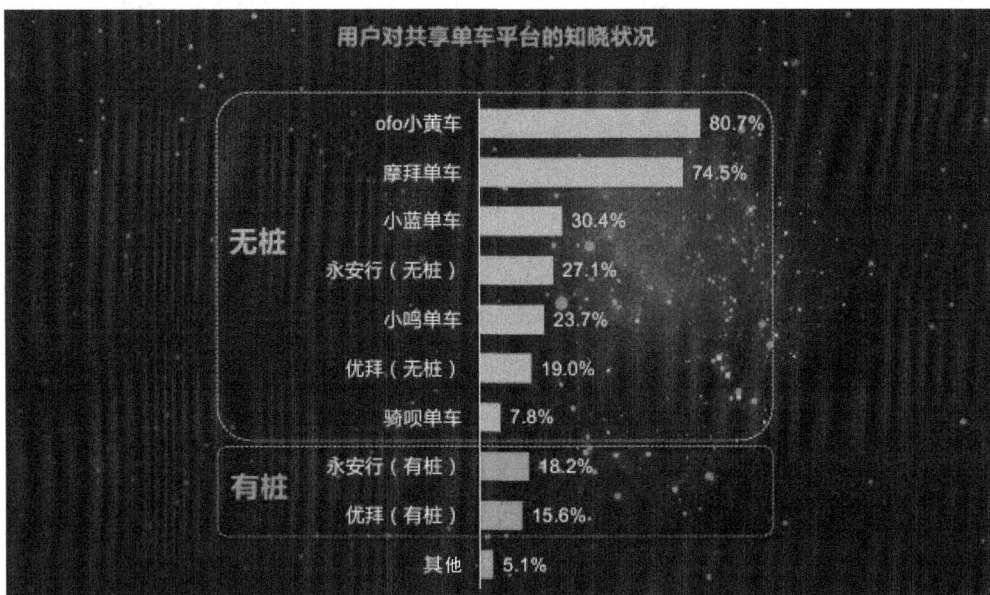

用户对共享单车平台的知晓状况

2. 共享单车市场开始梯队化，ofo 小黄车、摩拜单车领先

调研数据显示，使用过与最常使用 ofo 小黄车、摩拜单车的用户占比均最高，且占比均远高于其他共享单车平台。在 13 个城市中，共享单车市场开始梯队分化，ofo 小黄车、摩拜单车暂时领先。

3. 移动应用平台为用户获取共享单车提供便利服务

移动应用平台与无桩模式的结合为用户使用共享单车提供了极大的便利，随着市场的发展，各平台也在不断拓展网络渠道，如微信公众号、微信小程序及支付宝。

六、上下班是用户主要使用场景，领先平台差异化逐渐明显

1. 共享单车市场发展迅速，企业不断优化产品及服务。颜色不同是用户识别共享单车时的主要区别方法，同时资料显示，除颜色外，ofo 小黄车、摩拜单车在产品、服务方式、市场等多维度呈现明显差异。

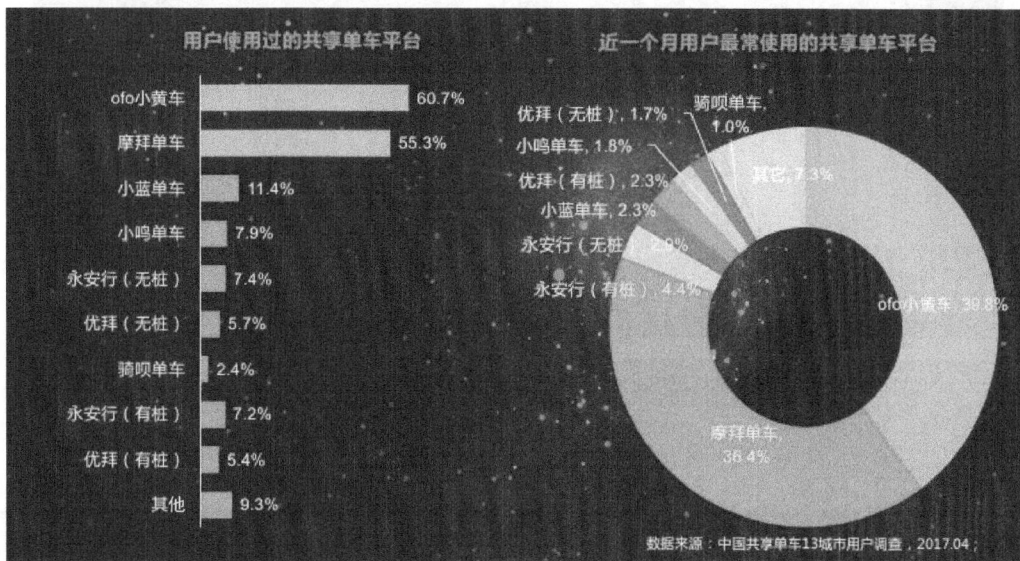

数据来源：中国共享单车13城市用户调查，2017.04

		ofo小黄车	摩拜单车
	单车主色调	黄色	橙色
硬件&外设	**传动方式**	链条传动	轴传动/链条传动（lite）
	车锁类型	电子锁/机械锁	电子锁
	供电设置	内置电池	自发电/太阳能
	轮胎类型	充气轮胎/实心胎	实心胎/免充气轮胎
服务方式	**取车方式**	扫码/APP中手动输入车牌号	扫码/预约/编码解锁
	还车方式	路边停放区域	路边停放区域
	押金	¥99/免押金	¥299
	计费模式	师生¥0.5/h，非师生1/h（2元封顶）	信用分>80：¥1/30min，0.5/30min（Lite）；信用分<80：¥100/30min
市场	**进入时间**	2015年6月，在北大推行2000辆共享单车	2016年4月，在上海上线并投入运营
	城市数量	国内外共100个（截止2017.5.3）	国内外共100个（截止2017.6.13）
产品类型	**单车款型**	小黄车1.0、2.0、3.0/ofo Curve/校园型/肌肉车/美国款/新加坡款/700bike后街款/公主车	经典版/轻骑版/风轻扬

数据来源：ofo小黄车、摩拜单车APP，及其网络公开资料

2. 共享单车是用户上下班代步的主要工具

调研资料显示，用户使用共享单车的场景以上下班为主，占比达 57.1%，其中 ofo 小黄车用户中 57%在上下班时会使用共享单车，63.1%的摩拜单车用户在上下班时会使用共享单车。

3. 超过1/3用户平均每天使用共享单车 1～3 次

现阶段中国 13 个城市中用户使用共享单车的习惯正在逐渐养成。调研数据显示，36.5%的用户平均每天使用 1～3 次，其中 ofo 小黄车用户中平均每天使用 1～3 次的用户占比达 39.4%，摩拜单车用户中占比达 35.9%，摩拜单车用户中平均每天使用 3～5 次的人群占比比较高，达 13.4%。

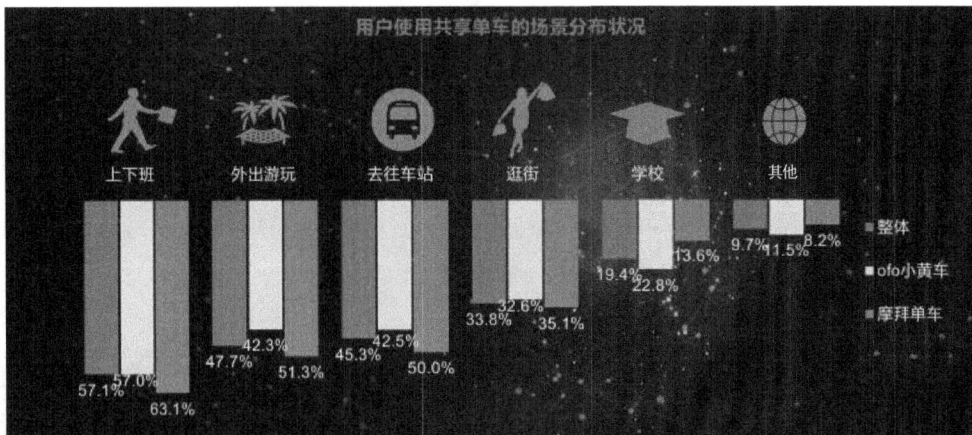

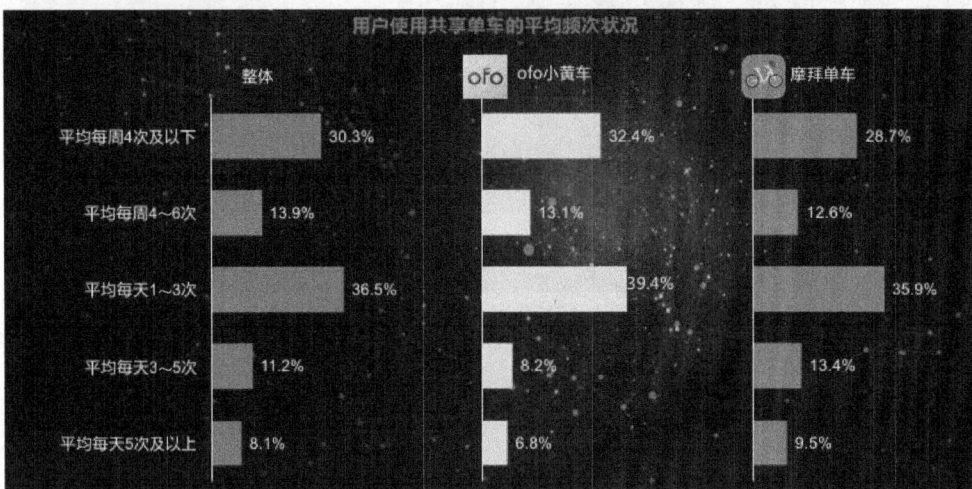

用户使用共享单车的场景分布状况

上下班　外出游玩　去往车站　逛街　学校　其他

整体　ofo小黄车　摩拜单车

57.1% 57.0% 63.1% | 47.7% 42.3% 51.3% | 45.3% 42.5% 50.0% | 33.8% 32.6% 35.1% | 19.4% 22.8% | 9.7% 11.5% 8.2% 13.6%

用户使用共享单车的平均频次状况

整体　ofo小黄车　摩拜单车

	整体	ofo小黄车	摩拜单车
平均每周4次及以下	30.3%	32.4%	28.7%
平均每周4~6次	13.9%	13.1%	12.6%
平均每天1~3次	36.5%	39.4%	35.9%
平均每天3~5次	11.2%	8.2%	13.4%
平均每天5次及以上	8.1%	6.8%	9.5%

160

4. 四成以上用户使用共享单车时长达 20～40 分钟

调研数据显示，用户使用共享单车的时长以 20～40 分钟为主，适合中距离的出行，其中 ofo 小黄车用户中使用时长为 20～40 分钟的占比超过一半，摩拜单车用户中占比达 40%。

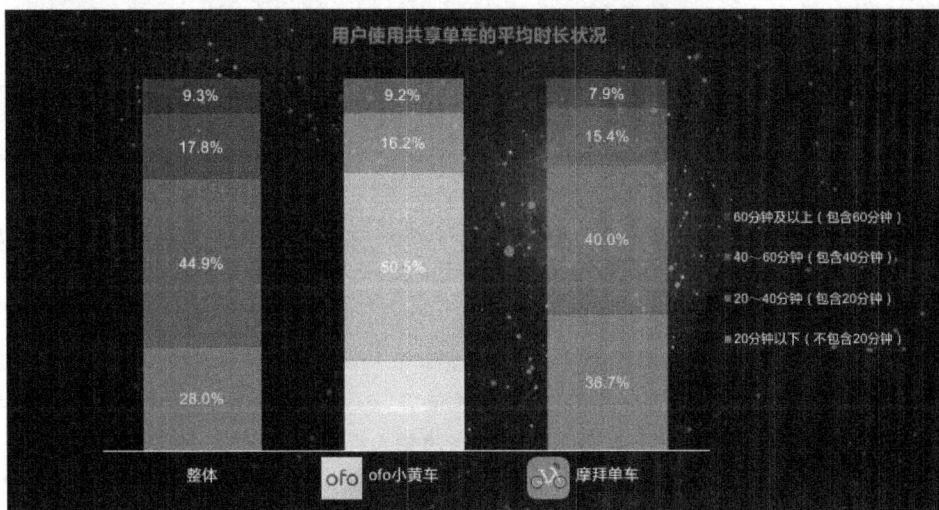

用户使用共享单车的平均时长状况

	整体	ofo小黄车	摩拜单车
60分钟及以上（包含60分钟）	9.3%	9.2%	7.9%
40~60分钟（包含40分钟）	17.8%	16.2%	15.4%
20~40分钟（包含20分钟）	44.9%	50.5%	40.0%
20分钟以下（不包含20分钟）	28.0%		36.7%

5. 四成以上用户使用共享单车不超过 5 千米

调研数据显示，用户使用共享单车的距离以 3～5 千米为主，其次为 5～8 千米，其中 ofo 小黄车、摩拜单车用户中分别有 23.5%，26.4%用户使用距离平均在 3～5 千米。

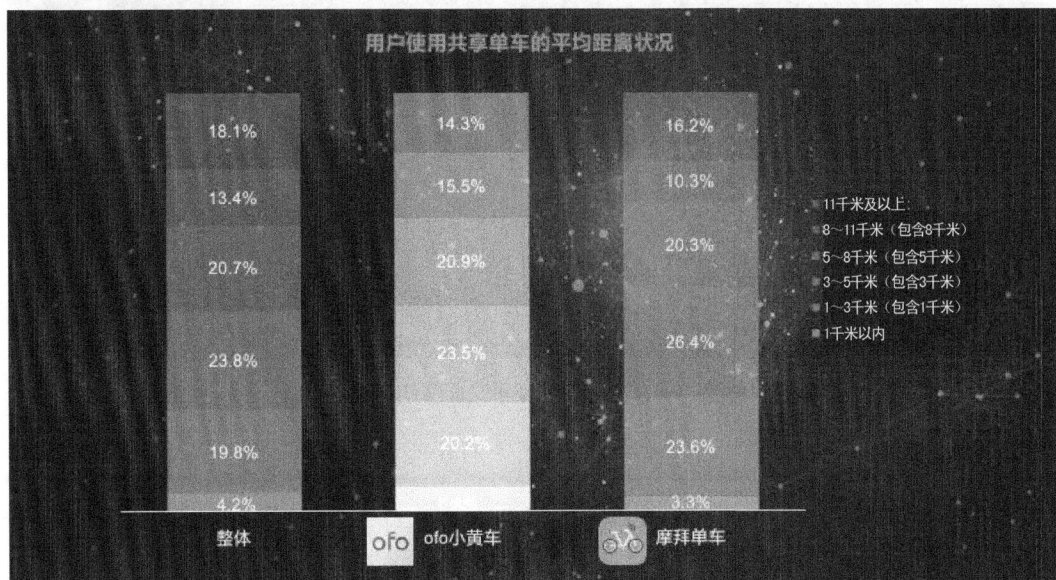

用户使用共享单车的平均距离状况

	整体	ofo小黄车	摩拜单车
11千米及以上	18.1%	14.3%	16.2%
8～11千米（包含8千米）	13.4%	15.5%	10.3%
5～8千米（包含5千米）	20.7%	20.9%	20.3%
3～5千米（包含3千米）	23.8%	23.5%	26.4%
1～3千米（包含1千米）	19.8%	20.2%	23.6%
1千米以内	4.2%		3.3%

6. ofo 小黄车、摩拜单车用户男女比例均衡，ofo 中"90 后"人群居多

调研数据显示，在 13 个城市中，共享单车男女比例相近，男性较多，占比达 52.9%，同时"80 后"与"90 后"是共享单车的主要使用人群，其中 ofo 小黄车用户中"90 后"占比高，摩拜单车用户中"80 后"人群占比高。

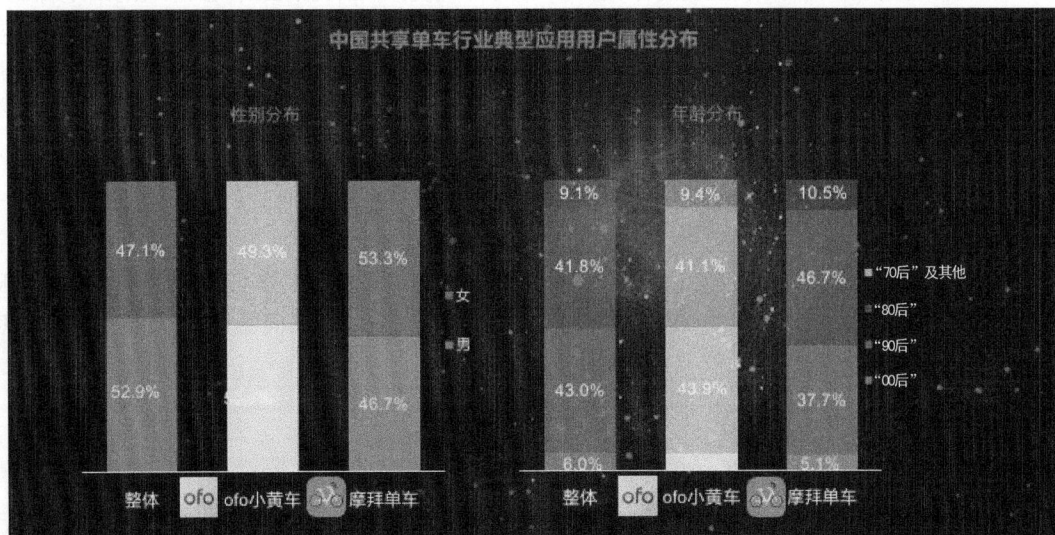

中国共享单车行业典型应用用户属性分布

性别分布

	整体	ofo小黄车	摩拜单车
女	47.1%	49.3%	53.3%
男	52.9%		46.7%

年龄分布

	整体	ofo小黄车	摩拜单车
"70后"及其他	9.1%	9.4%	10.5%
"80后"	41.8%	41.1%	46.7%
"90后"	43.0%	43.9%	37.7%
"00后"	6.0%		5.1%

7. 共享单车整体使用评价较高，其中寻找便捷度等有待提高

调研数据显示，共享单车在提取、停放便捷性、支付方便评价较高，同时，在寻找便捷、押金方面满意度较低。

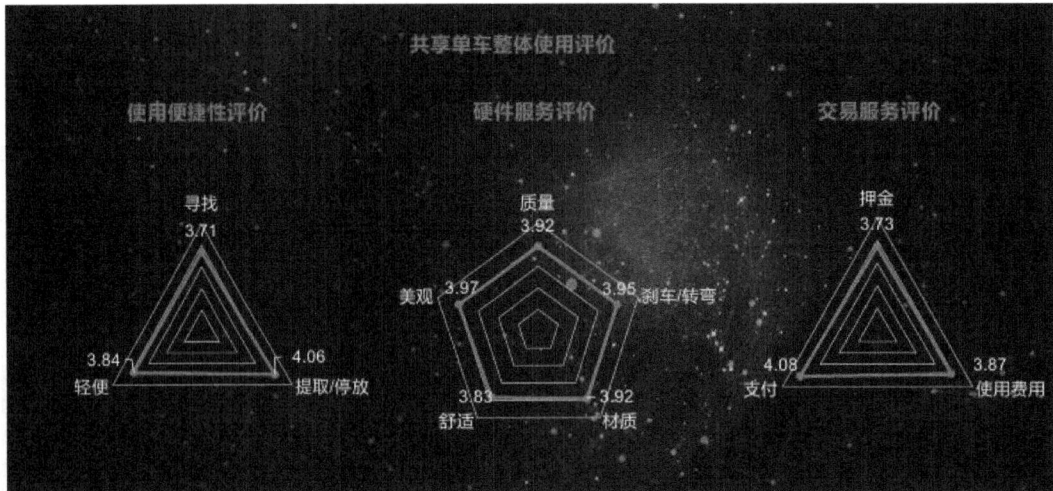

（资料来源：DCCI：中国共享单车 13 城市用户研究报告）

理论基石

一、市场调查报告的格式

调查报告的形式没有统一规范，不同的人对此有不同的设计。调查报告不可缺少的组成部分有以下几个方面。

1．介绍调查基本情况部分

介绍部分是向读者说明报告主要内容的部分，对于不需要深入研究报告的人员来说阅读介绍部分即可了解调查的概况，同时介绍部分也提供了深入阅读全文的检索方法和主要提示。调查报告的介绍部分应包括五个部分，即封面、目录、摘要、调查概况和主要结论。

2．正文

正文是调查报告的核心部分。一般由开头、主体、结束语三部分组成。

3．附件

附件是指调查报告正文包含不了或没有提及，但与正文有关必须附加说明的部分。它是对正文报告的补充或更详尽的说明。附件主要包括调研方案、抽样技术方案、调研问卷、数据整理表格、数据分析表格和其他支持性材料。

二、市场调查报告的结构

1．报告封面

封面包括报告的题目、报告的使用者、报告的编写者及提交报告的日期等内容。

作为一种习惯做法，调查分析报告题目的下方应注明报告人或单位、通讯地址、电话、报告日期，然后另起一行注明报告呈交的对象。

案例 9-1

市场调查报告封面示例如图 9-1 所示。

市场调查报告封面示例

<table>
<tr><td>

关于大学生计算机需求市场调查报告

报告提供单位：_____

通讯地址：_____

电话：_____

E-mail：_____

报告提交日期：_____

报告主送单位：_____

</td></tr>
</table>

图 9-1　市场调查报告封面示例

2. 报告标题

标题是画龙点睛之笔，好的标题是报告成功的一半。好的标题必须准确揭示报告的主题，做到题文相符，让报告的使用者通过题目就能对报告想要表达的内容一目了然。标题要简单、明了，高度概括，具有强烈的吸引力。

一般标题采用下列三种写法。

（1）采用直叙式标题，即用调查对象和调查的主题作题目。

（2）采用表明观点式标题，即直接阐明作者的观点、看法或对事物做出判断、评价的标题。

这种标题既表明了报告编写者的态度，揭示了主题，又有一定的吸引力，但通常要加以副标题才能将调查对象和内容表达清楚。

（3）采用提问式标题，即报告的题目是一个设问句或反问句，而报告的内容就是对这个问题回答。这类题目比较尖锐，具有较大的吸引力，一般用于揭露问题的调查分析报告。

3. 报告目录

目录是整个报告的检索部分，便于读者了解报告结构，有利于读者阅读某一部分内容。如果可能，目录应当非常详细。国外调查报告的惯例是将文字、表格和图形分别编写目录，这样如果读者不需要阅读某些文字，而只需检索某一张表格，也可以很轻松地找到。这种方法在国内的调查报告中也可以使用。

案例 9-2

市场调查报告目录举例

目录

163

······

4. 报告摘要

摘要就是为让报告的使用者（特别是高层管理人员）或者不具备太多专业知识的阅读者尽快得到调查分析报告的主要结论而准备的。

报告摘要具体包括四个方面的内容：①简要说明调查目的；②介绍调查对象和调查内容，包括调查时间、地点、对象、范围、调查要点及所要解答的问题；③简要介绍调查研究的方法；④简要说明调查结论与建议。

一般来讲，调查分析报告的摘要编写要求为：从内容来讲，要做到清楚、简洁和高度概括，其目的是让阅读者通过阅读摘要不但能了解项目调查的全貌，同时对调查结论也有一个概括性的了解；从语言文字来讲，应该通俗、精练，尽量避免使用生僻的字句或过于专业性、技术性的术语。摘要一般在完成报告后编写。

案例 9-3

中国城市青年价值观念及生活形态调查报告摘要

当代城市青年生于改革开放之初，成长于社会转型时期。经济和文化的飞速发展在他们身上打下了极深的时代烙印。因此，这一代青年无论是在价值观念、行为方式还是消费方式上均发生了深刻的变化。

2004 年年底，《父母必读》杂志与北京新生代市场监测机构联合对"当代中国城市青年价值观念及生活形态"进行了调查，并希望借此研究帮助社会各方面对当今的中国城市青年有更全面的了解。

此次调查采取实地问卷调查的方式来进行，调查样本取自北京、上海、广州、深圳、成都、武汉、西安、沈阳 8 个城市，共回收有效问卷 940 份。

通过研究发现，当代城市青年的价值观念及生活形态具有以下特点。

1. 价值观念趋于理性和务实

当代城市青年一个重要的变化就是从理想主义向现实主义的转变。他们比较注重个人利益和欲望满足，但在涉及集体利益与个体利益关系的问题上，集体取向的价值观仍得到多数青年的认同。对奉献与索取，多数人同意"奉献与索取应该是对等的"，表现出了一种在奉献与索取之间寻求兼顾的可能性的务实倾向；在人生幸福和理想方面，"事业"和"家庭"并重是多数城市青年的选择；在衡量个人价值标准时，"能力"和"知识"则成为主要标准。

2. 面对现实，希望与压力并存

当代城市青年是一个自信、不断追求个性与独立的群体。从总体来看，他们对目前现状比较满意，对未来预期乐观，充满信心和希望。同时，青年期是个体发展的重要时期，在这一时期往往面临许多来自内外部的压力。总的来看，当代城市青年的压力主要来自于工作、经济方面。面对压力，他们已经具有一定承受能力，多数人能够主动寻求社会支持，采取有效措施去调节自己，缓解压力。

3. 交友真诚，视野开阔

当代城市青年拥有开放的心态。他们愿意与周围的人真诚相处，互相关心，互相帮助；他们与朋友的沟通方式具有明显的这个时代的特征，电话沟通和手机短信以及网络交流成为主要的沟通方式。同时，在信息急剧膨胀的现代社会，当代城市青年通过电视、网络和报纸等多元化的信息渠道来获取丰富的信息，不断关注变化中的世界。

4. 自主消费，时尚为先

当代城市青年具有独立的消费能力，每月平均总支出为 1274 元。由于多数人刚开始工作和社交，所以，在消费上以吃喝玩乐为主导，而在自我发展方面的开支几乎微不足道。在消费取向上，他们大多喜欢追求流行和时尚。同时，重视品牌和产品质量也是青年共同的消费特征。

5. 在传统与现代的婚姻家庭观念中寻找平衡点

当今城市青年的婚恋观念仍然保留中国人传统的特点，同时对于网恋、婚外情等非传统的婚姻观念，不少青年也能够接受。在择偶标准上，他们已打破传统的"门当户对"观念，择偶时比较关注对方的人品以及两人是否相爱和投缘等因素。就结婚年龄而言，晚婚似乎已成为当今城市青年中的普遍现象，打算结婚的平均年龄在 27～28 岁。对于养育孩子，他们有自己的看法，认为应该给予孩子更多的理解和尊重。

5. 引言

引言即调查报告的开头，好的开头，既可使分析报告顺利展开，又能吸引读者。开头的形式有以下几种。

（1）开门见山，揭示主题。文章开始先交代调查的目标或动机，揭示调查主题。

（2）结论先行，逐步论证。文章开始先将调查结论写出来，然后再逐步论证，这种开头形式，观点明确，使人一目了然。

（3）交代情况，逐层分析。文章开始可先介绍背景，然后逐层分析，得出结论；也可先交待调查时间、地点、对象、范围等情况，然后分析。这样可使读者有一个感性认识，然后再深入分析研究。

（4）提出问题，引入正题。用这种方式提出人们所关注的问题，引导读者进入正题。

6．正文

正文是调查报告的核心部分，一般由综合分析和结论两部分组成。在正文中相当一部分内容应是数字、表格，以及对这些的解释、分析，要用最准确、恰当的语言对分析做出描述，结构要严谨，推理要有一定的逻辑性。调查结果和结论与建议是整个报告的核心，要求简短、切中要害。使阅读者既可以从中大致了解调查的结果，又可在下面的分析中获取更多的信息。

7．结论与建议

结论与建议是阅读者最为关注的部分。应根据调查结果总结结论，并结合企业或客户情况提出其所面临的优势与问题，提出解决方法，即建议。

结论和建议具有以下几种表现形式。

（1）概括全文。综合说明调查报告的主要观点，深化报告的主题。

（2）形成结论。在对真实资料进行深入细致的科学分析的基础上，得出报告结论。

（3）提出看法和建议。通过分析，形成对事物的看法，在此基础上，提出建议或可行性方案。

结论和建议的语言要求为：简明扼要，使读者明确题旨，加深认识，可以参考本文中的信息对建议进行判断、评价，能够启发读者思考和联想。

结论和建议与正文部分的论述要紧密对应，不可以提出无证据的结论，也不要进行没有结论性意见的论证。同时这部分内容要具有可行性和可操作性，且有使用价值。

8．附件

附件是与调查过程有关的各种资料的总和，这些内容不便在正文中涉及，但在阅读正文时或者检验调查结果的有效性时，需要参考这些资料。附件中包括的主要内容有以下几个。

（1）项目策划书。

（2）抽样方案，包括样本点的分布和样本量的分配情况等。

（3）调查问卷。

（4）主要质量控制数据，例如调查中的拒访率等，一些有经验的市场研究人员可以根据这些内容判断结果的有效性。

三、修改和提交市场调查报告

（一）修改市场调查报告

在初稿完成后，调查小组人员可以针对初稿的内容、结构、用词等方面进行多次审核和修改，确保报告言之有理，持之有据，观点明确，表达准确，逻辑合理。在定稿前也可以以会议的形式，将整个报告或报告的若干部分拿出来与有关方面进行沟通，从中得到有用信息，提高报告的质量。评价调查报告的标准一般包括以下几个方面。

（1）报告的标题要简洁、明了、富有吸引力并且能揭示调查主题的内容。

（2）报告主体各部分内容与主题要有连贯性。

（3）要正确处理好篇幅和质量的关系。

（4）资料的取舍要求合理，删除报告中一切不必要的内容。

（5）要求对图表资料做出充分的解释和分析。

（6）要求所推断出的结论要科学，论据要确凿，所提建议要可行。

（7）不能过度使用定量技术。定量技术的使用肯定会提高市场调查报告的质量，但必须适可而止。

（8）报告的重点要突出，报告的顺序安排要合理。

（9）语言表述要求做到严谨、简明和通俗，语言严谨体现在选词造句要精确，分寸感强。

（二）提交市场调查报告

市场调查报告征得各方意见并进行修改后就可以定稿并提交。

1. 以书面方式提交

调查人员将定稿后的调查报告打印为正式文稿，而且要求对报告中所使用的字体、字号、颜色、字间距等进行细心的选择和设计，文章的编排要求大方、美观、有助于阅读。另外，报告应该使用质地较好的纸张打印、装订，封面应选择专门的封面用纸，封面上的字体大小、空白位置应精心设计。

如果市场调查项目是由客户委托的，则往往会在报告的目录前面附上提交信（即致客户的提交函）和委托书（即在项目正式开始之前客户写给调查者的委托函）。一般而言，提交信中可大概阐述一下调查者承担并实施的项目的大致过程和体会，也可确认委托方未来需要采用的行动。而委托书则授权调查者承担并实施调查项目，并确认项目的范围和合同的时间内容等。有时候，提交信还会说明委托情况。

案例 9-4

提交函的写法

尊敬的××公司领导，您好：

按照贵公司在××年×月×日委托书中的要求，我方已经完成了对××年×月××产品市场销售情况的调查分析。现提交标题为"××公司××产品目标市场销售调查"的报告。该报告的基础是目标市场上 1200 位已经成为××公司顾客或对××产品感兴趣的人的现场访问和问卷调查，在报告中我们进行了详细的描述。本次调查采用了市场营销调查的一般方法，并且我们相信，该报告符合贵公司的要求，其结果是可靠且有效的。

希望贵公司对本次调查的结果（结论和建议）感到满意，并希望该结果对贵公司××产品在××年销售情况有所帮助。如贵公司有什么问题，请立即与我方联系。

致礼！

报告撰写人×××

××年×月×日

2. 以口头方式提交

绝大多数市场调查项目在准备和递交书面报告之前或之后都要作口头汇报，有效的口头汇报应以听众为中心，充分了解听众的身份、兴趣爱好、教育背景和时间等，精心安排口头报告的内容，将其写成书面形式，也可以使用各种统计图表来综合说明情况；借助投影仪、幻灯片或大型图片等辅助器材，尽可能直观、清晰、重点突出地向全体目标听众阐述调查过程、采用的分析方法和调查结论，以求取得良好的效果。而且，还应该留出适当时间，让听众有机会提出问题。

【思考与训练】

资料：

城里人最爱网购水果：2017年中国生鲜网购研究报告

一、生鲜食品网购消费行为分析

1. 水果是生鲜食品网站最大的消费品类，近80%的生鲜用户经常购买

艾瑞调研数据显示，在一线城市生鲜用户网购行为中，水果为最受欢迎的品类。78.1%的用户表示经常购买水果，32.1%的用户最经常购买水果；牛奶为第二受欢迎品类，经常购买和最经常购买的比例分别为70.0%和13.8%；粮油和零食分别位列第三、第四位，蔬菜以8.7%的比例占据最经常购买品类第五位。

2. "宅人"用户更多购买零食，爱健身用户购买蔬菜更多

艾瑞调研数据显示，除水果之外，具有"宅人"属性的用户更愿意购买牛奶和零食，最经常购买的比例分别为13.7%和13.3%；休闲时间选择健身的用户更多购买粮油和蔬菜，占比分别为12.4%和11.2%，其中健身更多的用户购买零食的比例仅为7.9%，低于"宅人"用户5.4个百分点。艾瑞分析认为，这与不同性格用户的生活习惯相关，"宅人"用户在家追剧打游戏，对零食的需求较大，而健身用户更加注重身体健康、形体塑造等，在吃的方面选择蔬菜更多。

3. 单身人群爱零食，非单身人群爱粮油

艾瑞调研数据显示，单身人群与非单身人群的消费品类也有一定差异。单身人群爱零食，消费比例为15.5%；非单身人群爱牛奶和粮油，占比分别为13.7%和11.5%。艾瑞分析认为，非单身人群对家庭和伴侣更具有健康责任，在家吃饭的机会也比单身人群多，所以购买更多的粮油和牛奶。

二、网购生鲜食品安全分析

1. 家庭用户对食品安全更重视

艾瑞调研数据显示，家庭用户对食品安全更重视。已婚有子女用户中，"非常关注"食品安全的占58.1%；已婚无子女用户中，"非常关注"食品安全的占50.3%；处于恋爱、单身和离异状态的用户则更多选择"比较关注"和"一般关注"。艾瑞分析认为，这一分布与家庭用户的家庭责任感有关系，尤其是已婚有子女的用户，对孩子的成长发育极其关注，作为家庭日常消费的生鲜产品，食品安全成为这一部分用户最关注的要素。

2. 线上食品消费者最看重食品安全，在购买时却更多关注价格

艾瑞调研数据显示，线上食品消费者最看重食品安全，在购买时却更多关注价格。在生鲜网购用户选购商品最看重的因素中，食品安全以57.0%的比例位列第一，价格为第二看重因素；而在影响决策的因素中，价格却成为首要的关注要素，关注比例为42.6%，食品安全为第二关注要素，比例为36.4%。用户最看重食品安全，但在决策时受价格等影响更多。艾瑞分析认为，由于生鲜品类众多，且同一品类下的产品由于品牌、产地等不同，差异较大，但用户在购买过程中并不能有效区分不同产品的差异，所以在购买决策时会选择参考更直接的价格因素。

3. 生鲜网购消费者对食品安全满意度较高，对价格满意度最低

艾瑞调研数据显示，消费者网购生鲜食品最关注食品安全，在满意度评价中对食品安全的满意度

也比较高，总体评分 7.99 仅次于物流的 8.00。艾瑞分析认为，生鲜食品具有即时的特点，缩短配送时间，满足消费者的即时需求是各大生鲜平台的基本设计之一。目前很多平台可以实现次日达、当日达、两小时达，甚至 30 分钟达，物流的及时性以及冷链配送对新鲜度的保证共同推动了用户对物流和食品安全的高满意度。

此外，用户对价格的满意度最低，平均评分仅为 7.85。一方面，生鲜电商的仓储及冷链配送成本等较高，可能没有达到消费者对网购的价格预期；另一方面，一部分定位于中高端食品或主打进口、精选的生鲜电商平台，由于产品的品牌或产地等不同，客单价较高，也造成了部分消费者对网购生鲜食品价格偏高的印象。

从细分品类和指标来看，生鲜食品平台各有优势。京东生鲜、天猫喵鲜生平台知名度较高，天猫喵鲜生的品类更丰富，京东生鲜和顺丰优选的物流配送体验更好，中粮我买网的食品安全满意度更高。

4. 影响食品安全的各要素中，用户对包装最满意，对平台管理最不放心

艾瑞将影响网购生鲜食品安全的要素分为以下指标：食品干净卫生、食品新鲜、有绿色安全认证、包装干净无毒、配送安全卫生、平台管理严格。其中，用户对包装满意度最高，评分平均为 8.08，对平台的管理最不放心，评分最低，为 7.99 分。其余评分从高到低依次为食品干净卫生，8.07 分；配送安全卫生，8.04 分；有绿色安全认证，8.03 分；食品新鲜，8.02 分。

总体来说，用户对生鲜食品电商平台的食品安全问题比较满意，未来各平台应进一步加强对供应链的管理，严格选品，优化物流配送，为用户创造一个良好的食品网购环境。

（资料业源：艾瑞咨询）

阅读以上材料，回答以下问题。

（1）在该市场调查报告的开头，使用了什么样的叙述技巧？

（2）你认为该调查报告的结构上存在问题吗？请说出你的看法。

【课程实践】

各调查小组根据前期安排的调查课题，根据调查目标及资料情况，讨论并整理，形成一份规范的市场调查报告；并讨论分析这一报告解释的重点与技术要求，尝试为全体同学以 PPT 形式讲解这一报告。

【学生分析报告范例】

封面：

当代大学生计算机市场调查报告
调查单位：一家计算机代理商
（贸经系 09 营销策划 32 班 第五组）
通讯地址：××职业技术学院
电话：
E-mail:s_____@163.com
报告提出日期：2010 年 6 月 13 日

目录：

当代大学生计算机市场调查报告

一、前言

当今的大学生乐于创新、易于接受新事物，他们往往追随或引领时尚潮流。计算机作为一种方便高效的现代化工具，似乎与大学生有一种天然的紧密的联系，它正在被当作必备的生活和学习工具而大量地进入学生的学习和生活中。虽然学生的消费能力有限，但国内家庭用户对计算机的投资，很大程度上都是为他们子女购买的，而这群年轻人显然对这种高科技时尚产品更了解。可以说，研究大学生对计算机厂商的影响是非常有价值的。

二、调查背景及目标

（一）调查背景

大学生对计算机的需求量逐渐增加，但是不同的大学生对计算机的要求是不同的，特别是专业的不同，以及对各种品牌的计算机信任度的不同。作为一个计算机的销售商，在面对更加广阔的大学生计算机市场的同时也面临着各方面的竞争。为了使本商家能够更好地活跃在计算机市场上，赢得更多客户的信赖，我们决定针对大学生为主的消费人群进行市场调查，使我们能够更加准确地掌握市场需求，从而针对这些需求制定相应的方案。具体的调查目的概括如下。

（二）调查目的

（1）了解哪种品牌的计算机需求量最大或什么样性能的计算机需求量最大，以及大学生能够接受的计算机价格等。

（2）掌握各种计算机品牌在消费者中的知名度、渗透率、美誉度、信任度等情况。

（3）了解现代大学生对计算机的要求。

（4）了解大学生计算机需求的市场容量。

三、调查对象及范围

因为计算机在大学里使用得比较普遍，所以全体在校大学生都可以成为调查对象。但是因为不同的专业对计算机的需求量与要求不同，所以我们拟采取配额调查方法。在本次调查中既选择了文科大学生，也选择了理科大学生；既有男生，也有女生。

四、问卷调查结果及分析

（1）这次的调查问卷，共发放 50 份，其中有效问卷为 47 份。在这次调查问卷统计中拥有计算机的人数为 26 人，没有的为 21 人，大学生计算机拥有率为 55.3%；而在没有计算机的 21 人中有 16 人准备或希望购买计算机，计算机潜在的购买需求为 76.2%。由此可见，大学生计算机消费是一块很大的市场，有很大的发展前景，应当重点把握。

（2）对大学生最相信计算机品牌进行统计，大学生计算机品牌的关注份额如下图所示。

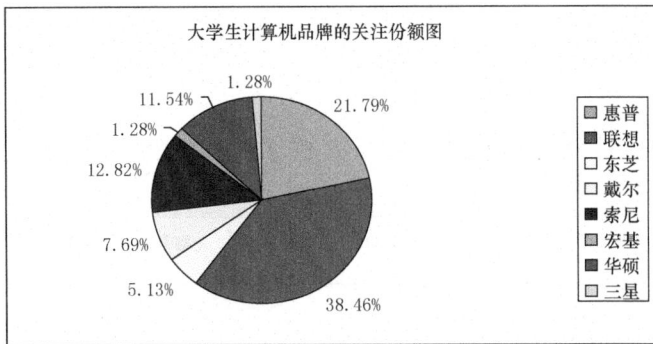

大学生计算机品牌的关注份额图

图例
惠普
联想
东芝
戴尔
索尼
宏基
华硕
三星

1.28%　21.79%　11.54%　1.28%　12.82%　7.69%　5.13%　38.46%

由上图可以看出，被调查者一般对联想、惠普、索尼及华硕比较相信。提示我们在选择代理厂家时，要将重点放在这几家计算机公司。由于统计的份数有限，所以这份数据存在一些问题，所以从网上搜了一个比较详细的数据，见附录二。

（3）计算机的价格是消费者考虑的一个重点因素，所以对价格的统计是必要的。计算机需求价格分布图如下图所示。

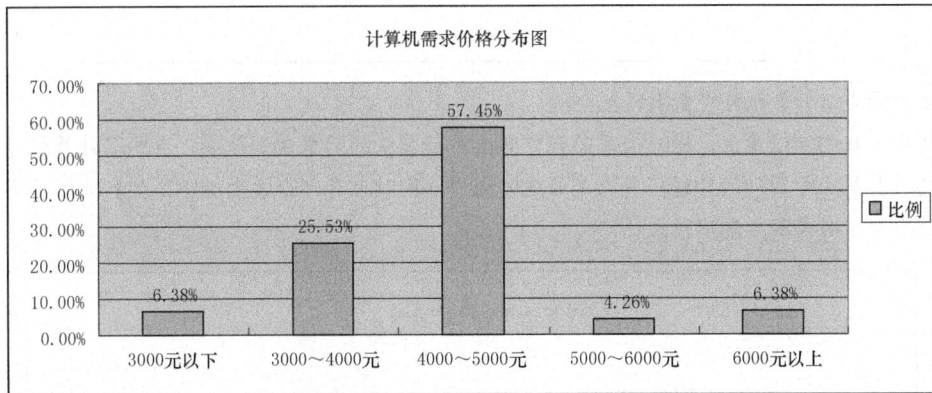

计算机需求价格分布图

70.00%
60.00%
57.45%
50.00%
40.00%
30.00%
25.53%
20.00%
10.00%　6.38%　　　　　　4.26%　6.38%
0.00%
3000元以下　3000～4000元　4000～5000元　5000～6000元　6000元以上

图例：比例

价格在 4000～5000 元的计算机占据整体市场五成以上的关注份额，高端产品的竞争力稍显不足。可见，用户关注的仍是以普通功能为主的计算机。所以，我们在购进计算机时要以普通计算机为主。

（4）大学生对计算机的基本功能的需求如下图所示。

在计算机功能需求上，绝大多数大学生都是全部加以选择，所以对于我们而言就将学习功能、娱乐功能、时尚功能、携带功能等都考虑进去。

（5）大学生购买计算机时，最关注的因素如下图所示。

从下图中可以看出，大学生在购买计算机时对计算机品牌的关注度相较于其他的因素而言稍高。但是，其他几项因素比例也不低。

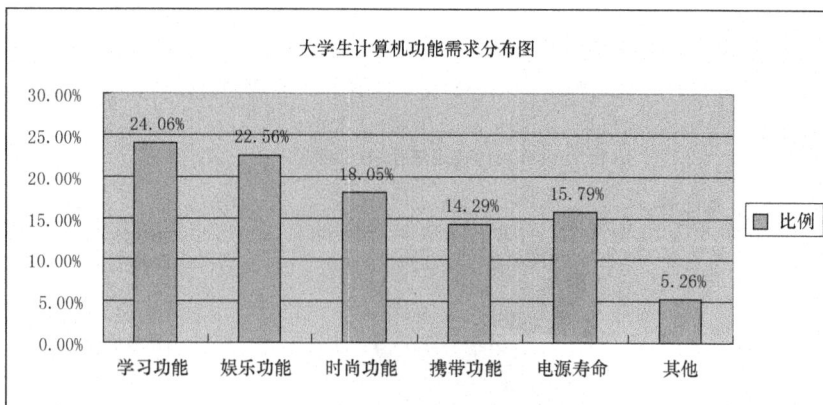

大学生计算机功能需求分布图

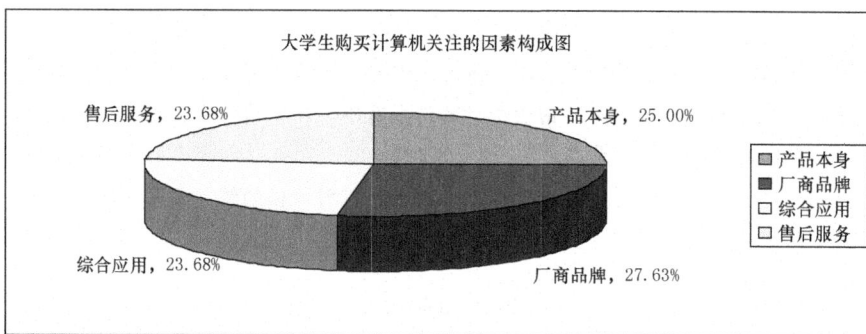

大学生购买计算机关注的因素构成图

（6）大学生对计算机外观需求情况分析。

从下图中我们可以看出，进入大学时代，学生对计算机的需求越来越高，在购买计算机时，主要追求的是计算机大方简约的外观，其次是外观时尚的，同时也有部分学生对华丽型和迷你型感兴趣，主要是追求个性时尚和与众不同。

172

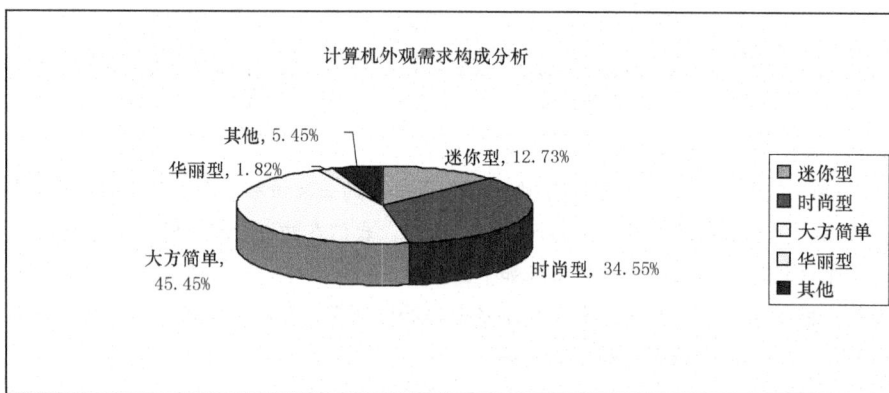

计算机外观需求构成分析

（7）大学生对计算机颜色的需求分析如下图所示。

在市场上，计算机的颜色主要是黑色和白色，酒红色也占有少部分的市场。许多大学生都喜欢黑色、白色以及酒红色的计算机颜色。

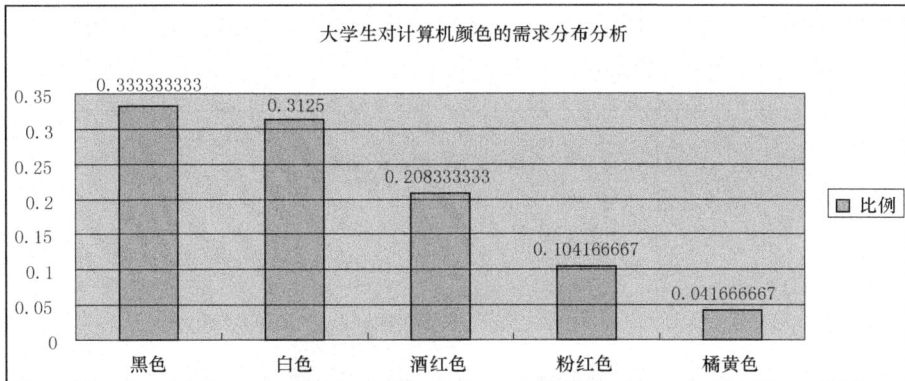

大学生对计算机颜色的需求分布分析

（8）计算机信息可信度分析如下图所示。

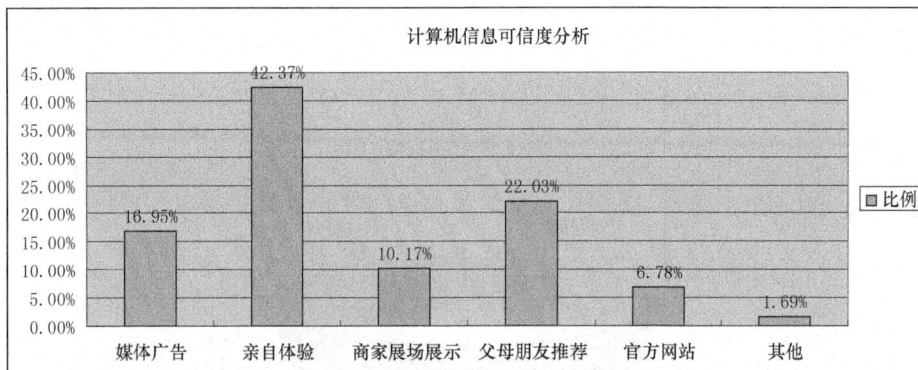

计算机信息可信度分析

　　许多大学生在购买计算机之前，都会特别关注一些媒体广告，以便了解是否有合适自己的，同时也会学习一些关于计算机的知识。其次，自己亲自体验的效果更佳，更具有说服力。与此同时，父母的推荐也会影响大学生对计算机的选择。

　　（9）大学生购买计算机的途径分析如下图所示。

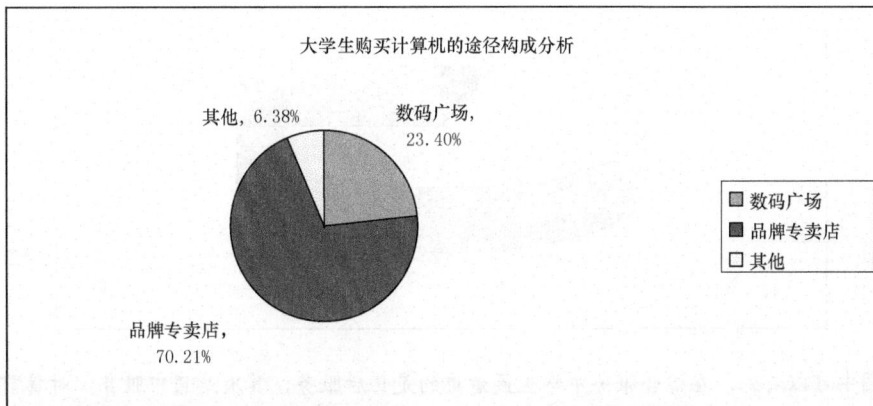

大学生购买计算机的途径构成分析

　　大学生往往会去计算机品牌专卖店购买，也会有一些学生去数码广场购买，但几乎没人会网购或通过电话、电视购买计算机，他们认为通过这种途径购买的计算机往往缺乏保障。

　　（10）其他计算机需求情况分析

在除了上述几项因素外，大学生对计算机的售前、售中、售后服务及不同品牌的服务规定和保修时间也有一定的要求。具体如下图所示。

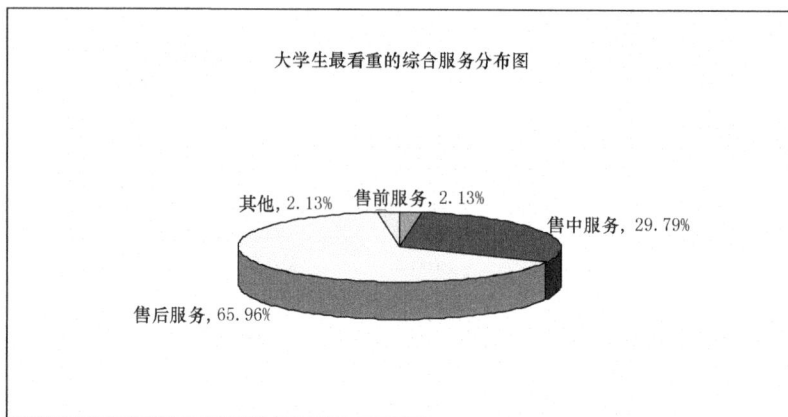

大学生最看重的综合服务分布图

其他, 2.13%　售前服务, 2.13%　售中服务, 29.79%
售后服务, 65.96%

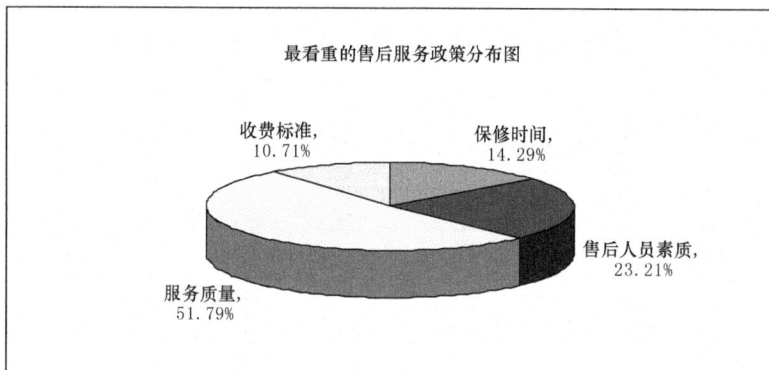

最看重的售后服务政策分布图

收费标准, 10.71%　保修时间, 14.29%
售后人员素质, 23.21%
服务质量, 51.79%

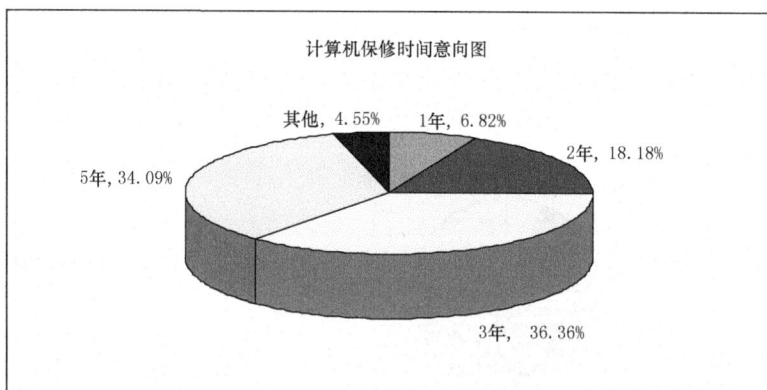

计算机保修时间意向图

其他, 4.55%　1年, 6.82%
2年, 18.18%
5年, 34.09%
3年, 36.36%

从上图中可以看到，在综合服务中学生最看重的是售后服务，其次是售中服务，对售前服务并十分不在意。而在售后服务政策中许多大学生最为看重的是销售人员的服务质量，这往往是影响消费者选择的关键考虑因素。对于保修时间，学生大都认为是越长越好。

五、结论

（1）大学生计算机市场是一个很大的市场，我们应当重点把握。

（2）大学生一般对联想、惠普、索尼及华硕品牌计算机比较信任。

（3）价格在 4000～5000 元的计算机最受大学生的关注。

（4）大学生在购买计算机时对计算机的品牌的注意度较其他因素而言稍高。

（5）许多大学生都喜欢黑色和白色以及酒红色的计算机。

（6）大学生往往会去计算机品牌专卖店购买计算机。

（7）在综合服务中大学生最看重的是售后服务，其次是售中服务，对售前服务并十分不在意；而在售后服务政策中许多大学生最为看重的是销售人员的服务质量，这往往是影响消费者的选择的关键因素。对于保修时间，一般认为是越长越好。

六、建议

（1）根据调查结果可知，联想、惠普、华硕这三个品牌选择的人数是最多的，所以商家在选择代理品牌时要集中于这几个品牌。

（2）资料显示价格在 4000～5000 元计算机的购买人数最多，占据市场关注度的五成以上。所以我们应该把这个价位的计算机作为主打产品，重点推销。

（3）由于大学生对时尚、大方简约这两类特点的计算机需求比较高，我们应重点代理这种类型的计算机，以适应需求。

（4）一般人都希望能够亲自体验所看中的计算机，所以我们可以通过计算机展示的方式销售计算机，让需要购买计算机的大学生能够亲自接触到计算机，并进行试用，这样会吸引到更多潜在顾客，增强他们的信任度。

（5）因为大学生对售后及售中的服务需求比较多，所以必须加强对售后及售中人员的素质及能力培训，以便能够满足多样化的需求。

附录一：大学生计算机市场调查问卷

亲爱的同学：

您好！我们是本市的一家计算机的销售商，为了更好地满足大学生计算机的消费需求，服务好大家，我们需要您真诚的合作，以便我们了解大学生对计算机需求的信息，您的回答我们将给予保密，希望您能帮助我们！

姓名：　　　　　　联系方式：　　　　　　学校：

1. 你现在是否拥有计算机?

　　A. 是　　　　　　　　B. 否

2. 你现在需要计算机吗?

　　A. 是　　　　　　　　B. 否

3. 你最相信的计算机品牌是_____。

　　A. 惠普　　　　　　B. 联想（含 Thinkpad 系列）　　　　C. 东芝

　　D. 戴尔　　　　　　E. 索尼　　　　　　　　　　　　　　F. 宏基

　　G. 华硕　　　　　　H. 神州　　　　　　　　　　　　　　I. 三星　　　　　　J. 其他_____

4. 你所能接受的价格是多少?

　　A. 3000 元以下　　　B. 3000～4000 元　　　C. 4000～5000 元

　　D. 5000～6000 元　　E. 6000 元以上

175

5. 你对笔记本计算机的基本功能要求是什么？（多选题）

    A. 学习功能　　　　B. 娱乐功能　　　　C. 时尚功能

    D. 携带功能　　　　E. 电源寿命　　　　F. 其他＿＿＿＿＿

6. 购买计算机时，你最看重的因素是＿＿＿＿＿。

    A. 产品本身　　　　B. 厂商品牌　　　　C. 综合应用

    D. 售后服务　　　　E. 其他

7. 你对计算机的外观需求是＿＿＿＿＿（多选题）。

    A. 迷你型　　　　　B. 时尚型　　　　　C. 大方简单性

    D. 华丽型　　　　　E. 其他＿＿＿＿＿

8. 你喜欢的计算机颜色有＿＿＿＿＿。

    A. 黑色　　　　　　B. 白色　　　　　　C. 酒红色

    D. 粉红色　　　　　E. 橘黄色　　　　　F. 其他＿＿＿＿＿

9. 你认为通过哪种渠道收集到的笔记本计算机信息可信度最高？

    A. 媒体广告　　　　B. 亲自体验　　　　C. 商家展场展示

    D. 父母朋友推荐　　E. 官方网站　　　　F. 其他＿＿＿＿＿

10. 以下商家哪项做法会吸引你去购买计算机？（多选题）

    A. 商家促销　　　　B. 一些人性化的功能　　C. 一些其他品牌所没有的功能

    D. 华丽的外观　　　E. 其他＿＿＿＿＿

11. 你想以何种方式购买计算机？

    A. 网购　　　　　　B. 数码广场　　　　C. 品牌专卖店

    D. 电视购物　　　　E. 其他＿＿＿＿＿

12. 购买计算机时，在综合服务中，你最看中的因素是＿＿＿＿＿。

    A. 售前服务　　　　B. 售中服务　　　　C. 售后服务　　　　D. 其他＿＿＿＿＿

13. 对于厂商的售后服务政策，你最看重的因素是＿＿＿＿＿。

    A. 保修时间　　　　B. 售后人员素质　　C. 服务质量

    D. 收费标准　　　　E. 其他＿＿＿＿＿

14. 对于厂商的保修时间，你认为合理的时间是多少？

    A. 1 年　　　　　　B. 2 年　　　　　　C. 3 年

    D. 5 年　　　　　　E. 其他＿＿＿＿＿　　F. 无所谓

谢谢您的合作！

附录二：关于计算机品牌的关注份额资料

    调查显示，2008 年 1 月，联想再次夺得排行榜的第一的位置，占据 35.80% 的关注份额。从联想 1 月的市场表现来看，一方面，联想寒假促销全面展开，家悦 U、家悦 S、锋行 X 系列作为此次家用计算机寒假促销的开路先锋，为联想增加了不少的关注度；另一方面，寒假促销期间联想推出的新机型也较多，有些虽然只是稍微改变了配置，但是多种不同的型号使消费者的选择范围更加广泛。

    戴尔位于排行榜的第二位，获得 20.90% 的关注比例。惠普排在第三位，关注比例为 11.40%。除了上述三大品牌以外，其他品牌的关注比例均在 10 个百分点以内。

    排在品牌排行榜后七位的品牌依次是神舟、清华同方、方正、苹果、宏基、海尔与 TCL，七大品牌整体关注比例为 25.80%，与前三大品牌整体关注比例相比差距较大如下图所示。

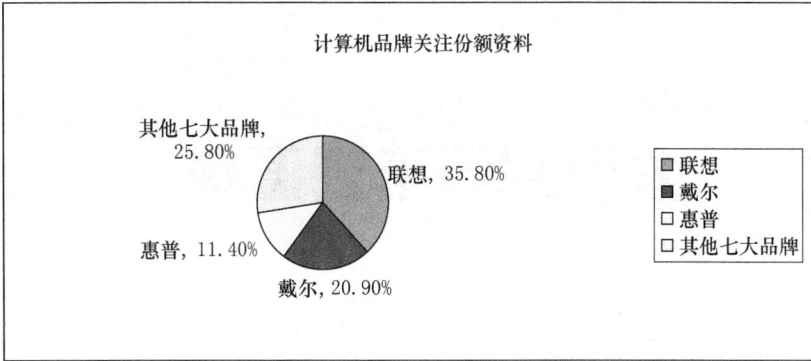

计算机品牌关注份额资料

其他七大品牌，25.80%

联想，35.80%

惠普，11.40%

戴尔，20.90%

□ 联想
■ 戴尔
□ 惠普
□ 其他七大品牌

10 项目十
大数据与市场调查

任务要求

请阅读案例，进行课堂讨论，完成"从案例谈谈大数据是什么"的写作。

做营销，你必须了解大数据

随着移动互联网的发展和移动智能设备软硬件功能的不断完善，网民使用习惯发生了巨大变化，用户行为方式从传统的 PC 端为主转变为"PC 端+移动端"并重，呈现出跨屏互动的趋势，至此大数据的作用也日益突出出来。

一、大数据营销让一切营销行为和消费行为皆数据化

数据流化使得营销行动目标明确、可追踪、可衡量、可优化，从而造就了以数据为核心的营销闭环，即"消费—数据—营销—效果—消费"。

专家表示，大数据营销的价值无外乎表现在两个方面，一是数字品牌，二是效果营销。而如何优化提升品牌数字资产，这是数字品牌发展的根本和核心。这里所指的数字资产不仅仅是传统品牌营销所指的知名度、美誉度，更重要的是品牌与消费共创的数字生态价值，即实现数据的商业化，利用数据进行导流和销售。

专家认为品牌会把"数据"当成营销运营的核心部分，打造符合企业、品牌行业及企业、产品特质的更加深度的数据体系和数据应用。毕竟数据是海量的，如何运营有限、有效的高质量数据为企业更好地创造价值比大海捞针的粗放式玩儿法要实际得多。然而数字时代，一个品牌不仅仅在收集数据，同时也在制造和影响数据，如何塑造和运营更加有利于企业和品牌营销发展的数据流，必然成为今后品牌营销必须面对的重要课题。因为大数据不是目的，营销投入的关键在于产出，如何合理运用数据最大化影响营销投入的投资回报率才是最终根本所在。

二、大数据营销让社交网络营销等渠道更具价值

营销界专家认为，通过大数据抓取用户，让社交平台价值倍增，而大数据营销不仅起到了一个连接社交平台，精准抓取用户的作用，而且通过数据能提炼大众意见去做产品，完成了社交平台营销中的最基础环节。这表现在，一个新产品的推广完全可以利用大数据来整理用户需求，利用粉丝力量，设计出新的产品，而众多参与者就是最原始的购买群体，随之打开销售渠道。

三、大数据营销让广告程序化购买更具合理性

面对互联网媒体资源在数量以及种类上快速增长及越发多样化，不同广告主的需求也在日益多样化，他们越发意识到投放效果、操作智能的重要性。大数据通过受众分析，帮助广告主找出目标受众，然后对广告投放的内容、时间、形式等进行预判与调配，并完成广告投放的整个营销过程。

专家表示，大数据营销未来将向程序化购买方面发展，随着程序化广告发展热潮带来的效率提升，企业将会把越来越多的预算放到程序化购买里。而大数据对企业来说，可以更加明确地知道自己的目标用户并精准地进行产品定位，从而做出极具针对性的布置，获得用户参与。

四、大数据营销实现线上线下结合后进入多屏时代

"目前的数据挖掘更多的还是停留在线上数据的分析和挖掘上。因此未来的关键点就在于如何能够实现线上线下数据的打通。一旦线上的数据和广告主的第一方数据相结合，大数据营销在更精准的基础上就会做到人群量的扩大，"专家表示，"多屏时代的到来，正在把受众的时间、行为分散到各个屏幕上，而广告主想要更好地抓住消费者的兴趣点，就需要实现多屏、多渠道营销。未来大数据营销的大趋势便是多屏整合下的数字营销。"

目前大部分企业经营决策面临的最大挑战不是缺少数据，而是数据太多，数据碎片化，各自为政。许多企业或组织中，数据都散落在互不连通的数据库中，并且相应的数据也都存在于不同部门中，面对这些静态、孤立、无多大参考意义的"初级品"的信息数据，企业中的信息部门只有将这些孤立错位的数据库打通、互联并且实现技术共享，才能够最大化大数据价值，提供决策支持。

五、大数据营销并非"量"的存在而在于"智慧的数字生态"

"对于大数据营销的理解，多数人的理解停留在'很大的数据'这一概念，然而大数据实际上是一种"数据生态"的表现，即从交易型数据管理拓展到社会化数据管理层次，从结构化数据管理拓展到非结构化数据管理等。在此基础上必须要有具有商务智能的数据管理能力，否则则无意义。"专家说道。

大数据营销等同于精准营销，或是精准营销是大数据营销的一个核心方向和价值体现。然而目前市场上很多具备大数据营销技能的企业存在很多片面性，首先，整个SNS体系的生态数据应该是完整的数据展现而并非微博、微信数据平台等单一的数据支撑；其次，配套程度有限，大数据智能除了像电子邮件营销通道外，还需要和终端配合，这点目前市场上做的还很分散；最后，企业在做大数据营销时，虽然个体消费群体能够接受大数据给自己带来的便捷，同时也因为涉及"个人隐私"这个敏感的词汇而有所排斥。

专家认为大数据营销的两个核心方向是ToB和ToC。ToB即商业智能化，涉及企业智能化供应链决策体系优化，这个供应链不是常规理解的传统意义的物流，而是囊括企业人力资源、服务采购、销售市场拓展、内控成本分析等诸多层面；ToC，即生活服务，涉及餐饮、旅游、医疗等诸多领域，以个人信息为核心的信息组织管理模型将在未来重构民生体验。

六、大数据营销是"大规模个性化互动"实现高效转化的基础

大数据营销以数据管理平台（Date-Management Platform，DMP）为核心，包括辅助决策系统，内容管理系统，用户互动策略系统，效果评估与优化系统，消费者聆听和客户服务系统，在线支付管理系统等几个方面。主要从决策层、分析层和执行层几个方面来完成营销、服务和销售全流程管理。

专家认为，曾经营销的核心是品牌形象传递；在互联网门户时代，营销的核心是数字化媒介购买；而在以移动、社会化代表的互联网3.0时代，营销的核心是实现"大规模的个性化互动"。这里的"互动"指的是更加广义上的接触点策略，比如更加有针对性的传播内容，更加人性化的客服信息，千人千面的个性化页面，而实现这一核心的基础就是消费者大数据的管理。大规模代表效率，个性化代表更好的转化效果。因此，所谓大数据营销的价值就在于能够实现更加高效的转化。

七、大数据营销即建立一个数据建模让营销更加精准、有效

专家认为，数据的获取方法首先体现在信息系统普及、传感器网路等等。其次是数据处理方法，像是使用通用计算机搭建计算能力超群的系统，如 SNS 社交媒体，利用更加开放的系统，在不妨碍平台利益和用户隐私的情况下，理论上获取每一个个人的 SNS 行为轨迹，然后存储在服务器上，形成一个庞大的数据库积累后成为大数据营销的一个数据基础。

目前在营销过程中涉及数据方面的多而杂，这时需要对数据的有效性进行过滤，例如行为噪声，重复数据，非目标用户数据等等。换句话说，大数据时代，数据和处理能力不再是主要矛盾，主要矛盾是如何从数据中获取想要的信息，也就是数据建模即挖掘能力。当然这个问题的求解，需要一系列建模的过程，然后把它转化成为具体的计算问题。

专家表示，目前的大数据技术虽然可以让营销动作做得更加精准、有效，但做起来并不容易。即便是公认大数据营销的领先者亚马逊，也经常会被吐槽推荐的东西驴唇不对马嘴，或者是已经买过的东西也会一再推荐。因此，未来基于大数据技术的提升，大数据营销的精准性将带来更多的商业价值。

八、大数据营销就是对"小数据"分析过程中的数据应用

对于大数据营销，在众多乐观的态度中易观国际分析师董旭却提出了对立的观点。她认为，今天所有营销数据基本上是各家在利用有限的数据资源，虽然这个数据资源可能是庞大的，比如庞大 cookie 量，附属性的分析量等，但将其放在互联网、移动互联网环境上只是与营销相关的数据之一。因为现如今产业链的特征，企业都会有自己独立的 DMP 系统，但 DMP 第三方市场还没有一个通用型的 DMP 平台可以提供获取数据。因此所有的 DMP 本身是在应用数据，而并非是全网的大数据。

任务分解

1. 大数据的概念与特点。
2. 大数据思维的运用。

案例导入

2008 年 9 月 4 日，英国《自然》杂志刊登了一个名为"Big Data"的专辑，首次提出大数据概念，该专辑对如何研究 PB 级容量的大数据流，以及目前正在制订的、用于最为充分地利用海量数据的最新策略进行了探讨。2011 年、2012 年达沃斯世界经济论坛将大数据作为专题讨论的主题之一，发布了《大数据、大影响：国际发展新的可能性》等系列报告。2011 年以来，中国成立了大数据委员会，研究大数据中的科学与工程问题，科技部《中国云科技发展"十二五"专项规划》和工信部《物联网"十二五"发展规划》等都把大数据技术作为一项重点予以支持。业界普遍认为，2013 年是中国"大数据元年"。

大数据最核心的价值就是在于对于海量数据进行存储和分析。相比起现有的其他技术而言，大数据的"廉价、迅速、优化"这三方面的综合成本是最优的。

大数据的应用可以看出它的威力，如洛杉矶警察局和加利福尼亚大学合作利用大数据预测犯罪的发生，PredPol 公司通过与洛杉矶和圣克鲁斯的警方以及一群研究人员合作，基于地震预测算法的变体和犯罪数据来预测犯罪发生的概率，可以精确到 500 平方英尺的范围内。在洛杉矶运用该算法的地区，盗窃罪和暴力犯罪分别下降了 33% 和 21%；再如 Express Scripts Holding Co. 的产品制造，该公司发现

那些需要服药的人常常也是最可能忘记服药的人。因此，他们开发了一个新产品——会响铃的药品盖和自动的电话呼叫，以此提醒患者按时服药。

大数据的影响，增加了对信息管理专家的需求，甲骨文、IBM、微软和SAP花费了超过15亿美元在软件智能数据管理和分析的专业公司身上。这个行业自身价值超过1000亿美元，增长了近10%。

作为最新的生产工具，大数据也将成为治国的利器，一方面，可以实现治国理念、工具、目标的现代化，为推进国家治理体系和治理能力现代化提供强劲的动力；另一方面，大数据产生于各行各业，大数据引导的变革也必将影响到各行各业。未来，大数据将成为社会基础设施的一部分，与公路、自来水、电一样，成为人们生活中不可或缺的一部分。

理论基石

一、大数据概念

全球最具权威的IT研究与顾问咨询公司Gartner将"大数据"定义为"需要新处理模式才能具有更强的决策力、洞察发现力和流程优化能力的海量、高增长率和多样化的信息资产"。麦肯锡全球研究所给出的定义是："一种规模大到在获取、存储、管理、分析方面大大超出了传统数据库软件工具能力范围的数据集合"。《互联网周刊》则认为，"大数据是通过对海量数据进行分析，获得有巨大价值的产品、服务，或深刻的洞见，最终形成变革之力"。国家信息中心有关专家将"大数据"广义地界定为"我国现代信息化进程中产生的和可被利用的海量数据集合，是当代信息社会的数据资源总和，是信息时代的全数据，既包括互联网数据，也包括政府数据和行业数据"。

二、大数据的特点

大数据是一类海量信息的数据集，是一项对海量数据进行快速处理并获取有价值信息的技术，更是一种新的认知世界和改造世界的思维方式和能力。大数据开启了一个以数据为基本元素的、以数据为战略资产的时代，在大数据时代掌握了数据就意味着拥有了核心竞争力。大数据时代让社会朝着更加个性化、民主化、自由化、开放化的方向发展。

大数据在诞生之初仅仅是一个IT行业内的技术术语，业界通常用4个V（Volume、Variety、Value、Velocity）来概括大数据的内容特征。

1. 数据体量巨大（Volume）

国际数据公司（IDC）的研究结果表明，截至2012年，人类生产的所有印刷材料的数据量是200PB。IBM研究称，整个人类文明所获得的全部数据中，有90%是过去两年内产生的。而到了2020年，全世界所产生的数据规模将达到目前的44倍。当前，典型个人计算机硬盘的容量为TB量级，而一些大企业的数据量已经接近EB量级。

2. 数据类型繁多（Variety）

这种类型的多样性也让数据被分为结构化数据和非结构化数据。相对于以往便于存储的以文本为主的结构化数据，非结构化数据越来越多，包括网络日志、音频、视频、图片、地理位置信息等，这些多类型的数据对数据的处理能力提出了更高要求。

3．价值密度低（Value）

价值密度的高低与数据总量的大小成反比。以视频为例，一部 1 小时的视频，在连续不间断的监控中，有用数据可能仅有一两秒。如何通过强大的机器算法更迅速地完成数据的价值"提纯"成为目前大数据背景下亟待解决的难题。

4．处理速度快（Velocity）

这是大数据区分于传统数据的最显著特征。根据 IDC 的"数字宇宙"的报告，预计到 2020 年，全球数据使用量将达到 35.2ZB。在如此海量的数据面前，处理数据的效率就是企业的生命。

三、大数据思维

近年来，大数据技术的快速发展深刻地改变了人们的生活、工作和思维方式。大数据研究专家舍恩伯格指出，大数据时代，人们对待数据的思维方式会发生如下三个变化：第一，人们处理的数据从样本数据变成全部数据；第二，由于是全样本数据，人们不得不接受数据的混杂性，而放弃对精确性的追求；第三，人类通过对大数据的处理，放弃对因果关系的渴求，转而关注相关关系。事实上，大数据时代带给人们的思维方式的深刻转变远不止上述三个方面。

1．总体思维

社会科学研究社会现象的总体特征，以往采样一直是主要数据获取手段，这是人类在无法获得总体数据信息条件下的无奈选择。在大数据时代，人们可以获得与分析更多的数据，甚至是与之相关的所有数据，而不再依赖于采样，从而可以带来更全面的认识，可以更清楚地发现样本无法揭示的细节信息。在大数据时代，随着数据收集、存储、分析技术的突破性发展，我们可以更加方便、快捷、动态地获得与研究对象有关的所有数据，而不再因诸多限制不得不采用样本研究方法，相应地，思维方式也应该从样本思维转向总体思维，从而能够更加全面、立体、系统地认识总体状况。

2．容错思维

在小数据时代，由于收集的样本信息量比较少，所以必须确保记录下来的数据尽量结构化、精确化，否则，分析得出的结论在推及总体上就会"南辕北辙"，因此，就必须十分注重精确思维。然而，在大数据时代，得益于大数据技术的突破，大量的非结构化、异构化的数据能够得到储存和分析，这一方面提升了我们从数据中获取知识和洞见的能力，另一方面也对传统的精确思维提出了挑战。

在大数据时代，思维方式要从精确思维转向容错思维，当拥有海量即时数据时，绝对的精准不再是追求的主要目标，适当地忽略微观层面上的精确度，容许一定程度的错误与混杂，反而可以在宏观层面拥有更好的知识和洞察力。

3．相关思维

在小数据世界中，人们往往执着于现象背后的因果关系，试图通过有限样本数据来剖析其中的内在机理。小数据的另一个缺陷就是有限的样本数据无法反映出事物之间的普遍性的相关关系。而在大数据时代，人们可以通过大数据技术挖掘出事物之间隐藏的相关关系，获得更多的认知与洞见，运用这些认知与洞见就可以帮助我们捕捉现在和预测未来，而建立在相关关系分析基础上的预测正是大数据的核心议题。

通过关注线性的相关关系，以及复杂的非线性相关关系，可以帮助人们看到很多以前不曾注意的联系，还可以掌握以前无法理解的复杂技术和社会动态，相关关系甚至可以超越因果关系，成为我们了解这个世界的更好视角。在大数据时代，思维方式要从因果思维转向相关思维，努力颠覆千百年来人类形成的传统思维模式和固有偏见，才能更好地分享大数据带来的深刻洞见。

4. 智能思维

不断提高机器的自动化、智能化水平始终是人类社会长期不懈的努力方向。计算机的出现极大地推动了自动控制、人工智能和机器学习等新技术的发展，机器人研发也取得了突飞猛进的成果并开始应用。应该说，自进入到信息社会以来，人类社会的自动化、智能化水平已得到明显提升，但始终面临瓶颈而无法取得突破性进展，机器的思维方式仍属于线性、简单、物理的自然思维，智能水平仍不尽如人意。

但是，大数据时代的到来，可以为提升机器智能带来契机，因为大数据将有效推进机器思维方式由自然思维转向智能思维，这才是大数据思维转变的关键所在、核心内容。众所周知，人脑之所以具有智能、智慧，就在于它能够对周遭的数据信息进行全面收集、逻辑判断和归纳总结，从而获得有关事物或现象的认识与见解。同样，在大数据时代，随着物联网、云计算、社会计算、可视技术等的突破发展，大数据系统也能够自动地搜索所有相关的数据信息，并进而类似"人脑"一样主动、立体、逻辑地分析数据、做出判断、提供洞见，那么，无疑也就具有了类似人类的智能思维能力和预测未来的能力。"智能、智慧"是大数据时代的显著特征，大数据时代的思维方式也要求从自然思维转向智能思维，不断提升机器或系统的社会计算能力和智能化水平，从而获得具有洞察力和新价值的东西，甚至类似于人类的"智慧"。

大数据时代将带来深刻的思维转变，大数据不仅将改变每个人的日常生活和工作方式，改变商业组织和社会组织的运行方式，而且将从根本上奠定国家和社会治理的数据基础，彻底改变长期以来国家与社会诸多领域存在的"不可治理"状况，使得国家和社会治理更加透明、有效和智慧。

案例 10-1

大数据助乳业公司预测产奶量

国内某乳业公司为了保证提供优质的鲜乳原料，实现真正意义上的"横跨东西、纵跨南北"的战略布局，其原奶事业部想对提供原奶的五大区的奶牛数量和奶牛产量进行预测。

首先，面对庞大的数据量和繁多的汇总表格，原奶事业部按传统数据处理技术进行数据处理的工作量已超出负荷，也并不重视数据收集的准确性和时效性。其次，供奶地区较多，地域跨度大，奶牛存栏情况和不同泌乳时期的产奶量等都各不相同。如何将不同的地域、不同的产奶量等用多元化的、可视化效果展示出来，是原奶事业部想要解决的问题。

原奶事业部利用大数据分析工作，将各个汇总表格数据转换成数据库结构，然后根据业务逻辑，建立了数据库指标体系，帮其检查数据一致性，将无效值或缺失值进行了处理。根据不同的泌乳期单产及对应泌乳牛数量、配种和产犊计划、淘汰出售牛计划等建立奶量预测模型，以此预测未来 8～10 个月奶量变化的趋势，并估算出当年全年的奶量的传出吨数，帮助该乳业公司预测当年各区域奶量的变化情况。公司还根据原奶事业部的配种计划以及产犊时间，确定了未来 8～10 个月新投产泌乳牛的数量情况。

四、大数据与市场调查

数据被称为"未来的新石油",其战略意义已经在全世界范围内得到认可,在营销和广告领域,出现了许多依托网络的大数据展望,勾画出"利用网络数据全面立体地呈现用户群体"的蓝图,并开始了利用社会化媒体平台对消费者进行分析的尝试。看起来大数据研究方法给传统市场调查行业带来了巨大挑战,事实上大数据与传统市场调查并非互斥,而是可以互补融合的。市场调查的基石与目的——发掘营销中的因果关系并没有改变,而大数据技术的诞生则为市场调查补充了新的量化方法与研究模式。市场调查与大数据的区别如表 10-1 所示。

表 10-1　市场调查与大数据的区别

方法论	研究对象	研究目的	研究手段	研究结果
市场调查	社会事实（整体/分组）	了解现象产生的原因,评估消费者态度与喜好,从而进行相应调整或改变	短期内的定性、定量研究	了解人们所说的,推断人们背后所想的（消费者心理）,从而给出解释与营销对策
大数据	社会行动（个体/局部）社会趋势（规律/预测）	对个体行为进行精准描述,发现其行为路径的特征与规律,从而预测个体的未来行为	对长期巨量数据进行统计性的搜索、比较、分类等分析	挖掘人们所做的,找出行为的规律性,从而提供个性化营销建议及未来趋势预测等

案例 10-2

数据分析的营销价值——预测消费行为

杜克大学的一项研究显示,是习惯而非有意识的决策促成了我们每天 45%的选择。只要了解习惯的形成方式就可以更简单地控制它们。通过数据分析消费者的购物行为便能准确地预测下一步的消费,塔吉特便是一个最成功的例子。

在美国第二大超市塔吉特百货,孕妇对零售商来说是个含金量很高的顾客群体,但是她们一般会去专门的孕妇商店。人们一提起塔吉特,往往想到的都是日常生活用品,却忽视了塔吉特有孕妇需要的一切。在美国,出生记录是公开的,等孩子出生了,新生儿母亲就会被铺天盖地的产品优惠广告包围,那时候再行动就晚了,因此必须赶在孕妇怀孕前期就行动起来。

塔吉特的顾客数据分析部门发现,怀孕的妇女一般在怀孕第三个月的时候会购买很多无香乳液。几个月后,她们会购买镁、钙、锌等营养补充剂。根据数据分析部门提供的模型,塔吉特制订了全新的广告营销方案,在孕期的每个阶段给客户寄送相应的优惠券。结果,孕期用品销售呈现了爆炸性的增长。2002—2010 年间,塔吉特的销售额从 440 亿美元增长到了 670 亿美元。大数据的巨大威力轰动了全美。

【任务 2】大数据的应用

任务要求

利用大数据分析工具"魔镜"进行相关的大数据分析。

📐 任务分解

1. 认识魔镜软件。
2. 魔镜的基本操作。

📚 案例导入

大数据助石油公司智能营销、精准管理

国内某石油公司希望通过庞大的销售数据了解到销售代表的销售业绩与关键业绩指标（Key Performance Indicator，KPI），希望能从各个角度对整体的销售数据进行切片分析并根据市场走势制订合适的营销策略。该公司虽然拥有数据，但是没有掌握数据分析与挖掘方法，并不能充分合理利用已有的数据。因此能从宏观角度发现问题，却没有办法精确定位发生问题的原因。面对庞大的数据，该公司的决策者只能进行感性的市场判断，无法利用大数据对市场表现进行精确衡量，发现不了量价平衡的问题，导致不能精确预测和掌握市场下一步动向，造成公司运营风险很大。

该公司选择了大数据分析工具"魔镜"来预测市场综合市场指数，全维度地分析数据并挖掘出数据背后隐藏的巨大价值。

该公司利用大数据分析工具"魔镜"，从生产线、产品种类、产品状态、库存量、产品质量数量等生产、仓储情况进行了分析，获得的可视化图表可以直观了解到每种产品的库存占用状况，每笔销售单子占比多少，其中每种产品又有多少，各个环节有多少损耗，监控整个生产流程的情况，还有各产品在不同区域购买的情况等。最终分析推测出哪些品种的产品好卖，又有哪些是滞销产品。

该公司利用大数据分析工具"魔镜"使得销售人员的关键业绩指标考核以及晋升都有了依据。带来的结果就是，销售代表提升了销售综合业绩，管理层可以方便得知谁的销售总额、毛利润额最高，以及谁是具有潜力的销售代表；而也使总经理管理智能化，实现了多层次、多维度数据的查询，从个人到部门再到各个大区，从销售和代理等多角度进行数据分析。即使面对如此庞大的数据，该公司总经理也能从中挖掘出重点客户和潜在客户，最终制订精准的营销策略。

🕊️ 理论基石

一、"魔镜"简介

大数据分析工具"魔镜"是中国大数据科技公司——国云数据科技有限公司研发的，是帮助企业和政府规划、应用大数据的分析平台，是逐步走向国际化的中国大数据民族品牌。"魔镜"研发团队的成员由来自于 IBM、淘宝、阿里巴巴、INTEL 等公司的数据领域专家。通过"魔镜"分析得出的政府产业大数据成果得到了新加坡和中国两国领导人的赞扬。"魔镜"是中国目前流行的大数据可视化分析挖掘平台，已有一万家企业客户，包括中国移动、中国石油等知名公司。

"魔镜"操作简单，即便没有技术背景的业务人员也能够轻松地使用，从而使数据分析告别了"只掌握在少数人手里"的时代。

"魔镜"无缝连接内外部海量数据，有利于分析人员在使用工具分析自身数据的同时联想外部关联数据，使分析角度更立体；可以实现数据维度、度量的自由拖曳组合，方便洞察隐藏的数据秘密；多

种炫酷的图表效果可以更直观地展现分析和挖掘的数据结果。

目前大数据分析工具"魔镜"有五个版本，即云平台版、基础企业版、标准企业版、高级企业版、HADOOP版。

二、"魔镜"数据分析操作

（一）基本操作

1. 打开"魔镜"，进入应用管理界面

打开"魔镜"登录界面，用户注册后，输入用户名及密码进行登录（见图10-1），选择魔镜系统，进入应用管理界面（见图10-2）。

图 10-1　登录界面

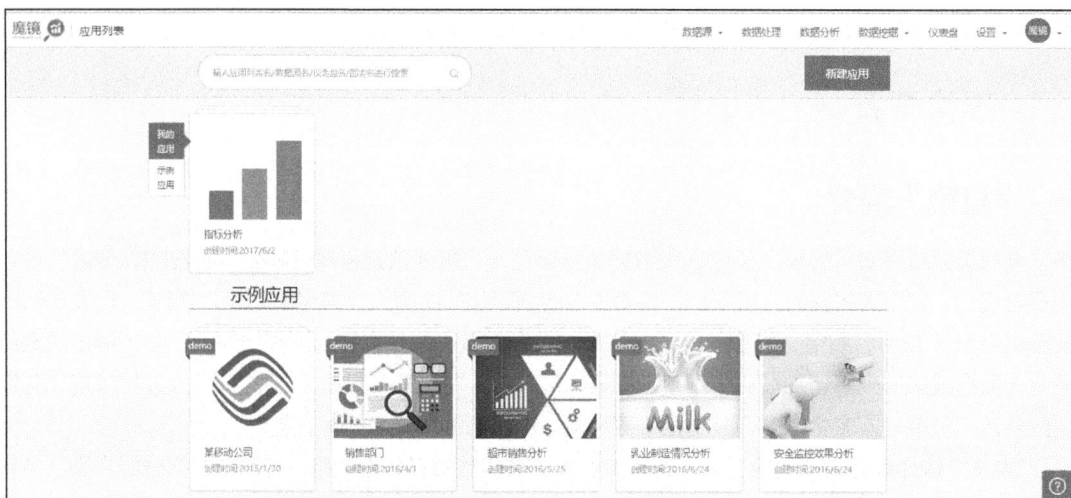

图 10-2　应用管理界面

应用界面由"导航栏""搜索框""我的应用""示例应用"等组成。

2．利用"魔镜"进行大数据分析

以应用为基础，用户可以根据不同分析主题创建不同的应用，还可以对应用进行重命名、删除等操作。

（二）以"数据分析"为平台进行大数据分析

1．进入应用界面

以"魔镜"中自有数据为例，在应用界面单击"超市销售分析"，如图10-3和图10-4所示。

图10-3　应用界面

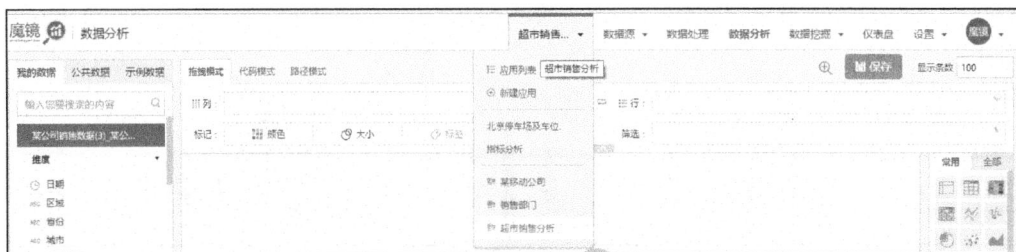

图10-4　超市销售分析

2．进行数据分析

（1）总量指标分析

总量指标分析主要是一种动态分析，因为它主要研究总量指标的变动规律，如各城市销售额和利润的变化等。

拖曳左侧"我的数据"中的"某公司销售数据"中相应的"省份"维度和"销售额""利润"度量，选择右侧可视化图标库中的分组条状图，形成相应的表图效果，如图10-5所示。

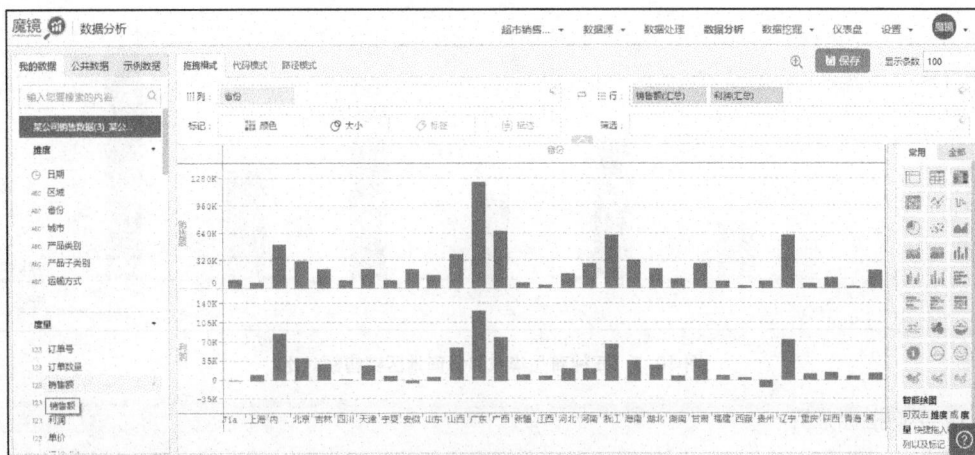

图10-5　各省销售额和利润情况分析

从图10-5的分析中可以看出，各省销售额与利润之间的关系。

（2）相对指标分析

相对指标分析是应用对比的方法，表明事物之间的数量关系，如各区域在三类产品销售额中的对比等。

拖曳左侧"我的数据"中的"某公司销售数据"中相应的"产品类别""区域"维度和"销售额"度量，选择分组条状图，形成相应的图表效果，如图 10-6 所示。

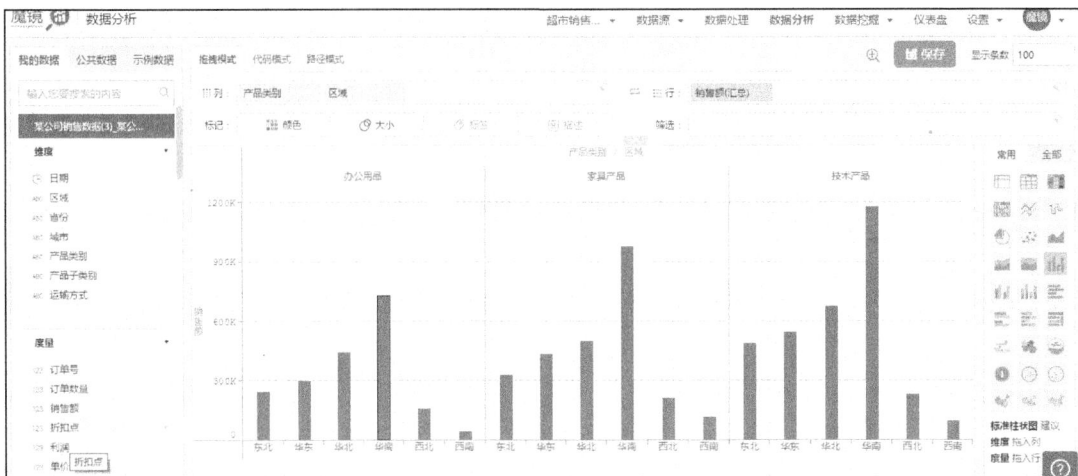

图 10-6　各区域三大商品的销售额情况

按照同样的方法，可以得到各区域中"华东"和"华南"的三种商品销售额对比的比较相对指标，如图 10-7 所示。

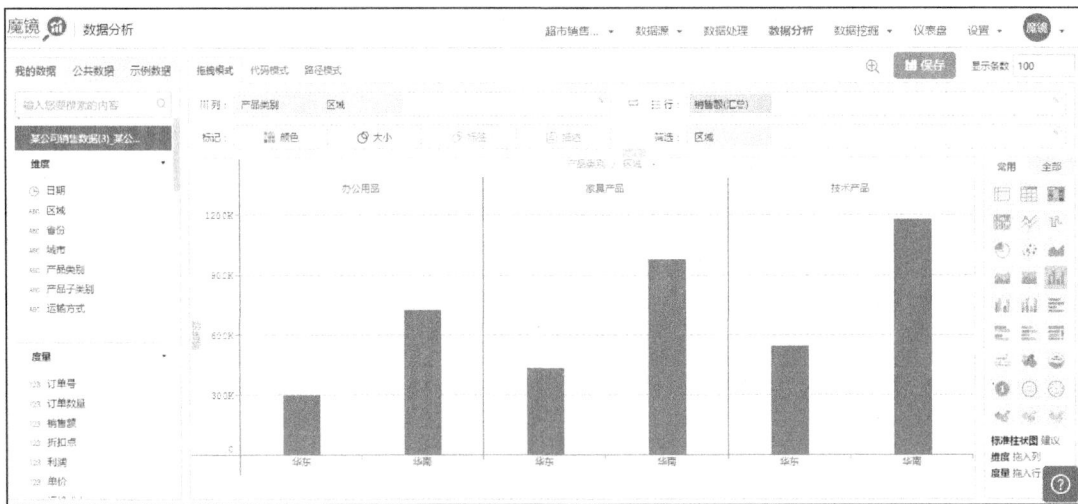

图 10-7　三种商品华东和华南地区销售额对比

（3）平均指标分析

平均指标分析可以分析同一时间的同类社会经济现象的一般水平，成为静态平均指标分析，如不同产品的利润的平均值；也可以分析不同时间的同类社会经济现象的一般水平，成为动态平均指标分析，如各区域销售额平均值的月份变化。

如需分析不同商品的利润平均值，拖曳左侧"我的数据"中的"某公司销售数据"中相应的"产品类别"维度和"利润"度量，在度量计算表达式下拉菜单中选择"平均值"，选择饼形图，形成相应的图表效果，填写图表名称并保存，如图 10-8 所示。

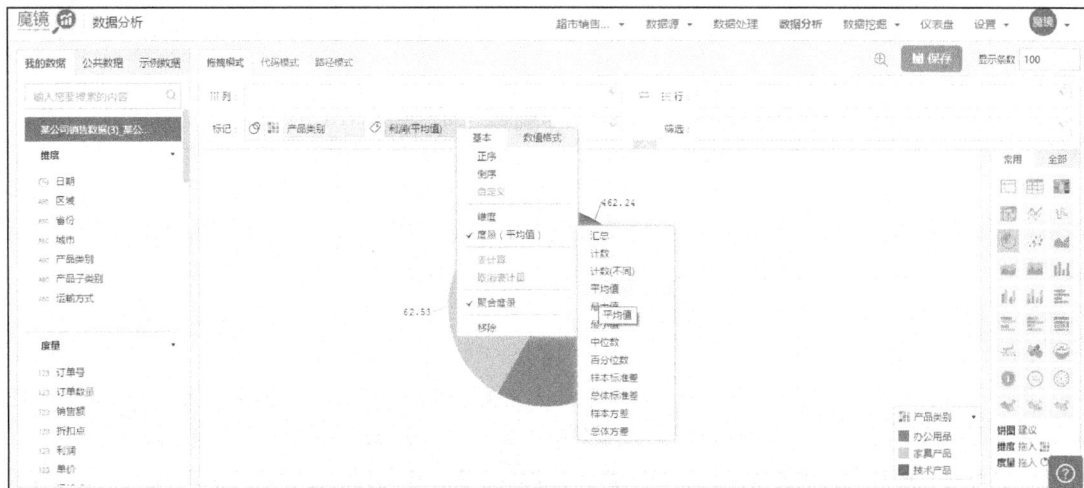

图 10-8　各商品利润的平均值

（4）变异指标

变异指标分析主要用于反映总体各单位标志值的变异程度，显示总体中变量数值分布的离散趋势，主要包括平均差、标准差、方差和离散系数等。如各区域销售额的标准差，反映的是该区域的销售额波动幅度。

拖曳左侧"我的数据"中的"某公司销售数据"中相应的"区域"维度和"销售额"度量，在度量计算表达式下拉菜单中选择"样本标准差"，选择右侧适当的图形，如标准柱状图，形成相应的图表效果，如图 10-9 所示。

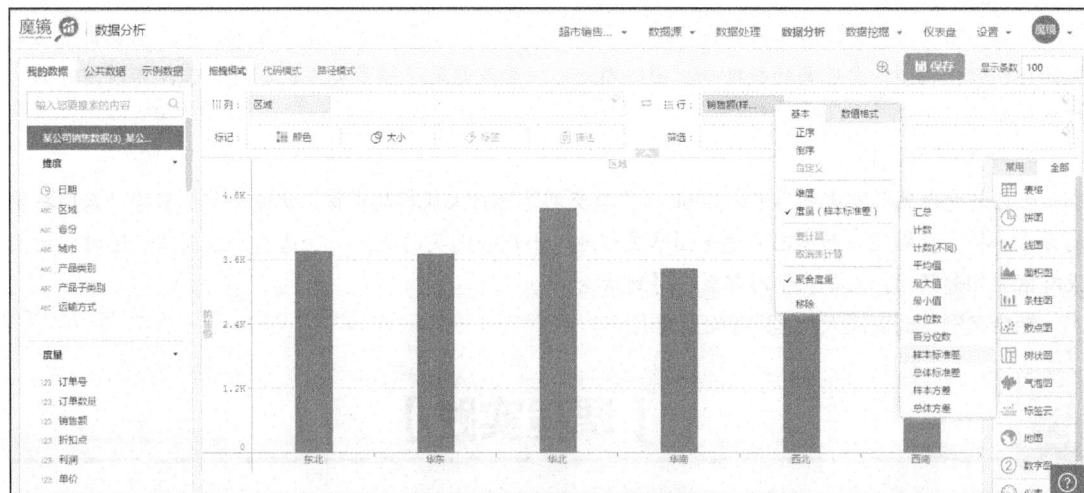

图 10-9　各区域销售额标准差

从分组柱状图中可以看出，华北地区的销售额波动幅度最大，样本标准差为 4571.26。

【思考与训练】

资料：

奥巴马连任的机密："大数据"制胜的四大法宝

2012 年 11 月奥巴马大选连任成功的胜利果实也被归功于大数据，因为他的竞选团队进行了大规模与深入的数据挖掘。时代杂志更是断言，依靠直觉与经验进行决策的优势急剧下降，在政治领域，大数据的时代已经到来；各色媒体、论坛、专家铺天盖地的宣传让人们对大数据时代的来临兴奋不已，无数公司和创业者都纷纷加入了这个狂欢队伍。

1．数字竞选团队

奥巴马的一个几十人的数据分析与挖掘团队是支重要力量。这支团队在 2008 年奥巴马竞选时就已存在并发挥作用。而这次，他们更是动用了 5 倍于上届的人员规模，且进行了更大规模与深入的数据挖掘。它帮助奥巴马在获取有效选民、投放广告、募集资金方面起到一定作用。事实证明，奥巴马募集到的资金尽管与对手罗姆尼募集的资金规模不相上下，但前者从普通民众直接募集到的资金是后者的近 2 倍。在奥巴马获胜几小时后，《时代》杂志刊发报道，揭示了这支团队的部分运作情况。该报道发出后，多家不同类型媒体转载，也引发了硅谷科技人士的热议。

2．整合信息资源

奥巴马竞选团队的一位官员表示："我们知道，民主党的问题就在于拥有了大多的数据库，且没有哪两个数据库是相同的。"因此，在总统竞争前的 18 个月，竞选团队就创建了一个庞大的系统，这一系统可以将民调者、注资者、工作人员、消费者、社交媒体以及"摇摆州"主要的民主党投票人的信息进行整合。

3．竞选结果预测

奥巴马的数据分析团队此前曾在关键州收集数据，并建立了 4 条投票数据流，用于拼凑出当地选民的详细数据模型。奥巴马的数据分析团队因此可以更清楚地了解每类人群和地区选民在任何时刻的投票倾向。

4．开辟第二战场

奥巴马竞选团队首次利用 Facebook 这些社交网络进行大规模的游说，就像此前挨家挨户敲门拉票的方式一样。数据还帮助奥巴马竞选团队更好地做出广告购买的决策。在选择广告投放渠道时，他们没有依靠外部顾问，而是基于内部数据得到结论。

结合案例，请谈谈大数据的特征和作用。

【课程实践】

使用"魔镜"可视化分析平台计算教师给定的统计数据资料的统计指标并分析结果。